ABITUR-TRAINING
WIRTSCHAFT · RECHT

Recht

Burkart Ciolek · Kerstin Vonderau

Bledlet

STARK

Autoren:

Burkart Ciolek unterrichtet die Fächer Wirtschaft und Recht sowie Wirtschaftsinformatik am Hardenberg-Gymnasium in Fürth. Von Juni 2007 bis August 2011 war er als Referent für Wirtschaftswissenschaften am Staatsinstitut für Schulqualität und Bildungsforschung (ISB) für die Belange des Lehrplans sowie für die Erstellung von zentralen Prüfungen zuständig. Seit 2011 bildet er als Seminarlehrer Referendarinnen und Referendare im Bereich Wirtschaftswissenschaften aus. Daneben tritt er gelegentlich als Referent für die Akademie für Lehrerfortbildung in Dillingen (ALP) sowie im Rahmen des Wirtschaftsphilologenverbands Bayern e.V. auf.

Dr. Kerstin Vonderau unterrichtet seit 1990 die Fächer Wirtschaft und Recht sowie Englisch. Neben ihren Aufgaben als Seminarlehrkraft für Wirtschaft und Recht und seit 2005 in der Schulleitung arbeitete sie in zahlreichen Arbeitskreisen und Kommissionen am Staatsinstitut für Schulqualität und Bildungsforschung (ISB) mit und ist regelmäßig in der Lehrerfortbildung tätig.

Bildnachweis

Umschlag: picture alliance / dpa

Abb. S. 1, 25, 35, 47, 79, 93: © Bora Ucak | Dreamstime.com

M 5:   Reichsgesetzblatt (RGBl) vom 24. August 1896

M 11:   Foto: Roland Zumbuehl, lizenziert unter cc-by-sa-3.0. URL:
         http://commons.wikimedia.org/wiki/File:Cudrefin-justice.jpg?uselang=de

M 53:   Ernst Hürlimann

M 54:   Handelsverband Deutschland (HDE)

M 55:   INTERNET WORLD Business 2008

M 56:   Dialego (Umfrage vom 01.07.2011 bis 08.07.2011, 446 Befragte),
         www.dialego.com

M 57:   Trusted Shops GmbH

M 59:   © Robertson Royston / cartoonstock.com

© 2018 Stark Verlag GmbH

www.stark-verlag.de

1. Auflage 2017

Inhalt

Autoren: Burkart Ciolek (Grundlagen unserer Rechtsordnung; Strafrecht; Eigentumsordnung), Dr. Kerstin Vonderau (Strategien und Hinweise zum Lösen von Prüfungsaufgaben; Schuldverhältnisse, Kaufhandlung und Abstraktionsprinzip; Leistungsstörungen und Verbraucherschutz)

Hinweise zum interaktiven eBook

Der Band steht Ihnen auch als digitales „ActiveBook" zur Verfügung. Vorne im Umschlag des Buches finden Sie einen **Code**, mit dem Sie sich die digitalen Inhalte auf Ihr Tablet laden können.

Das **ActiveBook** bietet Ihnen:

 Alle Seiten dieses Bandes als **digitalen eText** mit vielen Zusatzfunktionen (z. B. Navigation, Zoomfunktion) sowie praktische **Links zu den Lösungen** der Aufgaben.

 Viele **interaktive Aufgaben**, die Sie direkt am Computer oder Tablet bearbeiten können. Diese werden sofort ausgewertet, sodass Sie umgehend eine **Rückmeldung** erhalten.

 Digitale „**Flashcards**" zu den Schwerpunktthemen. Die Lernkarten erleichtern Ihnen das rasche Wiederholen zentraler Lerninhalte.

So arbeiten Sie mit dem „ActiveBook"!

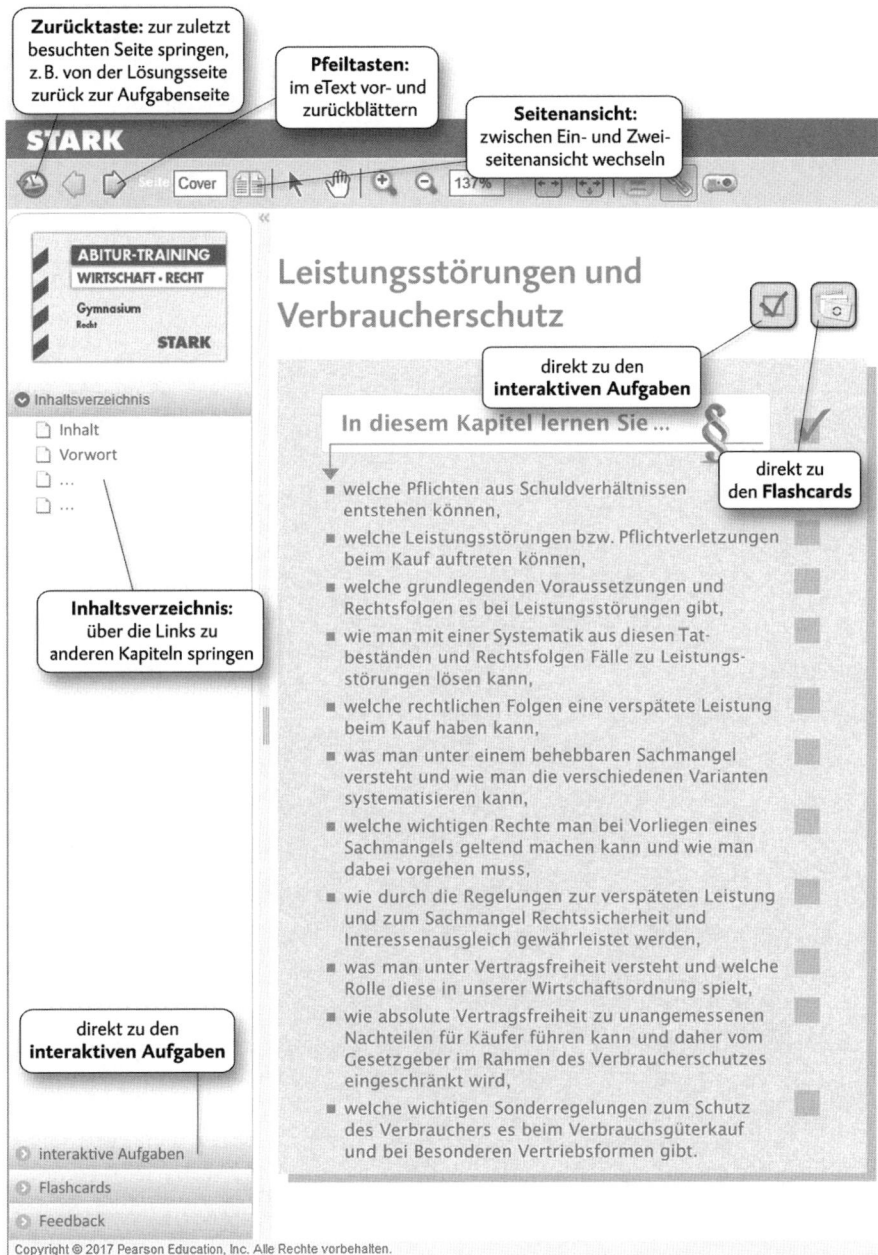

Zurücktaste: zur zuletzt besuchten Seite springen, z. B. von der Lösungsseite zurück zur Aufgabenseite

Pfeiltasten: im eText vor- und zurückblättern

Seitenansicht: zwischen Ein- und Zwei-seitenansicht wechseln

STARK

Seite | Cover | 137%

ABITUR-TRAINING
WIRTSCHAFT · RECHT
Gymnasium
Recht
STARK

Leistungsstörungen und Verbraucherschutz

direkt zu den **interaktiven Aufgaben**

Inhaltsverzeichnis
- Inhalt
- Vorwort
- ...
- ...

In diesem Kapitel lernen Sie …

direkt zu den **Flashcards**

Inhaltsverzeichnis: über die Links zu anderen Kapiteln springen

- welche Pflichten aus Schuldverhältnissen entstehen können,
- welche Leistungsstörungen bzw. Pflichtverletzungen beim Kauf auftreten können,
- welche grundlegenden Voraussetzungen und Rechtsfolgen es bei Leistungsstörungen gibt,
- wie man mit einer Systematik aus diesen Tatbeständen und Rechtsfolgen Fälle zu Leistungsstörungen lösen kann,
- welche rechtlichen Folgen eine verspätete Leistung beim Kauf haben kann,
- was man unter einem behebbaren Sachmangel versteht und wie man die verschiedenen Varianten systematisieren kann,
- welche wichtigen Rechte man bei Vorliegen eines Sachmangels geltend machen kann und wie man dabei vorgehen muss,
- wie durch die Regelungen zur verspäteten Leistung und zum Sachmangel Rechtssicherheit und Interessenausgleich gewährleistet werden,
- was man unter Vertragsfreiheit versteht und welche Rolle diese in unserer Wirtschaftsordnung spielt,
- wie absolute Vertragsfreiheit zu unangemessenen Nachteilen für Käufer führen kann und daher vom Gesetzgeber im Rahmen des Verbraucherschutzes eingeschränkt wird,
- welche wichtigen Sonderregelungen zum Schutz des Verbrauchers es beim Verbrauchsgüterkauf und bei Besonderen Vertriebsformen gibt.

direkt zu den **interaktiven Aufgaben**

- interaktive Aufgaben
- Flashcards
- Feedback

Vorwort

Liebe Schülerinnen und Schüler,

der vorliegende Band enthält alle prüfungsrelevanten Inhalte aus dem **Fachbereich Recht für die Jahrgangsstufen 11 und 12**. Mit diesem Buch können Sie sich gezielt und effektiv auf den Unterricht sowie auf bevorstehende Schulaufgaben und die Abiturprüfung vorbereiten. Inhalte, die über den Lehrplan hinausgehen, werden so weit wie möglich ausgeblendet, es sei denn, sie sind zum Verständnis erforderlich.

- Das Buch bietet das in der Abiturprüfung vorausgesetzte **Basiswissen** in Form von Inhalten, Lösungsschemata und Fallbeispielen.
- Die starke **Vernetzung der Inhalte** wird konsequent durch Querverweise zwischen den verschiedenen Abschnitten und Kapiteln deutlich gemacht.
- So weit wie möglich werden die Inhalte durch **Grafiken und Tabellen** veranschaulicht bzw. im Überblick zusammengefasst.
- Das Einstiegskapitel schult außerdem Ihre **Methodenkompetenz** und gibt einen Überblick über die **Operatoren** und **Arbeitstechniken**.
- Mit den **Übungsaufgaben** am Ende jedes Kapitels können Sie das Gelernte selbstständig wiederholen und anwenden.
- Der **Lösungsteil** im Anschluss an das letzte Kapitel ermöglicht es Ihnen, Ihren Lernerfolg direkt selbst zu überprüfen.
- Auf Grundlage der **Paragrafenliste** am Ende des Buches können Sie Ihr BGB mit den erforderlichen Querverweisen präparieren.
- Mithilfe des **Inhalts-** und des **Stichwortverzeichnisses** können Sie sich schnell einen Überblick verschaffen.

Sollten nach Erscheinen dieses Buches noch wichtige Änderungen bekannt gegeben werden, finden Sie aktuelle Informationen dazu im Internet unter www.stark-verlag.de/pruefung-aktuell.

Wir wünschen Ihnen viel Erfolg bei der Arbeit mit diesem Buch und im Abitur!

Dr. Kerstin Vonderau   Burkart Ciolek

Strategien und Hinweise zum Lösen von Prüfungsaufgaben

In diesem Kapitel lernen Sie ...

- wie man strategisch an Prüfungsaufgaben herangeht,
- was Sie bei der Formulierung von Lösungen hinsichtlich Struktur und Sprache beachten sollten,
- welche Bedeutung die verschiedenen Operatoren für Aufgabenstellungen haben,
- wie man bei Arbeitstechniken wie z. B. Karikaturinterpretation oder Erstellen von Systematiken vorgeht,
- wie man Rechtsfälle systematisch lösen kann,
- welchen Sinn Aufbau und Systematik des BGB haben,
- wie man grundlegende juristische Arbeitstechniken – Zitierweise, Normenanalyse, Normenverknüpfung – einsetzt,
- wie Sie Ihr BGB mit Hervorhebungen und Querverweisen präparieren können,
- wie Sie sich auch fremde Rechtstexte erschließen können,
- wie man Rechtsnormen auf konkrete Fallbeispiele anwendet (Subsumtion),
- wie man Normenanalyse und Subsumtion auf Fallbeispiele zur unerlaubten Handlung anwendet.

1 Lösungsstrategien im Fachbereich Recht

1.1 Herangehensweise an Aufgaben

Lesen und Erfassen einzelner Aufgabenstellungen

Lesen Sie die Aufgabenstellung genau durch. Mit deren korrekter Erfassung steht und fällt die Aufgabenbearbeitung. Markieren Sie bei **mehrteiligen Aufgabenstellungen** die Teile entsprechend, z.B. mit a), b) und c). **Beispiel:** „Erläutern Sie am vorliegenden Fall ausgewählte Rechtsfunktionen. Begründen Sie vor diesem Hintergrund die Entscheidung des Richters und zeigen Sie dabei, wie er einen Interessenausgleich schafft."

Diese Aufgabenstellung hat drei Teile: a) Erläuterung der Rechtsfunktionen mit Bezug zum gegebenen Fallbeispiel; b) Begründung des Urteils mit Bezug zu den Rechtsfunktionen; c) Darstellung des Interessenausgleichs im gegebenen Fallbeispiel. In der Regel kann eine derartige Unterteilung auch als Gliederungsschema für Ihre Antwort verwendet werden.

Die **Art, Breite und Tiefe der Lösung** richtet sich im Wesentlichen nach den in der Aufgabenstellung verwendeten **Operatoren** (Arbeitsanweisungen). So erfordert „nennen" nur eine unkommentierte Liste, „erläutern" dagegen eine Darstellung der relevanten Inhalte und Zusammenhänge (vgl. dazu S. 3 ff.).

Analysieren der Materialien

Sofern für eine Aufgabe Materialien vorgegeben sind, analysieren Sie diese vor dem Hintergrund der Aufgabenstellung. Grundsätzlich gilt: Es macht keinen Sinn, die Materialien zu analysieren, ohne vorher die Aufgabenstellung gelesen und erfasst zu haben, da in der Regel auch überflüssige Informationen enthalten sind. Textmarker und Lineal zur Hervorhebung gehören zum unverzichtbaren Handwerkszeug.

1.2 Formulierung von Lösungen

Darstellen der Ergebnisse

- Eine klare gedankliche und optische Strukturierung der Antwort ist immer von Vorteil. Verwenden Sie bei mehrteiligen Aufgabenstellungen ggf. deren Gliederungsschema.

- Nehmen Sie alles Erforderliche, aber nichts Überflüssiges in Ihre Antwort auf. Überflüssiges kostet nicht nur wertvolle Zeit, sondern beeinträchtigt auch die Qualität Ihrer Lösung. Wenn Sie sich unsicher sind, schreiben Sie lieber etwas zu viel, als Entscheidendes wegzulassen.

- Beziehen Sie Materialien, die zur Aufgabe gehören, konsequent und explizit in Ihre Antwort ein (durch Querverweise, Zitate, Zeilenangaben o. Ä.).
- Achten Sie auf sprachlich korrekte Formulierungen und eine klare, verständliche Ausdrucksweise. Sofern der Operator bzw. die Aufgabenstellung nicht ausdrücklich etwas anderes verlangt, formulieren Sie alles als geschlossenen Text in vollständigen Sätzen. Vermeiden Sie Schachtelsätze.
- Setzen Sie konsequent die erforderliche juristische Fachsprache ein.
- Wenn Sie Abkürzungen verwenden wollen, schreiben Sie die relevante Bezeichnung grundsätzlich einmal aus und ergänzen Sie die Abkürzung in Klammern, z. B. „der Käufer Klein (K) …".
- Achten Sie auf eine angemessene äußere Form, insbesondere auf Lesbarkeit und Übersichtlichkeit (z. B. durch Absätze, Aufzählungszeichen, Unterstreichungen u. Ä.). Schaubilder oder Tabellen müssen sauber, übersichtlich, ausreichend groß und nachvollziehbar beschriftet sein.

Abschließende Überprüfung auf Vollständigkeit und Korrektheit

Abschließend sollten Sie Ihre gesamte Lösung noch einmal durchlesen und auf Vollständigkeit und Korrektheit überprüfen.

- Prüfen Sie unbedingt, ob Sie alle Teilaufgaben bearbeitet haben.
- Kontrollieren Sie, ob Sie alle Materialien bei den einzelnen Aufgaben berücksichtigt haben.
- Korrigieren Sie inhaltliche Defizite, aber auch fehlende Querverweise auf Materialien und Fehler in der Grammatik, Rechtschreibung oder Zeichensetzung.

1.3 Operatoren

Um optimal arbeiten zu können, muss Ihnen klar sein, welcher Erwartungshorizont sich hinter den einzelnen Operatoren verbirgt. Die folgenden Seiten geben Ihnen einen **Überblick über gängige Operatoren** im Fachbereich Recht sowie kurze Erläuterungen zum jeweils erwarteten Anspruchsniveau der Antwort (grün hinterlegt). Anschließend werden zur Verdeutlichung Beispiele aus dem Themengebiet Recht gegeben.

Diese Hinweise zu den Operatoren und Arbeitstechniken stellen einen umfassenden „Werkzeugkasten" für die Bearbeitung von Aufgaben in Schulaufgaben und im Abitur dar, der zu Ihrem Grundwissen gehören sollte.

Beachten Sie, dass sich die Operatoren im Fachbereich Recht zum Teil von denen im Fachbereich Wirtschaft unterscheiden. Die Gruppierung der folgenden Operatoren dient in erster Linie dem besseren Überblick.

Geben Sie wieder …/ Definieren Sie …	Gelernte Fachbegriffe, Rechtsnormen oder Definitionen reproduzieren.
Nennen Sie …/ Zählen Sie auf …	Eine reine Auflistung wird verlangt; eine unkommentierte Spiegelstrichliste genügt theoretisch, ein einleitender Satz schadet aber nicht.
Ermitteln Sie …	Bekannte Rechtsnormen müssen gefunden werden.
Beschreiben Sie …/ Stellen Sie dar …/ Schildern Sie …	Geht über reines Nennen hinaus, erfordert noch keine ausführliche Erläuterung, aber definitiv einen geschlossenen, in der Fachsprache formulierten Text, der die wesentlichen Aspekte eines Sachverhalts im logischen Zusammenhang wiedergibt; Beispiele sind möglich; ggf. wird Material (z. B. Dokumente im Zusammenhang mit einem Rechtsfall oder juristische Texte) vorgegeben, auf das Bezug genommen werden muss.
Erläutern Sie …/ Zeigen Sie … (auf) …	Erfordert neben der Beschreibung eine weitergehende Erörterung von Inhalten und Zusammenhängen; möglichst umfassende Darstellung der Kenntnisse zu einem Sachverhalt; Beispiele können zur Verdeutlichung hilfreich sein; häufig wird ein Fallbezug verlangt.

- **Definieren Sie** „gegenseitiger Vertrag".
  Ein gegenseitiger Vertrag ist ein zwei- oder mehrseitiges Rechtsgeschäft, das durch mindestens zwei inhaltlich übereinstimmende und entgegengesetzte Willenserklärungen zustande kommt und aus dem für beide Vertragspartner vertragliche Leistungspflichten entstehen.

- **Nennen Sie** drei Rechtsfunktionen.
  – Schutzfunktion
  – Ordnungsfunktion
  – Ausgleichsfunktion

- **Ermitteln Sie** Rechtsnormen des Zivilrechts, die der Schutzfunktion des Rechts dienen.
  Der Schutzfunktion des Rechts dienen u. a. Rechtsnormen im Minderjährigenrecht, z. B. Regelungen zur Geschäftsfähigkeit §§ 104 ff. BGB oder zur beschränkten Deliktsfähigkeit § 828 BGB, Normen zum Schutz des Eigentums, z. B. § 935 BGB (Ausschluss des Eigentumserwerbs an abhandengekommenen Sachen), Rechtsnormen zum Schutz des Gläubigerinteresses, z. B. im Sachmangelrecht das Recht auf Schadensersatz oder Rücktritt

(§§ 437, 280 ff., 323 ff. BGB), oder im Deliktsrecht der Anspruch auf Schadensersatz bei Rechtsgutverletzung (§ 823 BGB).

- **Beschreiben Sie** am vorliegenden Fall des Schlagzeugers die Ausgleichsfunktion des Rechts.

  Das Recht soll bei Interessenkonflikten zu einem möglichst gerechten Interessenausgleich zwischen den Beteiligten führen. Beispiel: Bei der störenden Hausmusik eines Schlagzeugers soll durch das Recht eine Kompromisslösung zwischen dem Schutzbedürfnis der Hausbewohner einerseits und dem Freiheitsbedürfnis des Musikers andererseits geschaffen werden, z. B. indem Spiel- und Ruhezeiten in der Hausordnung festgelegt werden.

- **Erläutern Sie** die Ausgleichsfunktion des Rechts.

  Das Recht soll bei Interessenkonflikten zu einem möglichst gerechten Interessenausgleich zwischen den Beteiligten führen. Hat z. B. ein Geschädigter durch eigenes Verschulden einen Schaden mit verursacht, so wird sein Anspruch auf Schadensersatz gemäß § 254 BGB entsprechend gekürzt. Der Umfang des zu leistenden Schadensersatzes hängt dann von den Umständen ab, insbesondere davon, inwieweit der Schaden vorwiegend vom Geschädigten oder vom eigentlichen Schadensverursacher verursacht worden ist. Auch Unterlassen kann als Mitverschulden gewertet werden. Beispiel: Läuft ein Passant auf einem offensichtlich schlecht geräumten Weg ohne Rücksicht auf die Wegverhältnisse einfach ohne erhöhte Achtsamkeit weiter oder rennt sogar und verletzt sich dabei durch einen Sturz, hat er zwar in der Regel einen Schadensersatzanspruch gegen denjenigen, der Räumpflicht hatte, wird sich aber seine eigene Unachtsamkeit mindernd anrechnen lassen müssen und wegen seines Mitverschuldens einen geringeren Schadensersatz erhalten.

Grenzen Sie … voneinander ab/ Vergleichen Sie …	Bedeutet das Herausarbeiten von Gemeinsamkeiten und Unterschieden.
Systematisieren Sie …/ Erstellen Sie eine Übersicht/Systematik …	Verlangt eine Ordnung einer Anzahl von Aspekten anhand eines oder mehrerer Kriterien; die Aspekte können vorgegeben, aus einem Text zu ermitteln oder Bestandteil der Lösung aus dem Hintergrundwissen sein; ggf. ist auch eine grafische Lösung möglich. Lautet der Operator „Erstellen Sie eine Übersicht/Systematik …", ist eine Tabelle oder Grafik die richtige Lösung.

- **Grenzen Sie** Rechtsgeschäft (RG) und Realakt (RA) **voneinander ab**.
  Während das RG durch Willenserklärung(en) entsteht, ist der RA eine Tathandlung. Das RG ist immer bewusst auf eine Rechtsfolge gerichtet (z. B. Einigung mit dem Ziel der Eigentumsübertragung), beim RA ergibt sich die Rechtsfolge per Gesetz, egal ob man es will oder nicht (z. B. Eigentumserwerb durch Verbindung mit dem Grundstück).

- **Systematisieren Sie** folgende Rechtsgeschäfte: 1) Leihe, 2) Miete, 3) Tausch, 4) Schenkung und 5) Kauf.
  Kriterien sind z. B. die Entgeltlichkeit/Unentgeltlichkeit und der Wechsel von Besitz/Eigentum.
  - entgeltliche Rechtsgeschäfte: 2), 3) und 5)
  - unentgeltliche Rechtsgeschäfte: 1) und 4)
  - Rechtsgeschäfte mit Wechsel von Besitz und Eigentum: 3), 4) und 5)
  - Rechtsgeschäfte mit Wechsel von ausschließlich Besitz: 1) und 2)

- **Erstellen Sie** eine Systematik für folgende Rechtsgeschäfte: Leihe, Miete, Tausch, Schenkung und Kauf.

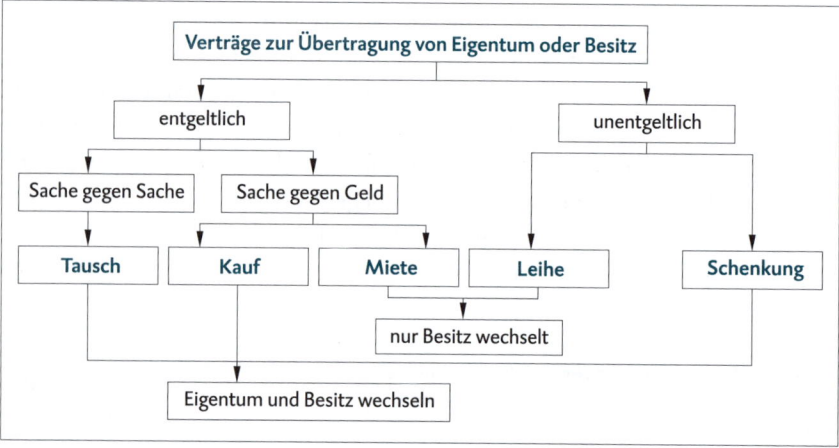

Erklären Sie …	Heißt, einen Zusammenhang darzustellen, also wie etwas abläuft, funktioniert, zusammenhängt …
Begründen Sie …	Zusammenhang zwischen Ursache und Wirkung herstellen, d. h. erklären, „warum"; insbesondere Aufzeigen der Zielsetzung von Rechtsnormen oder -entscheidungen. Ein Fazit ist möglich, aber nicht zwingend.

Beurteilen Sie .../ Erörtern Sie .../ Betrachten Sie kritisch .../ Wägen Sie ab .../ Diskutieren Sie .../ Nehmen Sie Stellung .../ Würdigen Sie ...	Vor- und Nachteile, Chancen und Risiken, positive und negative Aspekte/Für und Wider eines Inhalts oder rechtlicher Standpunkte müssen gegenübergestellt werden; ggf. sind unterschiedliche Perspektiven zu berücksichtigen. Ein Fazit, das ein begründetes eigenes Werturteil enthält, ist erforderlich.

- **Erklären Sie**, wie bei nichtigen Kaufverträgen von beschränkt Geschäftsfähigen die Interessen der Parteien gewahrt werden.

  Wird der Kaufvertrag nichtig, so bestehen auch keine vertraglichen Pflichten für die Beteiligten. Analog zum Kaufvertrag wird auch die Übereignung des bezahlten Geldes nichtig und der Minderjährige kann es über §985 BGB vom Verkäufer zurückfordern. Die Übereignung der Sache dagegen ist gemäß §107 BGB und Abstraktionsprinzip rechtswirksam, sodass der Verkäufer keinen Anspruch aus §985 BGB hat, obwohl er das Geld zurückgeben muss. Gemäß §812 BGB kann er jedoch die Sache zurückverlangen, da durch die Nichtigkeit des Kaufvertrags der Rechtsgrund für die Übereignung fehlt und der beschränkt Geschäftsfähige daher ungerechtfertigt bereichert ist.

- **Begründen Sie**, warum der Gesetzgeber bei Fernabsatzgeschäften für Verbraucher ein Widerrufsrecht eingeführt hat.

  Bei Fernabsatzgeschäften fehlt dem Käufer in der Regel die Möglichkeit, die gekaufte Ware vor der Lieferung in Augenschein zu nehmen und zu prüfen, ob sie tatsächlich seinen Vorstellungen und Anforderungen entspricht. Um unerwünschte Fehlkäufe zu vermeiden, die z. B. auch durch die Art der Beschreibung und Darstellung der Ware im Fernabsatzhandel (z. B. im Katalog oder auf einer Webseite) verursacht sein können, wird Verbrauchern ein unbedingtes, befristetes Widerrufsrecht eingeräumt. Diese Regelung dient dem Verbraucherschutz bei dieser Besonderen Vertriebsform.

- **Beurteilen Sie** den Anspruch auf Nacherfüllung beim Sachmangel gemäß § 439 BGB aus Sicht des Käufers und des Verkäufers.

  Aus Sicht des Käufers ist der Anspruch auf Nacherfüllung positiv zu bewerten, da er wählen kann, ob er Ersatzlieferung oder Nachbesserung möchte. Negativ ist ggf., dass er sich nicht gleich aus einem Vertrag lösen kann, sondern dem Verkäufer erst eine zweite Chance in Form der Nacherfüllung geben muss. Aus Sicht des Verkäufers ist die Nacherfüllung positiv, da er eine zweite Chance erhält und damit der Grundsatz *pacta sunt servanda* gestärkt wird. Ebenfalls positiv ist die Möglichkeit, eine unverhältnismäßig teure Wahl der Nacherfüllung abzulehnen. Negativ ist die unabdingbare Verpflichtung zur Übernahme der gesamten Kosten der Nacherfüllung.

Fazit: Die Regelungen zur Nacherfüllung beim Sachmangel begünstigen weder Käufer noch Verkäufer einseitig, sondern dienen in erster Linie der Rechtssicherheit und dem Interessenausgleich.

Analysieren Sie .../ Arbeiten Sie heraus ...	Text- oder ggf. auch Zahlenmaterial muss vor dem Hintergrund relevanter Kriterien ausgewertet werden; die Ergebnisse sollten zunächst deskriptiv formuliert werden, müssen aber um Aussagen über z. B. Übereinstimmung, Widersprüche oder ursächliche Zusammenhänge zu einer Gesamtaussage ergänzt werden. Die Aufgabenform ist oft in anderen Fragestellungen „versteckt" enthalten. So sind bei jeder Falllösung grundsätzlich eine Textanalyse des Falles oder Fallmaterials und eine Normenanalyse der relevanten Paragrafen erforderlich.
Entwickeln Sie ...	Zu einem Sachverhalt oder einer Problemstellung soll ein eigener Regelungsentwurf begründet entworfen oder zu einer unbekannten Rechtsnorm ein passendes Fallbeispiel formuliert werden.
Widerlegen Sie ...	Auf vorgegebene Argumente muss eingegangen und eine begründete Gegenposition muss formuliert werden.

- **Analysieren Sie** mithilfe des Abstraktionsprinzips die Eigentumsverhältnisse an E-Bass und Geld und stellen Sie dar, wie der Interessenausgleich in dieser Situation durch das Gesetz gewährleistet wird. Vgl. Lösung S. 162 zu Aufgabe 6 b.

- **Entwickeln Sie** aus Verbrauchersicht eine alternative Regelung zu § 357 VI Satz 1 und 2 BGB. Vgl. Lösung S. 179 zu Aufgabe 14.

- **Widerlegen Sie** die Behauptung, dass man im Zivilrecht nur bei Vorsatz und Fahrlässigkeit haftet.
  § 276 BGB regelt das Vertretenmüssen im BGB. Dort sind neben Vorsatz und Fahrlässigkeit die Übernahme eines Beschaffungsrisikos und einer Beschaffenheitsgarantie aufgeführt. Theoretisch könnte nach § 276 BGB sogar vertraglich eine andere Art der Haftung vereinbart werden („wenn eine strengere oder mildere Haftung weder bestimmt noch aus dem sonstigen Inhalt des Schuldverhältnisses ... zu entnehmen ist"). Das bedeutet, dass außer Vorsatz und Fahrlässigkeit nicht nur die beiden oben genannten Alternativen aus § 276 I BGB bestehen, sondern im Rahmen der Vertragsfreiheit theoretisch beliebige Haftungsursachen festgelegt werden können, solange diese sich im Rahmen der Rechtsordnung bewegen.

Prüfen Sie .../ Untersuchen Sie .../ Subsumieren Sie ...	Einzelne Rechtsnormen und Aspekte eines Falles müssen über Normenanalyse und Subsumtion für die Lösung in Zusammenhang gebracht werden. Das Ergebnis muss formuliert werden.
Prüfen Sie im Gutachtenstil .../ Untersuchen Sie im Gutachtenstil .../ Prüfen Sie nach Prüfschema ...	Nach der Formulierung des theoretischen Anspruchs mit Anspruchsgrundlage zum gegebenen Sachverhalt/Rechtsfall muss eine systematische Normenanalyse und Subsumtion erfolgen.

- Der volljährige B schlägt A aus Wut ins Gesicht, sodass dessen Brille zu Bruch geht. **Prüfen Sie**, ob B für den Vorfall zivilrechtlich „verantwortlich" ist.
  Voraussetzungen für die „Verantwortlichkeit" sind in diesem Fall Schuld und Deliktsfähigkeit.
    - Schuld liegt vor, da B „aus Wut", also vorsätzlich handelt (§ 276 I BGB).
    - Deliktsfähigkeit liegt ebenfalls vor, da B volljährig ist und daher § 828 BGB zur beschränkten Deliktsfähigkeit Minderjähriger nicht greift. Außerdem liegen für Ausschluss und Minderung der Verantwortlichkeit gemäß § 827 BGB keine Hinweise im Sachverhalt vor.
  Ergebnis: B ist für den Vorfall zivilrechtlich verantwortlich.
- Der volljährige B schlägt A aus Wut ins Gesicht, sodass dessen Brille zu Bruch geht. **Prüfen Sie im Gutachtenstil**, ob B die Brille des A ersetzen muss.
  B muss die Brille ersetzen, wenn A einen Anspruch auf Schadensersatz wegen unerlaubter Handlung gegen B aus § 823 I BGB hat, d. h., wenn die folgenden Tatbestandsmerkmale des § 823 I erfüllt sind:
    - Rechtsgutverletzung: B verletzt das Eigentum des A, da dessen Brille zu Bruch geht.
    - Schaden mit Kausalzusammenhang: Die Zerstörung der Brille wird unmittelbar durch den Schlag des B verursacht.
    - Verschulden: B schlägt aus Wut, also vorsätzlich zu (§ 276 I BGB); § 828 BGB greift nicht, da B volljährig ist.
    - Widerrechtlichkeit: B handelt widerrechtlich, da er laut Sachverhalt keinen Rechtfertigungsgrund hat.
  Ergebnis: A kann von B Schadensersatz wegen unerlaubter Handlung verlangen (§ 823 I BGB). Die Höhe des Schadensersatzes ergibt sich aus §§ 249 ff. BGB und beinhaltet die Kosten der Brille.

2 Prüfungsrelevante Arbeitstechniken

2.1 Einsatz von Fachterminologie

Die terminologische Genauigkeit und Trennschärfe von Fachbegriffen übertrifft die der Umgangssprache in der Regel weit und vor allem die Rechtssprache (Jurisdiktion) weicht häufig sogar deutlich von dieser ab. Daher ist der korrekte Einsatz der Fachsprache eine unabdingbare Grundkompetenz im Fachbereich Recht. **Beispiele:**

- Während umgangssprachlich „Umtausch" für die Lieferung einer mangelfreien Ware, aber auch für den Austausch einer vom Käufer doch nicht gewünschten Ware gegen eine andere, die ihm zusagt, steht, ist der juristische Begriff „Ersatzlieferung" ausschließlich für die Lieferung der gleichen, aber mangelfreien Ware zutreffend. Dies ist insbesondere wichtig, um festzustellen, ob eine Ersatzlieferung im Rahmen einer Nacherfüllung (§ 439 BGB) überhaupt möglich ist. Wenn alle Exemplare einer Ware den gleichen Fehler haben, ist die „Ersatzlieferung" gemäß § 439 BGB unmöglich.

- Das Wort „leihen" wird in der Umgangssprache für praktisch alle Rechtsverhältnisse eingesetzt, bei denen eine Sache nur vorübergehend den Besitzer wechselt. So findet man Begriffe wie Kostüm- oder Fahrradverleih. Rechtlich gesehen handelt es sich in diesen Fällen allerdings nicht um eine grundsätzlich unentgeltliche Leihe (§ 598 BGB), sondern um eine entgeltliche Miete (§ 535 BGB), da eine „Miete" (Rechtssprache, § 535 II BGB) in Höhe der „Leihgebühr" (umgangssprachlich!) zu bezahlen ist.

2.2 Erstellen von Übersichten zur Systematisierung

Übersichten zur Systematisierung von z. B. verschiedenen Schuldverhältnissen, Tatbestandsmerkmalen oder Rechtsfolgen können beispielsweise als Baumdiagramme, Flussdiagramme oder Tabellen erstellt werden Ein einfacher Text wäre hier als Lösung nicht ausreichend, selbst wenn dieser optisch untergliedert ist. Beispiele siehe oben beim Operator „Systematisieren" (vgl. S. 5), in den Kapiteln (z. B. M 22, M 23, M 24, M 25, M 28, M 29, M 40, M 42, M 44, M 47, M 48) und in der Lösung zu Aufgabe 7 a auf S. 175.

2.3 Interpretation von Karikaturen

Karikaturinterpretationen sind auch im Fachbereich Recht eine gängige Aufgabenform. Folgende Vorgehensweise ist zu empfehlen:

- Erst die relevanten Text- und Bildelemente der Karikatur beschreiben.
- Soweit erforderlich, den relevanten Elementen Bedeutung zuordnen.
- Dann die Karikatur interpretieren: Was wird kritisiert, problematisiert bzw. lächerlich gemacht?
- Falls verlangt, den Hintergrund der Fragestellung mit berücksichtigen.

2.4 Arbeiten mit Gesetzestexten und Lösen von Rechtsfällen

Informationen, die man aus in der Prüfung zugelassenen Gesetzestexten erarbeiten kann, müssen Sie nicht auswendig lernen. Die Prüfungsvorbereitung wird so von rein reproduktiv orientierter Lernarbeit entlastet.

Das Erarbeiten von Informationen aus Gesetzestexten nennt man **Normenanalyse**. In der Regel folgt der Aufbau von Gesetzestexten dem Schema Tatbestandsmerkmale und Rechtsfolgen, d. h. Voraussetzungen und Ergebnisse bei diesen gegebenen Voraussetzungen. In dieser Weise sollte die Analyse der Rechtsnormen erfolgen. Zur Normenanalyse und Subsumtion vgl. S. 18 ff.

Rechtsfälle sind meist verbal zu lösen. Stichpunktartige Lösungen werden dem Anforderungsniveau in vielen Fällen nicht gerecht. Folgende Vorgehensweise hat sich für die Erarbeitung der Falllösung bewährt:

1. **Tatbestand**
   Erfassen des Tatbestands (Was ist geschehen?)
   - Sachverhalt genau durcharbeiten.
   - Rechtserhebliche Tatsachen unterstreichen, z. B. Daten, Altersangaben, Vereinbarungen, Termine, Nachlässigkeiten …

2. **Streitpunkte**
   Feststellen der Streitpunkte (Wer will was von wem?)

3. **Normen/Rechtsgrundlagen**
   Aufsuchen der anwendbaren Rechtsvorschriften
   - Anspruchsgrundlagen-Schema anwenden! Ggf. Register und Inhaltsverzeichnis des Gesetzbuchs verwenden, Abschnitte aufschlagen und nachlesen, §§ notieren.
   - Die Systematik des BGB beachten!

4. **Normenanalyse I: Tatbestandsmerkmale**
   Tatbestandsmerkmale feststellen (Welche Voraussetzungen müssen erfüllt sein?)
   - Mit dem BGB arbeiten.
   - Gegebenenfalls Hilfsvorschriften suchen, Querverweise beachten!

5. **Subsumtion**
   Überprüfen der Tatbestandsmerkmale am vorliegenden Sachverhalt (Sind die Voraussetzungen erfüllt?)
   - Jede Entscheidung ist zu begründen!
   - Tatbestandsmerkmale einzeln mit Sachverhalt vergleichen und begründen.

6. **Normenanalyse II: Rechtsfolgen**
   Feststellen der Rechtsfolgen (Wer kann was von wem woraus verlangen?)
   Vgl. Vorgehensweise unter 4.!

7. **Zusammenfassung, Entscheidung**
   Wie ist die Rechtslage? Fragestellung genau beachten und beantworten!

M 1: bewährte Vorgehensweise für die Erarbeitung der Falllösung

Um die Anspruchsgrundlage erst einmal festzustellen, kann auch folgendes **Grundschema zur Überprüfung von Anspruchsgrundlagen** hilfreich sein, das auf die Prüfungsinhalte im G8 reduziert wurde:

I. **Vertragliche und vertragsähnliche Ansprüche**
   A Vorprüfung: Ist ein wirksamer Vertrag zustande gekommen?
   B Vertragliche Ansprüche
      - Primäransprüche: Wurden alle vertraglichen Pflichten erfüllt?
      - Sekundäransprüche: Gab es Leistungsstörungen/Pflichtverletzungen?
         1. Verspätete Leistung
         2. Sachmangel
   C Ergänzende Vorschriften zum Verbrauchsgüterkauf, v. a. §§ 474 ff. BGB

II. **Ansprüche aus Eigentum und Besitz**
   1. Herausgabeanspruch aus § 985 BGB
   2. Gutgläubiger Eigentumserwerb § 932 ff. BGB

III. **Ansprüche aus ungerechtfertigter Bereicherung**
   1. Grundtatbestand § 812 BGB
   2. Sondertatbestand § 816 BGB

IV. **Ansprüche aus unerlaubter Handlung** § 823 BGB

V. **Ergänzende Vorschriften**
   - Allgemeine Geschäftsbedingungen §§ 305–310 BGB
   - Vorschriften zu besonderen Vertriebsformen §§ 312 ff. BGB

M 2: Grundschema zur Überprüfung von Anspruchsgrundlagen

Prägen Sie sich den Aufbau des Grundschemas gut ein, ehe Sie die Einzelheiten durcharbeiten, da der Aufbau gleichzeitig die Reihenfolge angibt, die Sie bei der Prüfung der einzelnen Ansprüche einhalten sollten.

3 Rechtstechnische Grundlagen

3.1 Aufbau und Systematik des BGB

Im täglichen Leben finden unzählige rechtlich relevante Handlungen zwischen den verschiedenen Rechtssubjekten statt. Um diesen Handlungen einen rechtlichen Rahmen zu geben, gibt es grundsätzlich zwei Möglichkeiten: Entweder man betrachtet jeden Fall einzeln und lässt ihn durch eine Instanz wie z. B. ein Gericht entscheiden, die sich dabei auch auf gleichgelagerte Präzedenzfälle stützt (sogenanntes **Präzedenzfallrecht**), oder man versucht, durch fest formulierte Regeln von vornherein festzulegen, wie verschiedene Fälle zu handhaben sind (sogenanntes **kodifiziertes Recht** von lat. *codex:* Liste, Verzeichnis). Diese Regeln sind dann in Form von Rechtsnormen in Gesetzen, Verordnungen, Satzungen oder Verwaltungsvorschriften zu finden. Während in der angelsächsischen Tradition in Ländern wie England, Australien, Kanada oder Südafrika das Präzedenzfallrecht praktiziert wird, richtet sich das Recht in Deutschland in erster Linie an fixierten Rechtsnormen aus. Ein Richter hat für sein Urteil also zu entscheiden, welche Rechtsnormen anwendbar sind, und diese dann auf den gegebenen Fall anzuwenden. Nur wenn dies nicht angemessen möglich ist, weil z. B. das Gesetz eine technische Entwicklung noch nicht ausreichend berücksichtigt, wird im Rahmen der höchstrichterlichen Rechtsprechung über ein Präzedenzfall-Urteil die Gesetzeslücke geschlossen, bis der Gesetzgeber im Rahmen der Rechtsfortentwicklung die Situation in Form von Rechtsnormen regelt (vgl. S. 33).

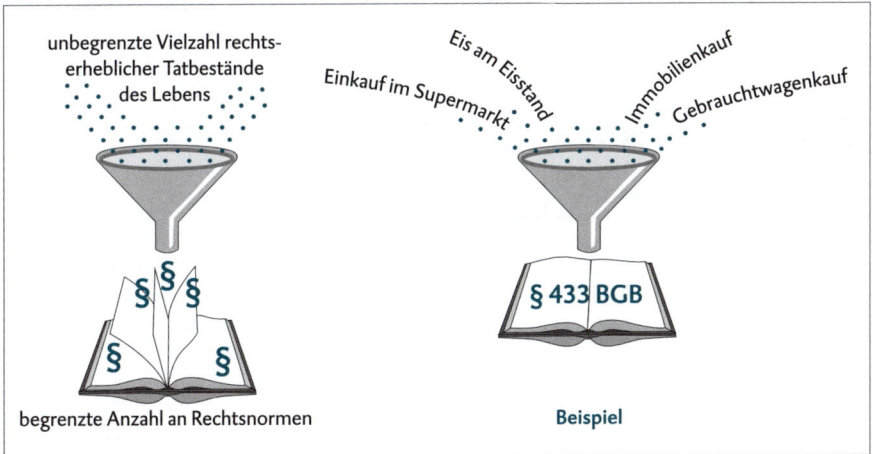

M 3: Das Reduktionsproblem im Recht

Um den Umfang des kodifizierten Rechts auf ein handhabbares Maß zu beschränken, greift das sogenannte **Reduktionsprinzip:** Eine Vielzahl von Fällen des täglichen Lebens wird anhand bestimmter gemeinsamer Aspekte über eine einheitlich anzuwendende Rechtsnorm geregelt. So wird beispielsweise der Kauf beweglicher Sachen unabhängig von Preis, Größe oder Verwendungszweck der Sache in den Regelungen zum Kaufvertrag in §433 BGB geregelt, d. h., der Kauf eines Kopfsalats beim Gemüsehändler unterliegt grundsätzlich den gleichen Regeln wie der Kauf eines Lkws oder eines Gemäldes (vgl. M 3).

Je weniger Rechtsnormen man im kodifizierten Recht haben möchte, desto höher muss der **Abstraktionsgrad** der Normen sein, damit sie möglichst viele Fälle abdecken können (nicht verwechseln mit dem Abstraktionsprinzip, vgl. S. 65 ff.). Im deutschen Recht findet man neben sehr abstrakten Rechtsnormen aber auch noch sehr konkrete. Beide Varianten haben Vor- und Nachteile:

	konkrete Rechtsnorm	abstrakte Rechtsnorm
Beispiel	**§ 962 BGB Verfolgungsrecht des Eigentümers** Der Eigentümer des Bienenschwarms darf bei der Verfolgung fremde Grundstücke betreten. Ist der Schwarm in eine fremde, nicht besetzte Bienenwohnung eingezogen, so darf der Eigentümer des Schwarmes zum Zwecke des Einfangens die Wohnung öffnen und die Waben herausnehmen oder herausbrechen. (…)	**§ 242 BGB Leistung nach Treu und Glauben** Der Schuldner ist verpflichtet, die Leistung so zu bewirken, wie Treu und Glauben mit Rücksicht auf die Verkehrssitte es erfordern.
Abstraktionsgrad	Konkrete Regelung spezifischer Fälle, bei der alle relevanten Elemente eindeutig bezeichnet sind: • Eigentümer, • Bienenschwarm, • Verfolgung (des Schwarms), • fremdes Grundstück, • fremde, nicht besetzte Bienenwohnung, • zum Einfangen öffnen, • Waben herausnehmen oder -brechen.	Allgemeine Regelung einer Vielzahl unterschiedlicher Fälle mit abstrakten Elementen, die je nach Einzelfall erst noch ausgelegt werden müssen: • Leistung • Treu und Glauben • Verkehrssitte
Vorteile	• gute Verständlichkeit • klarer Anwendungsbereich • große Rechtssicherheit für erfasste Fälle	• geringerer Umfang des kodifizierten Rechts • Technische, wirtschaftliche oder gesellschaftliche Veränderungen können von ausreichend abstrakt formulierten Normen mit abgedeckt werden. • große Rechtssicherheit im Gesamtsystem, da im Idealfall alle Fallkonstellationen im realen Leben erfasst werden

- Je konkreter die Rechtsnormen, desto mehr werden benötigt, sodass der Umfang des kodifizierten Rechts zunimmt und damit die Überschaubarkeit abnimmt.
- Eine Vielzahl spezifischer Regelungen erlaubt keine übergeordnete Systematik.

- Ob eine Rechtsnorm anwendbar ist oder nicht, kann der Laie ggf. gar nicht mehr entscheiden.
- Was die einzelnen Elemente der Rechtsnorm bedeuten, kann der Laie in der Regel nicht entscheiden, sodass für die Auslegung immer eine juristische Instanz erforderlich ist.

Nachteile

- Technische, wirtschaftliche oder gesellschaftliche Veränderungen führen bei sehr konkreten Regelungen ständig zu Rechtslücken oder Veränderungszwang. Durch ständige Veränderungen des Rechts leidet die Rechtssicherheit (vgl. S. 27).
- Gerechtigkeit leidet, wenn durch Einzelfallregelungen keine Gleichbehandlung ähnlich gelagerter Fälle gewährleistet ist (vgl. S. 27).

- Geringere Rechtssicherheit für Laien, da sie die Anwendbarkeit und die Auslegung nicht einschätzen können (vgl. S. 27).

- Gerechtigkeit leidet, wenn Besonderheiten des Einzelfalls durch einheitliche Regelung vieler ähnlich gelagerter Fälle nicht angemessen berücksichtigt werden (vgl. S. 27).

M 4: Vor- und Nachteile konkreter und abstrakter Rechtsnormen

Das Bürgerliche Gesetzbuch (BGB) trat in seiner ursprünglichen Fassung am 1. 1. 1900 als erstes einheitliches Bürgerliches Recht für das gesamte deutsche Staatsgebiet in Kraft (vgl. M 5) und ist ein Paradebeispiel für kodifiziertes Recht. Es regelt die Rechtsbeziehungen zwischen Privatpersonen (vgl. S. 32), egal ob diese z. B. als Unternehmer, Verbraucher oder Familienmitglied handeln, d. h., es kodifiziert (mit einigen Nebengesetzen) das deutsche Privatrecht.

Dabei wurde versucht, Regelungen, die für eine Vielzahl von Situationen gelten sollen, so allgemein zu formulieren, dass ihr Anwendungsbereich möglichst groß ist (z. B. Anwendbar-

M 5: BGB von 1896 (Auszug)

keit für alle Vertragsarten, egal ob Kauf, Leihe oder Schenkung; vgl. S. 52 ff.) und kein permanenter Änderungsbedarf besteht (vgl. S. 33). Dass dies gelungen ist, zeigen die vielen Paragrafen, die auch nach mehr als einem Jahrhundert noch unverändert im BGB enthalten sind (z. B. die o. g. §§962 und 242 BGB).

Das BGB ist in fünf Bücher gegliedert. M 6 verdeutlicht ein wesentliches Gliederungsprinzip: Die Formulierung allgemeiner Regeln für eine Vielzahl von Rechtssituationen ermöglicht das **Prinzip des „Vor-die-Klammer-Ziehens"**, d. h., alle Regelungen, die für die restlichen Bücher des BGB gelten, sind im ersten Buch, dem Allgemeinen Teil, zusammengefasst und quasi ausgeklammert, so wie man in der Mathematik einen Faktor, der allen Summanden einer Summe gemeinsam ist, vor die Klammer ziehen kann. So werden z. B. alle Verträge durch Antrag und Annahme (§§ 145, 147 BGB) geschlossen, egal ob es sich um einen schuld-, sachen-, familien- oder erbrechtlichen Vertrag handelt.

I. Allgemeiner Teil §§ 1–240			
II. **Schuldrecht** §§ 241–853	III. **Sachenrecht** §§ 854–1 296	IV. **Familienrecht** §§ 1 297–1 921	V. **Erbrecht** §§ 1 922–2 385

M 6: Gliederung des BGB

Auch die Anordnung und der Aufbau der vier weiteren Bücher folgen dem Grundprinzip des BGB „vom Allgemeinen zum Speziellen". Dabei gilt der Grundsatz *lex specialis* bricht *lex generalis*, d. h., wenn es zu einem Sachverhalt z. B. einen Paragrafen im Allgemeinen Teil des BGB gibt und einen weiteren, spezifischeren beispielsweise im Schuldrecht, dann ist der spezifischere anzuwenden. Das gilt auch für Paragrafen innerhalb eines Buches des BGB.

Die für das alltägliche Wirtschaftsleben relevanten Regelungen finden sich in den ersten drei Büchern des BGB: Allgemeiner Teil, Schuldrecht und Sachenrecht. Im Schuldrecht sind u. a. die Schuldverhältnisse, meist Verträge, des täglichen Wirtschaftsverkehrs geregelt, z. B. Kauf, Tausch, Schenkung, Leihe, Miete, Darlehen und Pacht (vgl. S. 52 ff.).

3.2 Zitier-, Lese- und Sprechweise von Paragrafen

Für die Rechtssprache gelten zum Teil spezielle Regeln, die sicherstellen, dass bestimmte Aussagen eindeutig sind. Dies gilt auch für die Verwendung von Rechtsnormen, egal ob im schriftlichen oder mündlichen Sprachgebrauch. So unterscheidet man sprachlich zwischen **Artikeln** (in Deutschland meist in verfassungsartigen Texten, z. B. im Grundgesetz) und **Paragrafen** (z. B. im BGB), ohne dass dies juristische Auswirkungen hat.

Für **ganze oder mehrere Paragrafen oder Artikel** gelten folgende Zitier-regeln:

- **§ 434**   bedeutet nur Paragraf 434, aber als Ganzes
- **§§ 434 f.**   bedeutet Paragraf 434 und der Folgeparagraf 435
- **§§ 434 ff.**   bedeutet Paragraf 434 und mehrere Folgeparagrafen, ohne die Zahl genauer zu bestimmen; in der Regel bezieht sich die Angabe auf inhaltlich zusammenhängende Paragrafen.

Zur genauen Identifikation einzelner **Paragrafenteile** gelten ebenfalls eindeutige Bezeichnungsregeln, bei denen man zwischen Absatz, Satz, Nummern und ggf. sogar Teilsatz unterscheidet. Zur Erläuterung das folgende Beispiel:

---

§ 434 BGB Sachmangel (Auszug)

(1) ^{1}Die Sache ist frei von Sachmängeln, wenn sie bei Gefahrübergang die vereinbarte Beschaffenheit hat. ^{2}Soweit die Beschaffenheit nicht vereinbart ist, ist die Sache frei von Sachmängeln,

1. wenn sie sich für die nach dem Vertrag vorausgesetzte Verwendung eignet, sonst
2. wenn sie sich für die gewöhnliche Verwendung eignet und eine Beschaffenheit aufweist, die bei Sachen der gleichen Art üblich ist und die der Käufer nach der Art der Sache erwarten kann. (...)

Der grau markierte Teil wird **beim Schreiben** folgendermaßen zitiert:

§ 434 I 2 Nr. 2 BGB

und folgendermaßen **gelesen** bzw. **gesprochen:**

§ 434	I	2	Nr. 2
„Paragraf 434"	„Absatz eins"	„Satz zwei"	„Nummer zwei"

Es gibt auch andere Schreibweisen. Alle Varianten müssen aber transparent und konsequent sein, d. h., man muss die Zuordnung zu den Paragrafenteilen erkennen können und sie muss für alle zitierten Rechtsnormen durchgehalten werden. In manchen Gesetzesausgaben fehlen die hochgestellten Ziffern für die einzelnen Sätze. Die Zitierregel gilt aber auch dann, d. h., man muss die Sätze selbst abzählen. Aus welchem Gesetz Paragrafen stammen, kann für einen Text global angegeben werden, z. B. mit dem Hinweis „Alle §§-Angaben stammen, soweit nicht anders vermerkt, aus dem BGB". Im Text kann man dann die ständige Angabe von „BGB" weglassen.

3.3 Normenanalyse

Eine grundlegende und unverzichtbare Kompetenz im Fachbereich Recht ist das analytische Lesen von Rechtsnormen oder anderen juristischen Texten. Für Paragrafen und Artikel wird dazu die Technik der sogenannten **Normen-analyse** eingesetzt.

Bis auf wenige Ausnahmen enthalten Rechtsnormen eine „wenn … dann"-Struktur, d. h., man kann sie in Sätze umformulieren, die mit „wenn" anfangen und deren letzter Teilsatz mit „dann" beginnt. Ein **Beispiel:**

---

§ 965 BGB Anzeigepflicht des Finders

(1) Wer eine verlorene Sache findet und an sich nimmt, hat dem Verlierer oder dem Eigentümer oder einem sonstigen Empfangsberechtigten unverzüglich Anzeige zu machen.

(2) [1]Kennt der Finder die Empfangsberechtigten nicht oder ist ihm ihr Aufenthalt unbekannt, so hat er den Fund und die Umstände, welche für die Ermittlung der Empfangsberechtigten erheblich sein können, unverzüglich der zuständigen Behörde anzuzeigen. [2]Ist die Sache nicht mehr als zehn Euro wert, so bedarf es der Anzeige nicht.

Paraphrasiert man **Absatz 1** mit einem Satz nach dem Strukturmuster „wenn … dann", erhält man folgendes Ergebnis:
Wenn jemand eine verlorene Sache findet
und wenn er diese an sich nimmt,
dann muss er dies dem Verlierer, Eigentümer oder einem sonstigen Empfangsberechtigten unverzüglich anzeigen.

Die „wenn"-Teilsätze beschreiben einen Sachverhalt und zwar die Voraussetzungen, unter denen § 965 BGB anzuwenden ist. Diese Voraussetzungen werden **Tatbestandsmerkmale** genannt. Der „dann"-Teilsatz beschreibt die **Rechtsfolge**, die eintritt, wenn § 965 BGB anzuwenden ist.

Versucht man das Gleiche mit **Absatz 2**, wird es schon ein bisschen anspruchsvoller, da der Absatz zwei Sätze enthält.
Wenn der Finder die Empfangsberechtigten nicht kennt
oder wenn ihm ihr Aufenthaltsort nicht bekannt ist
und wenn die Sache mehr als 10 € wert ist,
dann muss der Finder den Fund und alle zur Ermittlung des Empfangsberechtigten erheblichen Umstände der zuständigen Behörde melden, **und** zwar unverzüglich.

Der zweite Satz von Absatz 2 hat sich einbauen lassen, indem man den sogenannten **Umkehrschluss** verwendet, d. h., man verneint die Aussage des BGB. Im vorliegenden Fall entsteht durch die dann doppelte Verneinung eine positive Aussage (*nicht* „nicht mehr als 10 Euro" ergibt „mehr als 10 Euro").

Rechtsnormen sind also in der Regel nach folgendem **Schema** aufgebaut:

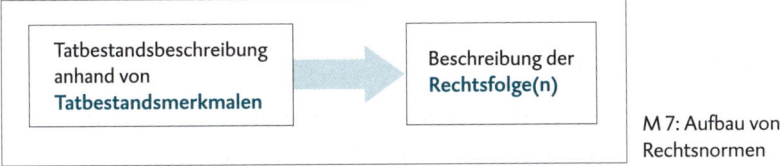

M 7: Aufbau von Rechtsnormen

Formelhaft könnte man das auch so darstellen (TBM = Tatbestandsmerkmale, RF = Rechtsfolgen):

$$TBM_1 + TBM_2 + \ldots + TBM_n \rightarrow RF$$

Es gibt allerdings auch Rechtsnormen, die Rahmenbedingungen beschreiben und daher anders strukturiert sind. So ist z. B. der Schutz der Umwelt in Art. 20a GG und 141 BV enthalten.

Für die Entscheidung, ob eine Rechtsnorm **„greift"**, d. h., ob sie **anwendbar** ist, müssen noch folgende Aspekte beachtet werden.

- Es müssen grundsätzlich **alle Tatbestandsmerkmale erfüllt** sein. Trifft auch nur ein einziges Tatbestandsmerkmal nicht zu, trifft die gesamte Rechtsnorm nicht zu.

- Dabei gilt: Mit „und" verbundene „wenn"-Elemente stehen für unterschiedliche Tatbestandsmerkmale, die alle erfüllt sein müssen (im §965 I BGB das „Finden" **und** das „Ansichnehmen"); mit „oder" verbundene „wenn"-Elemente stellen Alternativen eines einzigen Tatbestandsmerkmals dar, von denen nur mindestens eine erfüllt sein muss (im §965 II BGB: „kennt Empfangsberechtigten nicht" **oder** „Aufenthaltsort ist unbekannt"; d. h., der Finder könnte den Eigentümer zwar kennen, weiß aber nicht, wo er diesen finden kann).

- Die Reihenfolge der Anordnung von Tatbestandsmerkmalen und Rechtsfolge(n) ist beliebig. So fangen manche Rechtsnormen mit der Rechtsfolge an (z. B. §823 II BGB), oder die Rechtsfolge ist zwischen verschiedene Tatbestandsmerkmale geschoben, wie in §965 II oder §828 III BGB.

- Es gilt der Grundsatz *lex specialis* bricht *lex generalis*, d. h. beispielsweise, dass eine Regelung aus einem zweiten Absatz eines Paragrafen dazu führen kann, dass die Regelung aus dem ersten Absatz doch nicht greift. Man muss daher immer alle Absätze eines Paragrafen zumindest soweit lesen, dass man entscheiden kann, ob auch weitere Absätze für den gegebenen Sachverhalt relevant sind.

3.4 Normenverknüpfung

In vielen Fällen enthalten Rechtsnormen Tatbestandsmerkmale oder juristische Begriffe, die in anderen Rechtsnormen näher beschrieben oder definiert sind, sodass man sich auch auf diese Rechtsnormen beziehen muss, wenn man klären möchte, ob eine Rechtsnorm angewandt werden kann. Man nennt dies **Normenverknüpfung**.

So ist beispielsweise das Wort „unverzüglich" aus § 965 I und II BGB in § 121 BGB definiert als „ohne schuldhaftes Zögern". Obwohl § 121 BGB mit dem in § 965 BGB geregelten Fund nichts zu tun hat, gelten nach dem Prinzip des „Vor-die-Klammer-Ziehens" (vgl. S. 16) derartige Definitionen für das gesamte BGB. Um solche Normenverknüpfungen schneller auffinden zu können, kann man den Gesetzestext mit sogenannten Querverweisen versehen, d. h., man markiert das entsprechende Wort im Ausgangsparagrafen und schreibt darüber oder an den Rand daneben den damit verknüpften Paragrafen (vgl. Liste S. 181 f.). Solange man sich im gleichen Gesetzestext bewegt, genügt die Ziffer; bei Verweisen auf andere Gesetzestexte muss das entsprechende Kürzel ebenfalls ergänzt werden (z. B. GG für Grundgesetz oder StGB für Strafgesetzbuch).

---

§ 965 BGB Anzeigepflicht des Finders (Auszug)
(1) Wer eine verlorene Sache findet und an sich nimmt, hat dem Verlierer oder dem Eigentümer oder einem sonstigen Empfangsberechtigten <u>unverzüg-</u>   *121* <u>lich</u> Anzeige zu machen.

M 8: Beispiel für Querverweis im BGB

Außerdem gibt es Rechtsnormen, die nach dem Prinzip *lex specialis* bricht *lex generalis* die Wirkung anderer Rechtsnormen unter bestimmten zusätzlichen Bedingungen wieder aufheben (z. B. § 828 I BGB in Bezug auf § 823 BGB). Auch hier empfiehlt es sich, einen entsprechenden Querverweis im BGB einzutragen, sodass man bei der konkreten Falllösung weiß, welche verbundenen Rechtsnormen noch zumindest in Erwägung gezogen werden müssen.

§ 823 BGB könnte man z. B. folgendermaßen mit Querverweisen versehen:

Gesetzestext	Empfohlene Querverweise	Begründungen für die Querverweise
§ 823 BGB Schadensersatzpflicht	*828*	Sonderregelungen für Minderjährige
(1) Wer <u>vorsätzlich oder fahrlässig</u> das Leben, den Körper, die Gesundheit, die Freiheit, das Eigentum oder ein sonstiges Recht eines anderen <u>widerrechtlich</u> verletzt, ist dem anderen zum <u>Ersatz</u> des daraus entstehenden <u>Schadens</u> verpflichtet.	*276*	u. a. Definition von Fahrlässigkeit
	227ff.	Rechtfertigungsgründe gegen Widerrechtlichkeit
	249 ff.	Regelungen zur Art und Höhe des Schadensersatzes

M 9: Mögliche Verweistechnik bei § 823 I BGB

Dabei ist zu beachten, dass außer der Angabe von Querverweisen und den Hervorhebungen durch Unterstreichen oder farbiges Markieren keine Kommentare erlaubt sind. Farbige Markierungen dürfen auch keine Systematik (wie z. B. Tatbestandsmerkmale gelb, Rechtsfolgen grün) enthalten.[1]

3.5 Subsumtion

Das Wort **Subsumtion** (von lat. *sub*, unter, und *sumere*, nehmen) bezeichnet ganz allgemein die Unterordnung eines Begriffs unter einen anderen. Im Fachbereich Recht bezeichnet man als Subsumtion die Prüfung, ob ein juristischer Sachverhalt (Fall) unter eine bestimmte Rechtsnorm (z. B. Paragraf aus dem BGB) untergeordnet werden kann, sodass die Rechtsnorm und ihre Rechtsfolge anwendbar sind. Rein methodisch bedeutet subsumieren also die schrittweise Überprüfung, ob jedes Tatbestandsmerkmal einer Rechtsnorm im gegebenen Sachverhalt erfüllt ist. Die Voraussetzung für die Subsumtion ist daher die oben beschriebene Normenanalyse und ggf. Normenverknüpfung (vgl. S. 20).

Ein **Beispiel** zur Erläuterung: X findet beim Aussteigen aus seinem Auto in einem Parkhaus einen Geldbeutel. Dieser enthält neben 300 € eine Bahncard, auf der zwar ein Name und ein Foto zu sehen sind, aber keine Adresse. X kennt die Person auf der Bahncard nicht, steckt den Geldbeutel ein und überlegt, wie er jetzt weiter vorgehen soll.

---

1 Diese Regelungen gelten für das Bayerische Abitur und die damit verbundenen Leistungserhebungen. In anderen Bundesländern und an anderen Schulen bzw. Hochschulen gelten ggf. andere Regeln, die unbedingt einzuhalten sind.

Subsumtion zum gegebenen Fall und § 965 BGB anhand der Normenanalyse:

Absatz 1	
Wenn jemand eine verlorene Sache findet	Trifft zu, da X einen Geldbeutel findet und davon auszugehen ist, dass niemand einen Geldbeutel mit 300 € absichtlich auf den Boden eines Parkhauses legt.
und wenn er diese an sich nimmt,	Trifft zu, da X den Geldbeutel einsteckt.
Rechtsfolge: **dann** muss er dies dem Verlierer, Eigentümer oder einem sonstigen Empfangsberechtigten unverzüglich anzeigen.	Das heißt, X müsste dem Verlierer, hier vermutlich identisch mit dem Eigentümer, oder einem sonstigen Empfangsberechtigten seinen Fund unverzüglich, d. h. ohne schuldhaftes Zögern, mitteilen.
Absatz 2	
Wenn der Finder die Empfangsberechtigten nicht kennt **oder wenn** ihm ihr Aufenthaltsort nicht bekannt ist	Trifft zu, da X die Person, zu der der Name und das Foto auf der Bahncard gehören, nicht kennt. *(Hinweis: nur eine Alternative dieses Tatbestandsmerkmals muss erfüllt sein; vgl. S. 19)*
und wenn die Sache mehr als 10 Euro wert ist,	Trifft zu, da allein schon das Bargeld 300 € sind.
Rechtsfolge: **dann** muss der Finder den Fund und alle zur Ermittlung des Empfangsberechtigten erheblichen Umstände der zuständigen Behörde melden, **und** zwar unverzüglich.	D. h., X muss der zuständigen Behörde, z. B. dem lokalen Fundamt, den Fund sowie den Namen auf der Bahncard und den Hinweis, dass darauf auch ein Foto ist, ohne schuldhaftes Zögern melden, beispielsweise indem er dort anruft.

Ergebnis
Nachdem alle Tatbestandsmerkmale des § 965 I und II BGB zutreffen, muss X seinen Fund unverzüglich der zuständigen Behörde melden.

M 10: Beispiel für eine Normenanalyse und Subsumtion

Die hier tabellarisch dargestellte Subsumtion kann je nach Prüfungsanforderung entweder stichpunktartig oder auch als geschlossener Text formuliert werden. Unabdingbar ist in jedem Fall eine sorgfältige **Normenanalyse** und konsequente **Prüfung** jedes Tatbestandsmerkmals im Hinblick darauf, ob es zutrifft oder nicht, sowie jeweils eine **Begründung** dafür, die sich ganz konkret auf den Sachverhalt des gegebenen Falles bezieht **(Fallbezug)**. Bei verknüpften Normen (vgl. S. 20) sind diese ebenfalls zu subsumieren (hier § 121 BGB).

Normenanalyse und Subsumtion werden bei den Ansprüchen aus **Unerlaubter Handlung** nochmals ausführlich anhand eines Beispiels dargestellt (vgl. S. 71 ff.).

Aufgaben

1 Beschreiben Sie mithilfe selbst gewählter Normen aus dem BGB Vor- und Nachteile abstrakter bzw. konkreter Rechtsnormen.

2

> **§ 1 I ProdHaftG**
> [1]Wird durch den Fehler eines Produkts jemand getötet, sein Körper oder seine Gesundheit verletzt oder eine Sache beschädigt, so ist der Hersteller des Produkts verpflichtet, dem Geschädigten den daraus entstehenden Schaden zu ersetzen. [2]Im Falle der Sachbeschädigung gilt dies nur, wenn eine andere Sache als das fehlerhafte Produkt beschädigt wird und diese andere Sache ihrer Art nach gewöhnlich für den privaten Ge- oder Verbrauch bestimmt und hierzu von dem Geschädigten hauptsächlich verwendet worden ist.

Bei Meikes Inlineskates bricht eine Rolle aufgrund eines Materialfehlers. Meike stürzt, dabei zerreißt ihre Sportjacke. Außerdem verbeult sie den Lieferwagen einer Bäckerei, auf den sie aufprallt.

Stellen Sie mithilfe einer systematischen Normenanalyse und Subsumtion fest, ob der Hersteller für die Skates, die Jacke und die Reparatur des Lieferwagens Schadensersatz leisten muss.
Prüfen Sie dabei Satz 1 und Satz 2 von § 1 I ProdHaftG getrennt und halten Sie das jeweilige Ergebnis fest.

3 Der 17-jährige Anton (A) verlässt nach einem Streit mit seiner Freundin (F) missgelaunt das Haus und tritt aus Wut mit voller Wucht gegen das Garagentor. Der Vater (V) von F, der wegen des lauten Geräuschs sofort dazukommt, stellt A zur Rede und verlangt von ihm, dass er den Schaden am Garagentor wieder in Ordnung bringt.

Prüfen Sie im Gutachtenstil, ob und ggf. welche Ansprüche V wegen des verbeulten Tors gegen A aus § 823 I BGB geltend machen kann. Gehen Sie dabei insbesondere auf das Alter von A ein.

Hinweis: Weitere Aufgaben zu den rechtstechnischen Grundlagen sind in folgende Kapitel integriert:

- Schuldverhältnisse, Kaufhandlung und Abstraktionsprinzip: Systematik des BGB, Abstraktionsprinzip
- Schuldrecht und Pflichtverletzungen: Normenanalyse, Subsumtion, Normenverknüpfung; Ansprüche aus unerlaubter Handlung

Grundlagen unserer Rechtsordnung

In diesem Kapitel lernen Sie ...

- warum es notwendig ist, dass es eine Rechtsordnung gibt,
- dass es neben Rechtsregeln noch weitere Normensysteme gibt,
- welche unterschiedlichen Funktionen durch das Recht erfüllt werden,
- dass Gerechtigkeit verschiedene Ausprägungen umfasst,
- welche unterschiedlichen rechtsphilosophischen Standpunkte vertreten werden,
- aus welchen Quellen das Recht in Deutschland kommt,
- was einen Staat zu einem Rechtsstaat macht,
- wie die deutsche Rechtsordnung untergliedert ist,
- welche verschiedenen Rechtsgebiete das deutsche Rechtssystem umfasst,
- warum und in welchen Bereichen sich das derzeitige Recht fortentwickelt.

1 Merkmale und Ziele der Rechtsordnung

1.1 Recht und Rechtsordnung

Die ältesten noch erhaltenen Gesetzestexte sind die Gesetzestafeln des mesopotamischen Königs Hammurapi, die etwa aus dem 18. Jahrhundert vor Christus stammen. Darin werden auch heute noch aktuelle Fragestellungen des Staats-, Schuld-, Ehe-, Erb-, Miet- und Strafrechts behandelt. Zugleich belegen sie, dass bereits seit Anbeginn der menschlichen Zivilisation das Bedürfnis nach einer dauerhaften und gleichmäßigen Regelung der menschlichen Gemeinschaft bestand.

Neben den meist schriftlich fixierten Rechtsnormen existieren in jeder Gesellschaft eine Fülle weiterer **Sitten und Bräuche**, die weitestgehend nur mündlich und durch tagtägliche Anwendung weitergegeben werden, z. B. Höflichkeitsregeln wie die Begrüßung per Händedruck.

Ferner basieren die meisten Kulturen auf religiös begründeten **Moral**vorstellungen, z. B. dem Gebot der Nächstenliebe und der Toleranz im Christentum.

Allen diesen Vorschriften und Regeln ist gemeinsam, dass sie zumindest das äußere Verhalten der Menschen hin zu einem friedvollen Zusammenleben zu gestalten versuchen.

Rechtsnormen heben sich dadurch hervor, dass ihre Einhaltung vom Staat überwacht und bei Bedarf auch gewaltsam durchgesetzt wird. Ein Verstoß gegen sittliche und moralische Vorschriften hingegen wird „nur" durch gesellschaftliche Ausgrenzung oder „göttliche Strafe" sanktioniert.

1.2 Rechtsfunktionen

Um ein friedvolles Miteinander der Menschen zu gewährleisten und gleichzeitig jedem Individuum ein Höchstmaß an persönlicher Freiheit zu ermöglichen, ist es erforderlich, dass das Recht eine gewisse **Ordnungsfunktion** übernimmt (z. B. Regelungen im Straßenverkehr). Der Grundsatz, dass die Freiheit des Einzelnen an der Freiheit des Nächsten endet, bedarf einer konkreteren Beschreibung in einer Fülle von Situationen des täglichen Lebens.

Damit kommt dem Recht eine zweite wichtige Funktion zu. Es **schützt** die Rechtsgüter des Einzelnen (vgl. § 823 BGB, z. B. Leben, Freiheit, Gesundheit, Eigentum) vor einer Beeinträchtigung durch Dritte.

Sollte es dennoch zu einer Rechtsgutverletzung kommen, übernimmt das Recht die **Friedens-** oder **Ausgleichsfunktion** und sorgt für einen gerechten

Ausgleich des Schadens zwischen Geschädigtem und dem Schädiger. Erleidet beispielsweise der Käufer einer Sache einen Schaden, weil die Sache fehlerhaft war (z. B. Sturz von einem neu gekauften Fahrrad infolge eines Achsbruchs), so muss der Verkäufer für den Schaden (z. B. Arztkosten) aufkommen, wenn er den Mangel zu vertreten hat (vgl. S. 100 f.).

Dort wo es zu sozialschädlichen Verhaltensweisen kommt, nimmt das Recht auch eine **Straffunktion** wahr und sanktioniert das Fehlverhalten.

Im Hinblick auf Kinder und Jugendliche gewährt der Gesetzgeber einen gewissen Schutz- und Schonraum, sodass das Recht auch eine **Erziehungsfunktion** erfüllt (z. B. Jugendstrafrecht).

1.3 Dimensionen der Gerechtigkeit

Oberstes Ziel der Rechtsordnung ist es, für **Gerechtigkeit** zu sorgen. Symbolisiert werden die verschiedenen Ausprägungen von Gerechtigkeit durch die Figur der Göttin Justitia.

Die Augenbinde steht für den Aspekt der **Gleichheit**. Ohne „Ansehen der Person" soll ein Urteil gefällt werden. Ein „Reicher" erhält für das gleiche Vergehen die gleiche Strafe wie ein „Armer".

Die Waage steht für den Aspekt der **Billigkeit**. Vergehen und Strafe sollen im angemessenen Verhältnis zueinander stehen. Ersttäter werden anders behandelt als Wiederholungstäter, Kinder anders als Erwachsene.

Das Schwert als Symbol der **Rechtssicherheit** garantiert, dass Justitia auch in der Lage ist, ihre Entscheidung durchzusetzen. Zugleich bedeutet Rechtssicherheit aber auch, dass Gesetze über-

M 11: Die Göttin Justitia

schau- und vorhersehbar sein müssen, damit sich die Bürgerinnen und Bürger darauf einstellen und daran halten können.

Auch wenn man Gerechtigkeit als obersten Maßstab einer Wertordnung wählt, so kann der Gesetzgeber doch nie **absolute**, sondern immer nur **relative Gerechtigkeit** herstellen. Was als „gerecht" empfunden wird, hängt immer auch vom Zeitgeist und von weltanschaulichen Strömungen ab. So ziehen wir heute die Grenze der Strafmündigkeit beim 14. Lebensjahr. Denkbar wäre aber auch jede andere Altersgrenze. In unserer Gesellschaft ist die Todesstrafe abgeschafft. In rund 50 Ländern ist sie noch Teil des Rechtssystems. Selbst der antike Philosoph Aristoteles, von dem uns die ersten Überlegungen zu Gerechtigkeit überliefert sind, plädierte für die Gleichheit aller Menschen vor dem Gesetz, hatte aber kein Problem damit, Frauen und Sklaven davon auszuschließen.

Eine weitere Einteilungsmöglichkeit ist die Unterscheidung zwischen der ausgleichenden und der austeilenden Gerechtigkeit, wie sie ebenfalls schon der Philosoph Aristoteles vorgenommen hat. Die **ausgleichende oder auch Tauschgerechtigkeit** *(iustitia commutativa)* regelt die Beziehungen des Gebens und Empfangens zwischen gleichwertigen Subjekten. Dazu gehört z. B., dass man einmal geschlossene Verträge auch einhält oder einen verursachten Schaden ausgleicht. Die **austeilende Gerechtigkeit** *(iustitia distributiva)* bezieht sich auf die Rechte und Pflichten des Einzelnen gegenüber der Gemeinschaft. Dazu gehören einerseits Pflichten, wie das Zahlen von Steuern, andererseits aber auch dass einem die Gemeinschaft das gibt, was einem zusteht (z. B. Anspruch auf Unterstützung bei Bedürftigkeit). Problematisch an dieser Unterteilung ist, diese sehr allgemeinen Aussagen mit konkreten Inhalten zu füllen. Dafür benötigt man feste Kriterien.

Wesentlich konkreter ist die Einteilung in die generalisierende und die individualisierende Gerechtigkeit. Hinter dem Aspekt der **generalisierenden Gerechtigkeit** verbirgt sich der im Grundgesetz verankerte Gleichheitsgrundsatz, wonach alle Menschen, unabhängig von Alter, Geschlecht, Herkunft oder Religion, vor dem Gesetz gleich zu behandeln sind. Dem steht der Aspekt der **individualisierenden Gerechtigkeit** gegenüber, was im Gedanken der Billigkeit seinen Ausdruck findet. Hier muss ein Gericht die Umstände des Einzelfalls berücksichtigen. So werden z. B. Kinder und Jugendliche im deutschen Recht anders behandelt als Erwachsene. Dies wird z. B. bei beschränkter Geschäfts- und Deliktsfähigkeit sowie beschränkter Strafmündigkeit als Jugendlicher seitens des Gesetzgebers berücksichtigt.

2 Quellen des Rechts und Merkmale des Rechtsstaats

2.1 Naturrechtslehre vs. Rechtspositivismus

Zwei rechtsphilosophische Strömungen beeinflussen unser Rechtssystem. Vertreter der **Naturrechtslehre** gehen davon aus, dass es ein allen menschlichen Regelungen übergeordnetes „höheres" Recht gibt, das von Raum und Zeit unabhängig ist und jedem Menschen einfach aufgrund seiner Natur des Menschseins zusteht. Dazu zählen insbesondere die zentralen Freiheitsrechte sowie das Recht auf Leben und körperliche Unversehrtheit. Diese **Menschenrechte** haben in Deutschland ihren Einzug in die Verfassung, das **Grundgesetz**, gefunden und stellen als „Grundrechte" (Art. 1–19 GG) einen unveränderbaren „**Verfassungskern**" (Art. 79 III GG) dar. Auch die Bayerische Verfassung bekennt sich in Artikel 98 zu den Grundrechten. In Artikel 99 ff. BV werden sie explizit noch einmal wiederholt.

Naturrechtliche Regelungen lassen jedoch viele Auslegungen und Interpretationen zu, sodass sie als alleiniges Normensystem nicht ausreichen. Daher findet sich ein zweiter Ansatz in der Rechtsordnung wieder, der **Rechtspositivismus**. Dieser Theorie zufolge wird Recht allein durch den Staat und die gesetzgebenden Organe festgelegt und ist von den Bürgern strikt einzuhalten, ganz nach der Devise „Gesetz ist Gesetz". Problematisch an diesem Ansatz ist, dass auch ggf. ungerechte Rechtsnormen einzuhalten sind. Als Beispiele hierfür können alle totalitären Staaten angeführt werden, sei es das NS-Regime, die DDR oder aktuell Staaten wie Nordkorea. Um die Macht der herrschenden Elite zu sichern, existiert in allen Diktaturen eine meist sehr umfangreiche geheime Staatspolizei, deren Zuständigkeiten und verwendete Methoden in den bestehenden Gesetzen zwar legitimiert sind, die aber zugleich gegen grundlegende Menschenrechte verstoßen. Folter, Verschleppung, Gefängnisaufenthalt ohne richterliche Anhörung und teilweise auch Mord waren und sind in diesen Systemen an der Tagesordnung.

Daher dienen meist die naturrechtlichen Grundsätze als oberste Kontrollinstanz, an der sich alle anderen Normen orientieren müssen. In der Bundesrepublik Deutschland wachen die Verfassungsgerichte (Bund und Länder) darüber, dass Recht nicht zu Unrecht wird. Und für den Fall, dass eine Partei oder eine andere Gruppierung einen Versuch unternimmt, die rechtsstaatliche, demokratische Grundordnung unseres Staates zu beseitigen, haben alle Deutschen das Recht zum Widerstand, sofern eine andere Abhilfe (z. B. durch die staatlichen Organe) nicht möglich ist (vgl. Art. 20 IV GG).

2.2 Der Rechtsstaat

In Artikel 28 GG heißt es: „Die verfassungsmäßige Ordnung in den Ländern muß den Grundsätzen des republikanischen, demokratischen und sozialen Rechtsstaates im Sinne dieses Grundgesetzes entsprechen."

Ausgehend von den Überlegungen zur Gerechtigkeit sowie den Auffassungen der Vertreter der Naturrechtslehre lassen sich die wesentlichen Merkmale eines Rechtsstaats festlegen:

- In einem **Rechtsstaat** geht die Staatsgewalt vom Volk aus und ist an Recht und Gesetz gebunden (Art. 20 GG). Die staatliche Gewalt teilt sich auf Exekutive, Legislative und Judikative auf (Grundsatz der **Gewaltenteilung**). Die Legislative ist dabei an die Verfassung gebunden; Exekutive und Judikative sind an das bestehende Recht und Gesetz gebunden. In Deutschland existiert neben dieser horizontalen Gewaltenteilung zugleich eine vertikale, d. h., Bund, Länder und Gemeinden teilen sich rechtliche Kompetenzen.

- Ein zweites wichtiges Merkmal ist die **Unabhängigkeit der Gerichte**, durch welche die staatlichen Maßnahmen kontrolliert werden können.

- Drittes Merkmal ist die Anerkennung und Garantie überstaatlicher Natur- und Menschenrechte, die als elementare **Grundrechte** (Art. 1–19 GG) in einem unveränderbaren Verfassungskern im Grundgesetz geschützt sind.

2.3 Rechtsquellen

Rechtsquellen sind die verschiedenen Erscheinungsformen des Rechts (vgl. S. 13). Das schriftlich festgehaltene, **geschriebene Recht (positives Recht)** umfasst als oberste Ebene das Grundgesetz sowie die Landesverfassungen. Ihnen untergeordnet ist die Bundes- und Landesgesetzgebung, gefolgt von Rechtsverordnungen der Bundes- und Landesregierung sowie der staatlichen Verwaltung. Auf der untersten Ebene stehen die Satzungen von Körperschaften des öffentlichen Rechts, wie z. B. von Gemeinden. Es gilt dabei der Grundsatz, dass die jeweils niedrigere Ebene zu der ihr vorgelagerten nicht im Widerspruch stehen darf. D. h., letztlich müssen sich alle Gesetze und Verordnungen an den Bestimmungen des Grundgesetzes messen, das sich wiederum seit 2007 am Vertrag von Lissabon (der europäischen Verfassung) messen lassen muss.

Eine zweite Quelle des Rechts ist das ungeschriebene **Gewohnheitsrecht**. Es hat sich durch ständige Anwendung und langjährige Ausübung in Teilbereichen der Gesellschaft entwickelt und ist dort auch anerkannt. Es steht nicht im Konflikt zu den bestehenden Rechtsnormen. Aufgrund der fehlenden schriftlichen Fixierung müssen hier Gerichte im Einzelfall prüfen, ob Gewohnheitsrecht vorliegt oder nicht. Typische Beispiele sind z. B. Wegerechte oder Handelsbräuche.

Eine dritte Quelle des Rechts ist die sogenannte **ständige Rechtsprechung**. In „Musterurteilen" werden von den obersten Organen der Rechtsprechung (z. B. Bundesgerichtshof) Präzedenzfälle entschieden, die dann Gültigkeit in Fällen mit gleichem Tatbestand haben. Ein ähnliches System findet überwiegend im angloamerikanischen Raum Anwendung (Richterrecht, „case law"). In Deutschland ist der Gesetzgeber bestrebt, diese Fälle möglichst schnell in das geschriebene Recht aufzunehmen und Regelungslücken zu schließen.

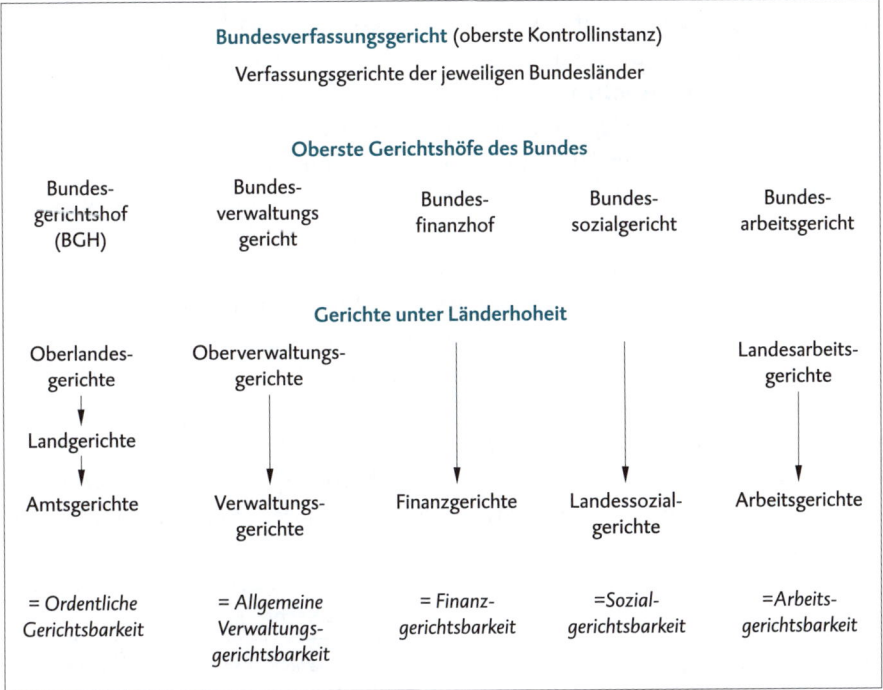

M 12: Aufbau der Gerichtsbarkeit in Deutschland

3 Gliederung des Rechts

In Deutschland steht das Privat- oder auch Zivilrecht dem öffentlichen Recht gegenüber.

Das **Privatrecht** regelt die Rechtsbeziehungen Einzelner zueinander, also zwischen Bürger und Bürger. Dies geschieht nach dem Grundsatz der Gleichordnung, d. h., beide Parteien haben die gleichen rechtlichen Möglichkeiten und die gleiche rechtliche Stellung zueinander. Dabei können sich sowohl natürliche als auch juristische Personen gegenüberstehen. Nach dem Grundsatz der Privatautonomie (= Vertragsfreiheit) setzt der Gesetzgeber hier meist nur einen rechtlichen Rahmen, innerhalb dessen die Parteien individuelle Vereinbarungen treffen können (= **dispositives Recht**). Typische Beispiele sind das bürgerliche Recht sowie das Handels- und das Urheberrecht, deren Regelungen sich entsprechend im BGB, HGB und im UrhG finden.

Das **öffentliche Recht** regelt die Rechtsbeziehungen zwischen Bürger und Staat bzw. staatlichen Organen nach dem Grundsatz der Über- und Unterordnung. Der Staat nimmt dabei die stärkere Position ein. Es handelt sich dabei um **zwingendes Recht**, d. h., der Bürger hat die staatlichen Normen zu akzeptieren. Ein Beispiel ist das Strafrecht. Ein Spielraum für die individuelle Ausgestaltung von Rechtsverhältnissen besteht nicht, sofern nicht das jeweilige Gesetz den staatlichen Stellen einen gewissen Freiraum einräumt (z. B. Ermessensspielraum des Richters beim Festlegen des jeweiligen Strafmaßes).

Darüber hinaus existiert auch ein „Mischbereich", in dem sich privates und öffentliches Recht überschneiden. So greift der Staat durch gesetzliche Mindestlöhne und Regelungen zum Arbeitsschutz in den Bereich des Arbeitsrechts ein, zugleich obliegt es aber Arbeitgebern und Gewerkschaften sowie dem einzelnen Arbeitgeber und Arbeitnehmer in diesem Bereich Vereinbarungen zu treffen.

Privatrecht	öffentliches Recht
• regelt die Beziehungen Bürger – Bürger	• regelt die Beziehungen Bürger – Staat und Staat – Staat
• Grundsatz der Gleichordnung	
• meist dispositives Recht	• Grundsatz der Über- und Unterordnung
• z. B. bürgerliches Recht (BGB), Handelsrecht, Urheberrecht	• zwingendes Recht
	• z.B. Staats- und Europarecht, Straf- und Verwaltungsrecht

Arbeitsrecht (Mischung beider Rechtsgebiete)

M 13: Gegenüberstellung von öffentlichem Recht und Privatrecht

4 Fortentwicklung des Rechts

Wie schon bei den Ausführungen zur relativen Gerechtigkeit angesprochen (vgl. S. 27), unterliegt unsere Gesellschaft einem stetigen sozio-ökonomischen Wandel: Der **Wertewandel** und ein sich änderndes Rechtsbewusstsein finden ihren Niederschlag auch in der Gesetzgebung. Daneben ist der **technische Fortschritt** ein wichtiger Auslöser für Anpassungen des bestehenden Gesetzeskanons. Als letzte Ursache ist der europäische **Rahmen** zu nennen, in den Deutschland integriert ist und dessen Vorgaben in der nationalen Gesetzgebung umzusetzen sind.

Zwar hat der deutsche Gesetzgeber versucht, durch eine abstrahierend-generalisierende Formulierung vieler Normen eine Fülle unterschiedlicher und damit auch zukünftiger Lebenssachverhalte abzudecken, bei Innovationen und in Spezialfällen müssen aber ergänzende oder konkretisierende Vereinbarungen getroffen werden (vgl. S. 14, Abstraktionsgrad und Reduktionsprinzip).

Ein Bereich, in dem es in den letzten Jahren zu Rechtsfortentwicklung gekommen ist, ist z. B. das **Urheberrecht**. Bedingt durch die digitalen Medien und ein sich änderndes Bewusstsein im Hinblick auf den Schutz geistigen Eigentums hat hier der Gesetzgeber reagiert und z. B. einige Tauschbörsen, die zum Teilen urheberrechtlich geschützter Inhalte verwendet wurden, strikt verboten. Daneben hat die Bedrohung durch den internationalen Terrorismus zu Änderungen beim **Datenschutzrecht** geführt. Vorgaben auf europäischer Ebene haben z. B. die **Rechte des Verbrauchers** in Deutschland gestärkt.

Aufgaben

1 Erläutern Sie, worin sich Rechtsnormen von anderen Verhaltensregeln einer Gesellschaft unterscheiden.

2 Nennen Sie die verschiedenen Funktionen, die das Recht in unserer Gesellschaft erfüllt, und belegen Sie die jeweilige Funktion mit je einem Beispiel aus dem bestehenden Gesetzeskanon.

3 Anstelle einer Bestrafung erteilt der Richter einem minderjährigen Straftäter die Auflage, einen verursachten Sachschaden durch eigene Arbeitsleistung wieder zu beseitigen. Stellen Sie dar, welche Rechtsfunktionen im vorliegenden Sachverhalt gewahrt sind.

4 „*Ungerecht ist offenbar, wer die Gesetze übertritt, wer mehr haben will als andere und wer ein Feind der Gleichheit ist. Daraus ergibt sich, dass gerecht ist, wer die Gesetze einhält und wer sich mit der Gleichheit zufrieden gibt.*" (Aristoteles)

Erläutern Sie, welche Dimensionen von Gerechtigkeit schon Aristoteles bewusst waren und welche Aspekte aus heutiger Sicht fehlen.

5 Stellen Sie dar, weshalb Rechtssicherheit einen wesentlichen Bestandteil der Gerechtigkeit darstellt.

6 „*Wo Recht zu Unrecht wird, wird Widerstand zur Pflicht.*"

Diskutieren Sie die Aussage unter dem Aspekt des Natur- und positiven Rechts.

7 Im Jahr 1789 wurden erstmals im Zuge der Französischen Revolution wesentliche Menschenrechte kodifiziert (juristisch: schriftlich in einem Gesetz festgehalten). Erläutern Sie, wie sich diese im deutschen Rechtssystem niedergeschlagen haben, und nennen Sie wesentliche Menschenrechte.

8 Erläutern Sie die Grenzen staatlicher Gewalt in einem Rechtsstaat.

9 Stellen Sie an einem selbstgewählten Beispiel dar, zu welchen Problemen Gewohnheitsrecht führen kann.

10 Frau F wird auf dem Weg zur Arbeitsstelle in einen Verkehrsunfall verwickelt. Als sie hinter einer Waldbiegung wegen eines langsam fahrenden Traktors mit ihrem Pkw nahezu zum Stillstand kommt, fährt Herr S beinahe ungebremst auf ihren Wagen auf. Er hatte gerade mit einem wichtigen Geschäftskunden ein Telefonat von seinem Mobiltelefon aus geführt. An beiden Autos entsteht erheblicher Sachschaden. S und F erleiden beide schwere Verletzungen, die bei S zu einigen Wochen Arbeitsausfall und bei F zur Berufsunfähigkeit führen.

Ordnen Sie die verschiedenen Tatbestände den unterschiedlichen Rechtsgebieten begründet zu.

11

> **Art. 3 III GG**
>
> Niemand darf wegen seines Geschlechtes, […] wegen seiner Behinderung benachteiligt werden.

Stellen Sie zwei Bereiche dar, in denen das in Art. 3 GG festgehaltene „Anti-Diskriminierungsverbot" zu einer Fortentwicklung des Rechts beigetragen hat.

Strafrecht

In diesem Kapitel lernen Sie ...

- in welche Teilbereiche sich das Strafrecht untergliedert,
- welche besonderen Funktionen das Strafrecht erfüllt,
- welche Rechtsgüter durch das Strafrecht geschützt werden,
- wie das Strafgesetzbuch aufgebaut ist,
- welche Zwecke man mit einer Strafe verfolgt,
- welche Voraussetzungen erfüllt sein müssen, damit eine Straftat vorliegt,
- was unter dem objektiven und subjektiven Tatbestand zu verstehen ist,
- wann eine Tat nicht rechtswidrig ist,
- wann ein Täter schuldhaft handelt,
- worin sich Vorsatz und Fahrlässigkeit unterscheiden,
- dass Strafe immer nur relative Gerechtigkeit schaffen kann,
- nach welchen Grundsätzen die Höhe einer Strafe bemessen wird,
- wie die deutsche Strafjustiz aufgebaut ist,
- wie ein Strafprozess abläuft.

1 Das Strafrecht im Überblick

1.1 Das Strafrecht als Teil des öffentlichen Rechts

Die deutsche Rechtsordnung unterscheidet zwischen dem privaten und dem öffentlichen Recht (vgl. S. 32). Während ersteres die Beziehungen der Bürger untereinander regelt, behandelt das **öffentliche Recht** die Beziehung zwischen Staat und Bürger(n). In der Bundesrepublik Deutschland liegt das alleinige Gewaltmonopol beim Staat, somit auch das Recht, Strafen zu verhängen und deren Vollzug umzusetzen. Daher ist das Strafrecht Teil des öffentlichen Rechts.

Das Strafrecht wiederum unterteilt sich in das materielle und das formelle Strafrecht:

- Im **materiellen Strafrecht** wird festgelegt, welches Verhalten eine Straftat darstellt, sowie die Art der Strafen und Regelungen bezüglich der Strafhöhe.

- Das **formelle Strafrecht** legt Verfahrensfragen fest, so z. B. das Nachweisverfahren (Strafprozess) und den Strafvollzug.

1.2 Funktion des Strafrechts

Im menschlichen Zusammenleben ergeben sich Konflikte und Streitfälle. Dort wo diese zu sozialschädlichen Verhaltensweisen führen, welche z. B. die Grundwerte und den Rechtsfrieden einer Gesellschaft gefährden, stellt die Rechtsordnung derartige Verhaltensweisen unter Strafe.

Zentrale Aufgabe des Strafrechts ist somit der **Schutz von Rechtsgütern** zur Verwirklichung des Gemeinwohls und zum **Erhalt des Rechtsfriedens**. Der Gesetzgeber unterscheidet dabei zwischen Rechtsgütern der Gemeinschaft sowie des Einzelnen, die einen besonderen Schutz genießen:

- Die geschützten **Rechtsgüter des Einzelnen** finden sich z. B. in § 823 BGB. Dazu gehören z. B. das Leben, die persönliche Freiheit, die körperliche Unversehrtheit und das Eigentum einer Person. Ein Verstoß, z. B. in Form eines Mordes, einer Entführung, Körperverletzung oder eines Diebstahls, wird mit Strafe geahndet.

- Bei den **Rechtsgütern der Gemeinschaft** handelt es sich um elementare Werte und Prinzipien, die den grundlegenden Aufbau und Bestand des Staates sichern. Dazu gehören z. B. der Friede, der Bestand des Staates und der freiheitlich-demokratischen Grundordnung sowie die Wahrung der öffentlichen Ordnung.

1.3 Überblick Strafgesetzbuch

Im Aufbau des Strafgesetzbuchs spiegelt sich dieser Rechtsgüterschutz wider. Nach einem **Allgemeinen Teil** (§§ 1–79 StGB), der Aspekte umfasst, die alle Straftaten betreffen (z. B. die Schuldfähigkeit, die Rechtsfolgen einer Straftat), werden im **Besonderen Teil** (§§ 80–358 StGB) zunächst Straftaten gegen geschützte Rechtsgüter der Gemeinschaft (Frieden, Demokratie, Rechtsstaat) und anschließend des Einzelnen (z. B. Leben, körperliche Unversehrtheit, Eigentum) aufgelistet.

Der Aufbau des Strafgesetzbuchs folgt wie der Aufbau des BGB (vgl. S. 16) dem juristischen **Prinzip des „Vor-die-Klammer-Ziehens"**. Das trägt dazu bei, inhaltliche Doppelungen zu vermeiden und den Umfang des Gesetzestextes somit zu reduzieren.

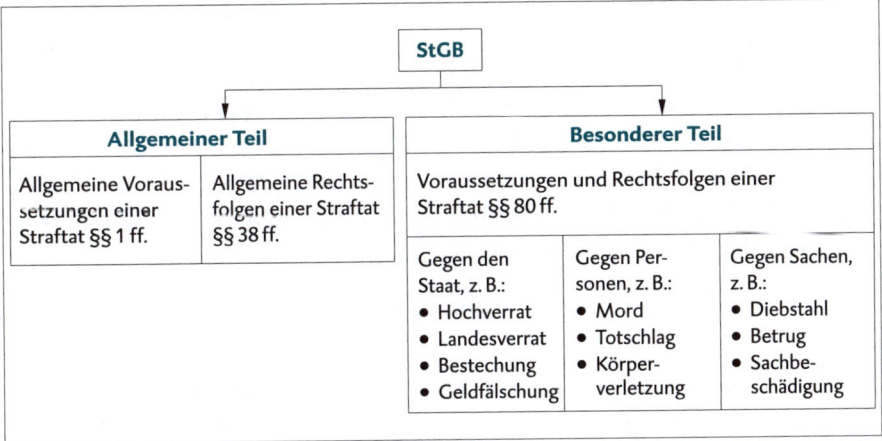

M 14: Aufbau des Strafgesetzbuchs

2 Straftheorien – Überlegungen zum Zweck von Strafe

Straftheorien versuchen, eine Antwort auf die Frage zu geben, weshalb ein Täter bestraft und welches Ziel mit der jeweiligen Sanktion erreicht werden soll. Dabei unterscheidet man drei Theorien.

Nach der **absoluten Straftheorie** geht es bei der Bestrafung einzig um Sühne des Täters und/oder um Vergeltung für die begangene Tat. Die dabei vorherrschende Sichtweise auf die Strafe ist rein retrospektiv, d. h. im Hinblick auf die begangene Tat („Auge um Auge, Zahn um Zahn!").

Die **relative Straftheorie** richtet den Blick in die Zukunft. Bei einer Verurteilung erhofft man sich sowohl eine Wirkung auf den Täter selbst **(Spezialprävention)** als auch auf die Allgemeinheit **(Generalprävention)**. Die Bestrafung kann dabei sowohl das Ziel der Abschreckung (negative Prävention) als auch das der „Besserung" (positive Prävention) verfolgen. Dies gilt sowohl für den verurteilten Täter (Aspekt der Resozialisierung) als auch für die übrigen Mitglieder der Gesellschaft (z. B. indem die Allgemeinheit von der Begehung von Taten abgeschreckt und das Rechtsbewusstsein gestärkt wird).

In der heutigen Rechtsprechung in Deutschland finden sich Elemente beider Theorien in der sogenannten **Vereinigungstheorie** wieder. Im Vordergrund steht dabei aber die Zweckhaftigkeit der Strafe für die Zukunft, also der zentrale Gedanke der relativen Straftheorie.

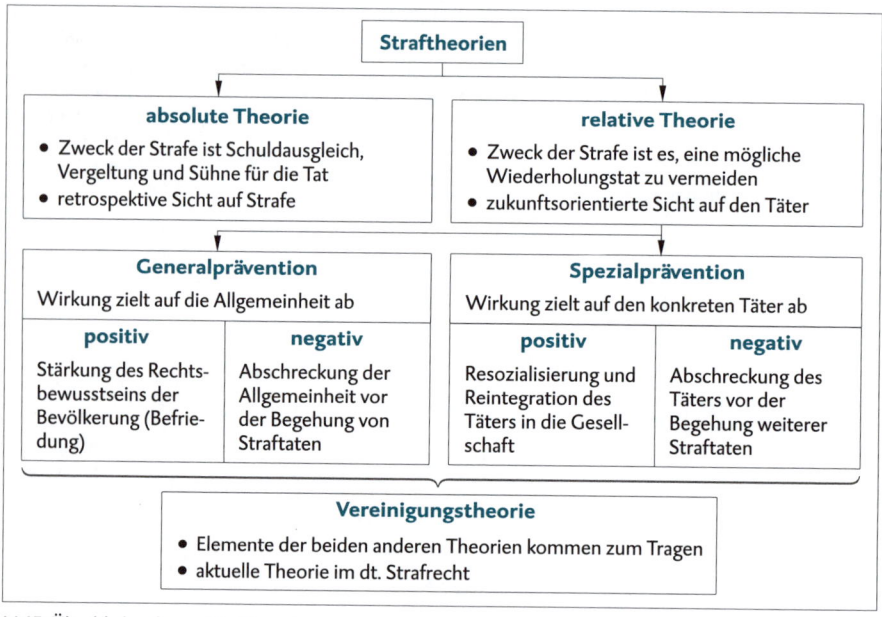

M 15: Überblicksschema Straftheorien

3 Aufbau einer Straftat

Eine Straftat ist eine tatbestandsmäßige, rechtswidrige und schuldhafte Handlung einer Person. Damit eine Straftat vorliegt, müssen alle drei Aspekte erfüllt sein.

3.1 Tatbestandsmäßigkeit

Bei der **Tatbestandsmäßigkeit** ist zu prüfen, ob überhaupt eine strafbare Handlung vorliegt. Darunter versteht man eine bewusste Handlung des Täters, die einem der im Besonderen Teil des Strafgesetzbuchs beschriebenen Tatbestände (vgl. S. 37) entspricht. Keine Handlung liegt z. B. bei Reflexen und Schreckreaktionen vor.

Der **objektive (äußere) Tatbestand** bezeichnet dabei die Umstände, die das äußere Erscheinungsbild der Tat bestimmen. Das heißt, dass die in einer Norm des Strafgesetzes enthaltenen Tatbestände alle in der Realität erfüllt sein müssen. Je nach der Beziehung zwischen Handlung und Erfolg werden Erfolgs- und Tätigkeitsdelikte unterschieden. Bei **Erfolgsdelikten** muss speziell geprüft werden, ob ein kausaler/ursächlicher Zusammenhang zwischen der Handlung und dem Erfolg der Tat gegeben ist. **Tätigkeitsdelikte** setzen dagegen keinen Außenwelterfolg voraus. Hier genügt bereits das im Gesetz beschriebene Tätigwerden, um sich strafbar zu machen.

Der **subjektive (innere) Tatbestand** beschreibt Umstände, die dem psychisch-seelischen Bereich und der Vorstellungswelt des Täters angehören. Diese subjektiven Beweggründe und Zielsetzungen des Täters werden auch als Motiv einer Tat beschrieben. Dazu gehören z. B. die Zueignungsabsicht eines Diebes, die Bereicherungsabsicht eines Erpressers, Mordlust oder auch sogenannte niedere Beweggründe.

3.2 Rechtswidrigkeit

Der Aspekt der **Rechtswidrigkeit** einer Handlung ist immer dann zu bejahen, wenn der gesetzliche Tatbestand erfüllt ist und keine Rechtfertigungsgründe vorliegen. Mögliche Gründe, eine Tat zu rechtfertigen, sind z. B. eine Verteidigungshandlung im Rahmen von **Notwehr** (§ 32 StGB) oder ein rechtfertigender **Notstand** (§ 34 StGB), um z. B. eine drohende Gefahr und/oder Schaden abzuwehren (z. B. Einschlagen einer Scheibe, um ein brennendes Gebäude zu verlassen). Gleiches gilt für **amtliche Eingriffsrechte**, wenn z. B. ein Polizeibeamter körperliche Gewalt anwendet oder ein Feuerwehrmann fremdes Eigentum schädigt.

Aber auch bei diesen Rechtfertigungsgründen ist stets der Grundsatz der Verhältnismäßigkeit zu berücksichtigen.

3.3 Schuld

Hinsichtlich der **Schuld** muss zunächst geklärt werden, ob der Täter überhaupt schuldfähig, d. h. in der Lage ist, das Unrecht seiner Tat einzusehen. Grundsätzlich beginnt die beschränkte **Strafmündigkeit** als Jugendlicher mit Erreichen des 14., die volle Strafmündigkeit spätestens mit dem 21. Lebensjahr. Je nach sittlicher und moralischer Entwicklung des Täters können Personen zwischen 18 und 21 Jahren noch als „strafmündig als Heranwachsende" eingestuft werden, sodass die meist milderen Regelungen des Jugendgerichtsgesetzes (JGG) Anwendung finden. Schuldunfähig sind nur Kinder unter 14 Jahren (§ 19 StGB) sowie Personen, die wegen einer krankhaften seelischen Störung nicht in der Lage sind, das Unrecht der Tat einzusehen oder nach dieser Einsicht zu handeln (§ 20 StGB).

Sofern der Täter schuldfähig ist, muss ferner geklärt werden, ob die Handlung mit Vorsatz oder fahrlässig begangen wurde. **Vorsatz** liegt vor, wenn eine Handlung bewusst (mit Absicht) von einer Person vorgenommen wird. **Fahrlässigkeit**, wenn „die im Verkehr erforderliche Sorgfalt" außer Acht gelassen wurde, d. h. die Handlung unbeabsichtigt/zufällig erfolgte (vgl. § 276 II BGB). Strafbar ist in der Regel nur vorsätzliches Handeln, wenn nicht das Gesetz fahrlässiges Handeln ausdrücklich mit Strafe bedroht (§ 15 StGB).

Tatbestandsmäßigkeit	Rechtswidrigkeit	Schuld
objektiver Tatbestand (= äußeres Erscheinungsbild der Tat)	Für die Handlung darf kein Rechtfertigungsgrund vorliegen.	Die Tat muss vorsätzlich und/ oder fahrlässig begangen worden sein (§ 276 II BGB).
subjektiver Tatbestand (= subjektives Motiv des Täters für die Tat)	z. B.: • Notwehr § 32 StGB • Notstand § 34 StGB • amtl. Eingriffsrechte	Klärung der Schuldfähigkeit des Täters (§§ 19 ff. StGB): • schuldunfähig • bedingt schuldfähig • voll schuldfähig

M 16: Voraussetzungen einer Straftat

4 Strafe und Gerechtigkeit

4.1 Zusammenhang Schuld, Strafe, Gerechtigkeit

„Die Strafe darf nicht größer sein als die Schuld" – Dieser bereits von Marcus T. Cicero formulierte **Grundsatz der Verhältnismäßigkeit** findet auch im deutschen Strafrecht Anwendung. Schuld und Strafe müssen einander entsprechen.

Daher sind z. B. die gesetzlichen Strafandrohungen bei Fahrlässigkeitstaten wesentlich niedriger als bei Vorsatztaten, da der Gesetzgeber davon ausgeht, dass auch die persönliche Schuld bei vorsätzlich begangenen Handlungen höher ist als bei fahrlässigen.

Gleiches gilt für das unterschiedliche Strafmaß zwischen erwachsenen und jugendlichen Straftätern sowie bei Erst- oder Wiederholungstätern.

Absolute Gerechtigkeit wird durch eine Verurteilung allerdings nie hergestellt werden können. Nicht selten bleiben bei den Opfern seelische Wunden, wie das Trauma, Opfer einer Straftat geworden zu sein, zurück, sodass eine Verurteilung nur **relative Gerechtigkeit** schafft.

4.2 Grundsätze der Strafzumessung

Im Fall einer Verurteilung und bei der Festlegung des Strafmaßes sind grundsätzlich drei Sichtweisen/Interessen durch den Richter zu berücksichtigen:

- Das Interesse des Opfers, das primär an einer Sühne des Täters für die begangene Tat interessiert ist.
- Die Interessen des Täters, der meist auf eine möglichst schnelle Reintegration in die Gesellschaft hofft.
- Die Interessen der Öffentlichkeit, die mit einer Bestrafung die Abschreckung von der Begehung von Straftaten verbindet.

Ferner müssen die Wirkungen, die von der Strafe für das künftige Leben des Täters in der Gesellschaft zu erwarten sind, berücksichtigt werden. Strafmildernd kann sich in diesem Zusammenhang auch die Bereitschaft des Verurteilten auswirken, z. B. an einem **Täter-Opfer-Ausgleich** teilzunehmen (§ 46 a StGB).

Als Leitlinie orientiert sich die Rechtsprechung an den **Grundsätzen der Strafzumessung** (§ 46 ff. StGB), um die persönliche Schuld des Täters bei der Bemessung der Höhe des Strafmaßes zu ermitteln.

Folgende Aspekte sind bei der Strafzumessung zu berücksichtigen:	
• die Beweggründe und die Ziele des Täters • die Gesinnung, die aus der Tat spricht, und der bei der Tat aufgewendete Wille	Tatmotiv (subj. Tatbestand)
• das Maß der Pflichtwidrigkeit • die Art der Ausführung und die verschuldeten Auswirkungen der Tat	die Tat selbst (obj. Tatbestand)
• das Vorleben des Täters, seine persönlichen und wirtschaftlichen Verhältnisse	Vorleben des Täters
• sein Verhalten nach der Tat, besonders sein Bemühen, den Schaden wiedergutzumachen • sowie das Bemühen des Täters, einen Ausgleich mit dem Verletzten zu erreichen	Verhalten nach der Tat und Prognose

M 17: Grundsätze der Strafzumessung gem. § 46 II StGB

4.3 Mögliche Rechtsfolgen einer Straftat

Um bemessen zu können, inwieweit ein Richter bei einem gefällten Urteil seinen Handlungsspielraum ausgeschöpft hat und welches Gewicht der jeweiligen Straftat seitens des Gesetzgebers beigemessen wird, ist es hilfreich, einen Überblick über die möglichen Rechtsfolgen einer Straftat zu haben. Im deutschen Strafgesetz wird daher zwischen Strafen im eigentlichen Sinn, Auflagen und Weisungen sowie Maßregeln der Besserung und Sicherung unterschieden.

Strafen		Auflagen und Weisungen §§ 56 b, c StGB	Maßregeln der Besserung und Sicherung § 61 StGB
Hauptstrafen §§ 38 ff. StGB	**Nebenstrafen** §§ 44 f. StGB	• Schadenswiedergutmachung • Geldbetrag für eine gemeinnützige Einrichtung spenden • Täter-Opfer-Ausgleich	• Berufsverbot • Entzug Fahrerlaubnis • Sicherungsverwahrung • Erziehungsanstalt • Psychiatrie
• Freiheitsstrafe (1 Monat – 15 Jahre) • Geldstrafen (bemessen in Tagessätzen)	• Fahrverbot • Einziehung von Gegenständen • Verlust des Rechts, öffentliche Ämter zu bekleiden		

M 18: Mögliche Rechtsfolgen einer Straftat

Im Vordergrund bei den **Hauptstrafen** stehen an sich die Geldstrafen. Lediglich bei besonders schweren Delikten werden Freiheitsstrafen verhängt. Dabei gilt, dass eine Freiheitsstrafe von bis zu 24 Monaten seitens des Gerichts auch zur Bewährung ausgesetzt werden kann, wenn eine günstige Sozialprognose für den Täter vorliegt (§ 56 StGB). **Nebenstrafen** werden meist verhängt, wenn bei der Tat z. B. Gegenstände oder Fahrzeuge vom Täter eingesetzt wurden (z. B. Schusswaffen). Ziel ist es, die Gefährdung der Öffentlichkeit zu reduzieren.

Im Hinblick auf die Ziele einer positiven Spezialprävention setzen **Auflagen** und **Weisungen** beim Versuch einer Resozialisierung des Täters an. Ziel ist es, einen Ausgleich für die begangene Straftat zu erreichen sowie den Täter nach Möglichkeit vom Unrecht seiner Tat zu überzeugen.

Die **Maßregeln der Besserung und Sicherung** sind keine Strafen im Sinn des Strafrechts. Sie sind als Resozialisierungs- oder Sicherungsmaßnahmen im Hinblick auf die Vorbeugung künftiger Straftaten zu verstehen. So muss es z. B. möglich sein, die Gesellschaft vor dauerhaft geistig gestörten Tätern, deren Gefährlichkeit außer Frage steht, zu schützen.

5 Der Strafprozess

5.1 Aufbau der Strafjustiz

Ähnlich der Zivilgerichtsbarkeit gliedert sich auch die Strafgerichtsbarkeit in verschiedene Instanzen. Anlaufpunkt für einen Prozess[2] sind, je nach Schwere der Straftat, entweder das Amts- oder das Landgericht. Droht eine Freiheitsstrafe von mehr als vier Jahren, so fällt der Prozess in die Zuständigkeit des Landgerichts. Über dem Amts- und Landgericht stehen noch das Oberlandesgericht und als höchste Instanz der Bundesgerichtshof. Die jeweils übergeordneten Instanzen dienen überwiegend für Berufungs- und Revisionsverhandlungen oder Delikte wie terroristische Straftaten.

Bundesgerichtshof		Strafsenat (Revisionsinstanz)	
Oberlandesgericht	Kleiner Strafsenat (Revisionsinstanz)	Großer Strafsenat	
Landgericht	Kleine Strafkammer (Berufungsinstanz)	Große Strafkammer	Schwurgericht
Amtsgericht	Amtsrichter	Schöffengericht	

M 19: Vereinfachter Aufbau der deutschen Strafjustiz

Die Arbeit der Gerichte folgt einigen wichtigen Grundsätzen, die zentral für einen Rechtsstaat sind. So hat jeder Angeklagte das Recht auf Gehör sowie auf ein ordnungsgemäßes, öffentliches Verfahren. Es dürfen nur Taten bestraft werden, die zum Tatzeitpunkt nach dem Strafgesetz bestimmt waren **(Rückwirkungsverbot)**. Die Normen des Strafrechts dürfen auch nicht auf ähnliche Tatbestände angewendet werden **(Analogieverbot)**. Eine Doppelbestrafung für eine Tat ist nicht zulässig. Ferner gilt gegenüber dem Angeklagten die Unschuldsvermutung, d. h., wenn ihm die Tat nicht zweifelsfrei nachgewiesen werden kann und er nicht geständig ist, muss er freigesprochen werden **(in dubio pro reo**, lat. für: im Zweifel für den Angeklagten).

---

2 Beim Lehrplanpunkt „Besuch einer Gerichtsverhandlung oder einer Justizvollzugsanstalt" handelt es sich um einen fakultativen Unterrichtsinhalt, der als reproduktives Wissen in der schriftlichen Abiturprüfung nicht verlangt werden kann. Dennoch können diese Inhalte Teil einer mündlichen Abiturprüfung sein, sofern sie von der Lehrkraft im Unterricht behandelt wurden.

5.2 Ablauf eines Strafprozesses

Es ist Aufgabe des Staates, Straftaten zu verfolgen und den/die Täter zur Rechenschaft zu ziehen. Sobald der Verdacht einer strafbaren Handlung besteht, setzt die Strafverfolgung von Amts wegen ein. Veranlasst durch eine **Strafanzeige** wird ein **Ermittlungsverfahren** begonnen, das bei ausreichender Beweislage zu einer **Klageerhebung** führt. Reichen die Verdachtsmomente aus, eröffnet das Gericht das **Hauptverfahren**. In der nun folgenden **Hauptverhandlung** versucht die **Staatsanwaltschaft** durch Vorlage von Beweisen, Zeugenbefragungen etc., die Schuld des Angeklagten nachzuweisen. Dieser kann mithilfe eines **Verteidigers** versuchen, die Anschuldigungen zu entkräften. Nach **Abschluss der Beweisaufnahme** und nach den **Schlussvorträgen** hat der Angeklagte das letzte Wort. Nach geheimer Beratung verkündet der Vorsitzende des Gerichts schließlich den **Urteilsspruch**.

Aufgaben

1 Ordnen Sie das Strafrecht begründet in die Systematik der deutschen Rechtsordnung ein.

2 Stellen Sie die Unterschiede zwischen materiellem und formellem Strafrecht dar.

3 Erläutern Sie, wie das Strafrecht zu einem friedvollen und geregelten Zusammenleben der Menschen beiträgt.

4 Erläutern Sie vor dem Hintergrund der verschiedenen geschützten Rechtsgüter den Aufbau des Strafgesetzbuchs.

5 Entwerfen Sie eine Systematik der verschiedenen Straftheorien in Deutschland. Gehen Sie dabei insbesondere auf die verschiedenen Ausprägungen der relativen Theorie ein.

6 Bewerten Sie die Verhängung der Todesstrafe vor dem Hintergrund der verschiedenen Straftheorien.

7 Eine Gruppe Jugendlicher wird beim Besprühen einer Hauswand erwischt. Der Jugendrichter verurteilt sie zu 10 Sozialstunden, bei denen sie die Hauswand sowie eine angrenzende Grünanlage reinigen müssen.

Erläutern Sie vor dem Hintergrund verschiedener Straftheorien, welche Intentionen der Richter mit der Maßnahme bezwecken könnte.

8 Stellen Sie im Hinblick auf die unterschiedlichen Voraussetzungen einer Straftat dar, weshalb Polizei und Staatsanwaltschaft daran gehalten sind, das Motiv eines Täters zu ermitteln.

9 Anna und ihr Gatte Bernd teilen sich seit Jahren das Schlafzimmer. In letzter Zeit schnarcht Bernd zusehends, sodass Anna nachts keinen Schlaf mehr findet und immer aggressiver wird. Eines Nachts hält Anna ihrem Mann ein Kissen ins Gesicht, mit der Absicht, das Schnarchen abzustellen. Dabei erstickt Bernd.

Untersuchen Sie, ob Anna sich im vorliegenden Sachverhalt des Totschlags (§212 i. V. m. §211 StGB) schuldig gemacht hat.

10 Nennen Sie wesentliche Rechtfertigungsgründe, die eine Bestrafung des Täters verhindern können.

11 Stellen Sie dar, welche Straftheorie sich hinter den Grundsätzen der Strafzumessung (§46 StGB) verbirgt.

12 Erläutern Sie vor den Grundsätzen der Strafzumessung, welche Aspekte der Richter bei der Verurteilung der jugendlichen Sprayer (Aufgabe 7) berücksichtigen sollte.

13 Geben Sie einen Überblick über die verschiedenen Instanzen der deutschen Strafjustiz.

14 Stellen Sie wesentliche Grundsätze dar, die im Rahmen eines Strafverfahrens durch die Gerichte beachtet werden müssen.

Schuldverhältnisse, Kaufhandlung und Abstraktionsprinzip

In diesem Kapitel lernen Sie ...

- was man unter einem Schuldverhältnis versteht und wie es entsteht,

- wie man Schuldverhältnisse systematisieren kann, und erhalten einen Überblick über verschiedene Schuldverhältnisse,

- wie eine Kaufhandlung aus Verpflichtungsgeschäft und Erfüllungsgeschäften aufgebaut ist, sowie deren Rechtsfolgen,

- was das Abstraktionsprinzip ist und welche Konsequenzen sich daraus ergeben,

- wie das Abstraktionsprinzip bei Fallbeispielen zu Ansprüchen aus ungerechtfertigter Bereicherung bei Unwirksamkeit des Verpflichtungsgeschäfts angewendet wird und zum Interessenausgleich beiträgt,

- wie sich vertragliche und gesetzliche Schuldverhältnisse unterscheiden, und lernen als Beispiele für gesetzliche Schuldverhältnisse die Regelungen zur ungerechtfertigten Bereicherung und zur unerlaubten Handlung kennen.

1 Entstehung, Folgen und Erlöschen von Schuldverhältnissen

Das 2. Buch des BGB enthält das „Recht der Schuldverhältnisse", das in der Regel nur „Schuldrecht" genannt wird. Das hat aber nichts mit „Schuld" im Sinne von „Verschulden" zu tun, sondern wird von dem Begriff des „Schuldners einer Leistung" abgeleitet. Das Schuldrecht regelt also in erster Linie die Entstehung und den Inhalt von Schuldverhältnissen, aber auch Pflichtverletzungen und deren Folgen im Zusammenhang mit Schuldverhältnissen (vgl. S. 94 ff.).[3]

Die für das Schuldrecht zentralen Begriffe **Schuldverhältnis**, **Schuldner** und **Gläubiger** können aus § 241 I BGB abgeleitet werden:

- **Schuldverhältnis:** Rechtsverhältnis zwischen Gläubiger und Schuldner, aufgrund dessen der Gläubiger vom Schuldner eine Leistung fordern kann.
- **Gläubiger:** Jeder, der aufgrund eines Schuldverhältnisses etwas fordern kann.
- **Schuldner:** Jeder, der eine Forderung aus einem Schuldverhältnis erfüllen muss.

Während die Begriffe Gläubiger und Schuldner umgangssprachlich meist nur für Geldschulden verwendet werden, wird in der Jurisdiktion also auch derjenige als Schuldner bezeichnet, der aufgrund eines Vertrags ein Buch liefern muss oder eine Reparatur durchzuführen hat, und derjenige, der das Buch oder die Reparaturleistung erhält, wird entsprechend als Gläubiger bezeichnet.

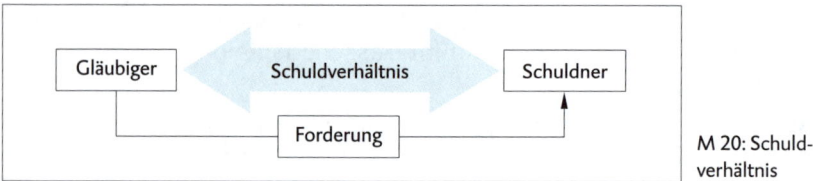

M 20: Schuldverhältnis

Eine Person kann im Rahmen eines Schuldverhältnisses zugleich Schuldner und Gläubiger sein. So schuldet durch einen Kaufvertrag (vgl. S. 63 ff.) der Verkäufer die Übergabe und Eigentumsübertragung der mangelfreien Sache an den Käufer (§ 433 I BGB) und kann von ihm im Gegenzug die Abnahme der Ware und die Bezahlung des Kaufpreises fordern (§ 433 II BGB). Beide sind also durch den Kaufvertrag Schuldner und Gläubiger geworden, da ein zweiseitig verpflichtendes Schuldverhältnis entstanden ist (gegenseitiger Vertrag). Die Pflichten eines Vertragspartners (Schuldner) entsprechen dabei den Forderungen des anderen Vertragspartners (Gläubiger).

---

3 Lesen Sie die im Kapitel genannten §§ unbedingt im Gesetzestext nach, um Inhalt und Systematik des Schuldrechts zu verstehen, und markieren Sie sie wie empfohlen (vgl. S. 20 f.).

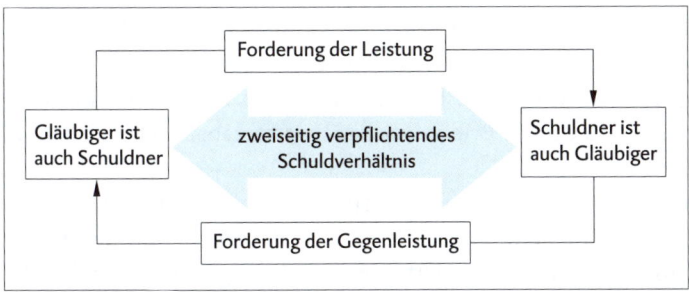

M 21: Zweiseitig verpflichtendes Schuldverhältnis

Gemäß dem Abstraktionsprinzip (vgl. S. 65 ff.) regelt das Schuldrecht nur die **Verpflichtung zur Leistung**; die **Erfüllung** ist meist im Sachenrecht angesiedelt. Wie das BGB ist auch das Schuldrecht in einen Allgemeinen Teil und einen Besonderen Teil gegliedert, obwohl diese Bezeichnungen nicht explizit im Gesetzestext vorkommen. Der **Allgemeine Teil** (§§ 241–432 BGB) enthält die Regelungen, die für alle Arten von Schuldverhältnissen gelten. Im **Besonderen Teil** (§§ 433–853 BGB) sind die einzelnen Schuldverhältnisse und zugehörigen Spezialregelungen *(lex specialis)* zu finden.

Nach ihrer **Entstehung** kann man Schuldverhältnisse in vertragliche, vorvertragliche und gesetzliche Schuldverhältnisse unterteilen:

Vertragliche Schuldverhältnisse entstehen grundsätzlich durch Rechtsgeschäft (§ 311 I BGB, z. B. Kauf-, Leih-, Darlehensvertrag, vgl. S. 52 ff.).

Auch vor und letztendlich sogar ohne Abschluss eines Vertrags kann bereits bei der Vertragsanbahnung ein **vorvertragliches Schuldverhältnis** zwischen den Beteiligten entstehen, das zur Rücksicht auf die gegenseitigen Interessen verpflichtet und Ansprüche zur Folge haben kann. **Vorvertragliche** Schuldverhältnisse entstehen gemäß § 311 II BGB durch

- die Aufnahme von Vertragsverhandlungen (§ 311 II Nr. 1 BGB), z. B. bei Verhandlungen über den Kauf eines Fahrzeugs.

- Vertragsanbahnung (§ 311 II Nr. 2 BGB): Gibt z. B. ein Erfinder auf der Suche nach einem Sponsor technische Informationen heraus, entsteht ein vorvertragliches Schuldverhältnis, das u. a. Pflichten aus § 241 II BGB begründet.

- ähnliche Geschäftskontakte (§ 311 II Nr. 3 BGB): Betritt z. B. ein Kunde ein Kaufhaus, um sich über eine Ware zu informieren, und wird durch eine umfallende ungesicherte Teppichrolle verletzt, kann er Ansprüche aus diesem vorvertraglichen Schuldverhältnis geltend machen. Geht er allerdings nur in das Gebäude, um sich vor einem Regenschauer zu schützen, liegt kein vorvertragliches Schuldverhältnis vor.

Völlig unabhängig von einem Rechtsgeschäft entstehen **gesetzliche** Schuldverhältnisse, wenn **per Gesetz** eine Person Ansprüche gegen eine andere Person geltend machen kann. Zerstört z. B. A vorsätzlich und ohne Grund eine
CD des B, billigt der Gesetzgeber B einen Schadensersatzanspruch aus § 823 I
BGB gegen A zu (vgl. S. 69 ff.).

Die **Rechtsfolge** aus Schuldverhältnissen sind regelmäßig **Pflichten.** Dies
können **Leistungspflichten** sein (z. B. Übereignung der Sache und Bezahlung
des Kaufpreises beim Kauf), aber auch **nicht leistungsbezogene Nebenpflichten** wie Sorgfalts- und Schutzpflichten im Sinne des § 241 II BGB, z. B. sorgfältige Vermeidung von Flecken an der Hauswand beim Liefern von Heizöl[4].

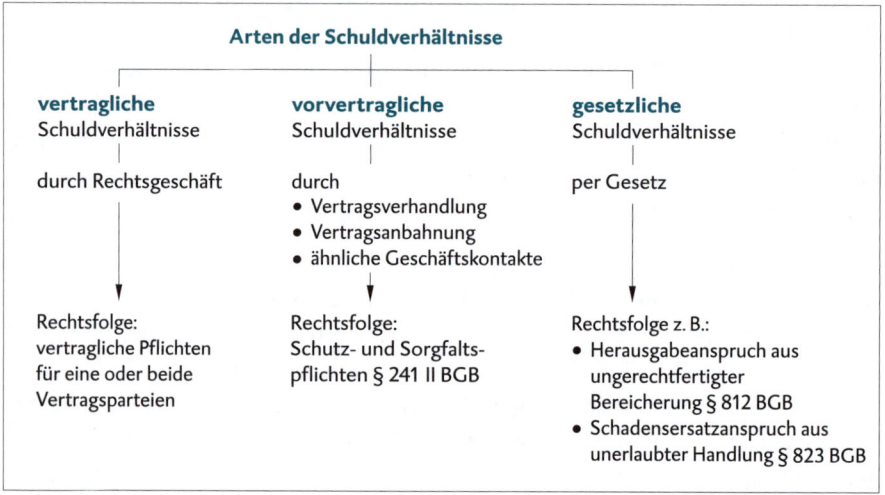

M 22: Arten der Schuldverhältnisse

Während die Entstehung von Schuldverhältnissen also unterschiedlich geregelt
ist, gelten einheitliche Regelungen für deren **Beendigung,** das sogenannte **Erlöschen:** Erfüllt der Schuldner seine Pflichten aus dem Schuldverhältnis ordnungsgemäß, dann erlischt es (§ 362 I BGB). Verletzt der Schuldner seine
Pflichten aus dem Vertrag, indem er beispielsweise eine mangelhafte Sache liefert, spricht man von einer Leistungsstörung (vgl. S. 95 f.), die sogenannte Sekundäransprüche zur Folge haben kann.

---

4 Die Bezeichnung „nicht leistungsbezogen" kann irreführend wirken, da die Pflichten nur
   im Zusammenhang mit der Leistung an sich entstehen. Im Gegensatz zur eigentlichen
   Leistung sind sie aber nicht Vertragsgegenstand (z. B. Lieferung von 1 000 l Heizöl), sondern führen erst dann zu einem Anspruch, wenn ein Schaden entstanden ist (z. B. Anspruch auf Schadensersatz wegen Ölflecken), und zwar unabhängig davon, ob die eigentliche Leistung einwandfrei erbracht wurde.

2 Vertragliche Schuldverhältnisse

2.1 Entstehung von Verträgen

Verträge entstehen grundsätzlich durch mindestens zwei inhaltlich überein-stimmende und entgegengesetzte Willenserklärungen von mindestens zwei Beteiligten. Diese Willenserklärungen heißen Antrag (§ 145 BGB) und Annah-me (§ 147 BGB).

Ein **Antrag** ist eine Willenserklärung, die
* auf einen **Vertragsabschluss** gerichtet,
* **ausdrücklich**, also schriftlich, mündlich oder durch schlüssiges Handeln geäußert,
* an eine **bestimmte** Person oder Personengruppe gerichtet,
* **zugegangen**, d. h. in den Machtbereich des Empfängers gelangt,
* und **verbindlich** ist.

Äußerungen, die noch nicht zugegangen sind, stellen also keinen Antrag dar. Das Gleiche gilt für Angebote an die Allgemeinheit, die als *invitatio ad offe-rendum* gelten, d. h. als Aufforderung, einen Antrag zu stellen. Dazu zählen insbesondere Schaufensterauslagen, Kataloge, Zeitungsannoncen, aber auch das Angebot in einem Getränkeautomaten. Erfüllt eine Willenserklärung die Bedingungen für einen Antrag, dann ist sie **verbindlich**, es sei denn, der An-tragende hat die Bindung ausdrücklich ausgeschlossen (§ 145 BGB).

Die **Annahme** ist eine Willenserklärung,
* die **ausdrücklich**, also schriftlich, mündlich oder durch schlüssiges Han-deln abgegeben wird,
* inhaltlich mit dem Antrag übereinstimmt,
* **rechtzeitig**
* und **zugegangen** ist.

Passives Schweigen ist daher in der Regel keine Annahme (Ausnahmen: § 151 BGB). Auch Willenserklärungen, die nicht mit dem Antrag übereinstim-men, weil z. B. ein anderer Preis oder eine andere Menge genannt werden (sogenannte **abändernde Annahme**), gelten nicht als Annahme, sondern als Ablehnung und neuer Antrag (§ 150 II BGB). Eine **verspätete Annahme** führt ebenfalls nicht zum Vertrag, sondern gilt als neuer Antrag (§ 150 I BGB). Sofern keine Annahmefrist gesetzt wurde (§ 148 BGB), kann die Annahme **unter An-wesenden** (z. B. persönlich anwesend, am Telefon oder im Live Chat) nur **sofort** erfolgen (§ 147 I BGB) und **unter Abwesenden** nur innerhalb der Zeit, in der der Eingang der Antwort **„unter regelmäßigen Umständen"** (§ 147 II BGB), d. h. ohne besondere Vorkommnisse, erwartet werden darf. Bei Vertragsabschluss auf dem Postweg wird dieser Zeitraum also deutlich länger sein als bei der Verwendung von Telefax, E-Mail oder anderen internetbasierten Verfahren. (Besondere Regelungen zur unverschuldet verspäteten Annahme enthält § 149 BGB.)

Sind sowohl Antrag als auch Annahme wirksam abgegeben, entsteht daraus ein Vertrag. Für diesen gilt der Grundsatz *pacta sunt servanda* (Verträge sind einzuhalten), d. h., beide Vertragspartner sind grundsätzlich an den Vertrag gebunden (Ausnahme: Widerrufsrecht; vgl. S. 142 ff.).

Der **Besondere Teil des Schuldrechts** beschreibt eine Vielzahl von Vertragsarten mit unterschiedlicher Relevanz für das tägliche Leben. Dabei folgt das BGB für die Regelung der Vertragsarten weitgehend einem einheitlichen Muster: Zunächst werden in einem einleitenden Paragrafen Inhalt und Hauptpflichten des jeweiligen Vertragstyps beschrieben. Die folgenden Paragrafen beinhalten weitere für den jeweiligen Vertragstyp spezifische Regelungen, die den allgemeinen Teil des Schuldrechts ergänzen oder ersetzen *(lex specialis)*. Je nachdem, ob durch einen Vertrag nur für einen oder für beide Vertragspartner Pflichten entstehen, spricht man von einem **einseitig verpflichtenden Vertrag** oder von einem **gegenseitigen Vertrag**.

Die wesentlichen **Rechtsgeschäfte des täglichen Lebens** kann man dabei in drei Gruppen einteilen: Die **Veräußerung**, die **Gebrauchsüberlassung** und die **Dienstleistung**.

2.2 Einzelne Schuldverhältnisse: Veräußerungsverträge

Die Veräußerung einer Sache kann prinzipiell **gegen Entgelt** oder **unentgeltlich** erfolgen. Das Entgelt wiederum kann Geld (Kauf § 433 BGB) oder eine andere Sache sein (Tausch § 480 BGB). Die Schenkung (§§ 516 BGB) ist die einzige im Schuldrecht geregelte unentgeltliche Form der Veräußerung (vgl. aber Erbvertrag § 1941 BGB).

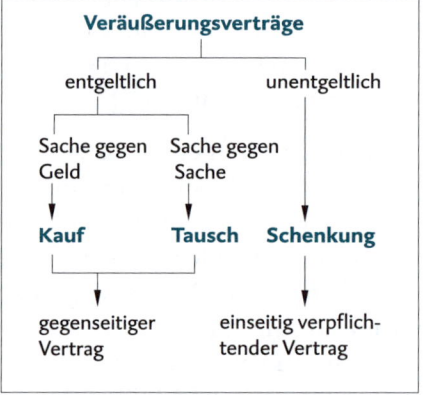

M 23: Schuldverhältnisse bei Veräußerungen

Kauf (§§ 433 – 479 BGB)[5]

Da der Kaufvertrag (§ 433 BGB) Pflichten für Käufer und Verkäufer beinhaltet, ist er ein gegenseitiger Vertrag.

Pflichten des Verkäufers (§ 433 I BGB):

- Übergabe der Sache, d. h., der Verkäufer muss dem Käufer den unmittelbaren Besitz an der Sache verschaffen.
- Übereignung der Sache, d. h., der Verkäufer muss dem Käufer das Eigentum an der Sache verschaffen.
- Mangelfreiheit der Sache, d. h., der Verkäufer muss die Sache frei von Sach- und Rechtsmängeln liefern (vgl. S. 118 ff.).

Pflichten des Käufers (§ 433 II BGB):

- Zahlung des vereinbarten Kaufpreises, d. h., der Käufer muss dem Verkäufer den entsprechenden Geldbetrag übereignen.
- Abnahme der Sache, d. h., der Käufer muss die Sache tatsächlich übernehmen.

Als **Besonderheiten** beim Kauf sind vor allem die Regelungen zum Kauf unter Eigentumsvorbehalt (§ 449 BGB, vgl. S. 84 f.), zum Versendungskauf (§ 447 BGB) und zum Verbrauchsgüterkauf (§§ 474 – 479 BGB, vgl. S. 135 ff.) zu beachten. Zur **Haftung** beim Kauf vgl. S. 106 ff.

FALLBEISPIEL

Der volljährige A verkauft seinem ebenfalls volljährigen Freund B eine gebrauchte DVD für 5 €. Wie ist die Rechtslage?

- Schuldverhältnis: A und B haben durch Antrag und Annahme einen Kaufvertrag geschlossen (§§ 145, 147, 433 BGB).
- Rechtsfolgen: A muss B die DVD übergeben und übereignen; sie muss frei von Sachmängeln sein (§ 433 I BGB). B muss im Gegenzug A die vereinbarten 5 € übereignen und die DVD abnehmen (§ 433 II BGB).

Tausch (§ 480 BGB)

Der einzige Unterschied zum Kauf besteht darin, dass beim Tausch als Entgelt nicht Geld, sondern eine andere bewegliche Sache dient. Entsprechend gibt es für den Tausch keine besonderen Regelungen, sondern die Vorschriften über den Kauf sind analog anzuwenden (§ 480 BGB).

---

5 Vgl. S. 63 ff.

FALLBEISPIEL

Der volljährige A tauscht mit seinem ebenfalls volljährigen Freund B eine DVD gegen eine CD. Wie ist die Rechtslage?

- Schuldverhältnis: A und B haben durch Antrag und Annahme einen Tauschvertrag geschlossen (§§ 145, 147, 480 BGB).
- Rechtsfolgen: A muss B die DVD übergeben und übereignen; sie muss frei von Sachmängeln sein. B muss im Gegenzug die DVD abnehmen und A die vereinbarte mangelfreie CD übereignen.

Schenkung (§§ 516–534 BGB)

Eine Schenkung ist ein einseitig verpflichtender Vertrag, also ein zweiseitiges Rechtsgeschäft, bei dem beide Vertragsparteien sich über die Schenkung einig sein müssen, obwohl nur für den Schenker eine Pflicht entsteht. Ein einseitiges „Aufdrängen" eines Geschenks ist also nicht möglich. In § 516 BGB ist zunächst nur das Schenkungsversprechen geregelt, durch das sich der Schenker dazu verpflichtet, dem Beschenkten **unentgeltlich** einen Teil seines Vermögens zu übertragen, d. h., der Beschenkte muss eine Bereicherung erfahren und eine Gegenleistung ist prinzipiell ausgeschlossen (Unterschied zu Kauf oder Tausch). Allerdings besteht die Möglichkeit einer Schenkung unter Auflage, z. B. dass ein Familienporträt unter der Auflage verschenkt wird, es einem Museum als Dauerleihgabe zu überlassen.

Die eigentliche Schenkung in Form der Eigentumsübertragung an dem Geschenk geschieht dann bei der Erfüllung des Schenkungsversprechens.

Besonders zu beachten ist bei der Schenkung die gesetzliche **Formvorschrift** der notariellen Beurkundung für das Schenkungsversprechen (§ 518 I BGB). Allerdings kann die Nichtigkeit des Schenkungsversprechens aufgrund des Formmangels (§ 125 BGB) dadurch **geheilt** werden, dass die versprochene Leistung bewirkt wird, d. h., indem das Geschenk dem Beschenkten tatsächlich überlassen wird (§ 518 II BGB; sogenannte **Handschenkung**). Dies gilt in der Regel für Schenkungen des täglichen Lebens, die demnach auch ohne Beurkundung voll wirksam sind, so z. B., wenn der volljährige A seiner Schwester eine CD aus seiner Sammlung als Geburtstagsgeschenk gibt.

Die Rückforderung einer Schenkung ist nur bei schweren Verfehlungen des Beschenkten gegen den Schenker (§§ 530 ff. BGB, „grober Undank") oder bei Verarmung des Schenkers (§§ 528 f. BGB) möglich.

Eine Oma (O) verspricht formlos ihrem Enkel (E) ein Geldgeschenk von 500 € zu seinem 18. Geburtstag. Wie ist die Rechtslage?

- Schuldverhältnis: O und E haben durch Antrag und Annahme einen Vertrag über ein Schenkungsversprechen geschlossen (§§ 145, 147, 516 I BGB).
- Rechtsfolgen: Theoretisch wäre das Schenkungsversprechen wegen Formmangels nichtig (§§ 518 I, 125 BGB). Übergibt O allerdings E die 500 €, heilt dies den Formmangel und die Schenkung ist voll wirksam (§ 518 II BGB).

2.3 Einzelne Schuldverhältnisse: Gebrauchsüberlassungen

Im Gegensatz zu den auf endgültige Überlassung ausgerichteten Veräußerungsverträgen zielt die Gebrauchsüberlassung nur auf eine **vorübergehende** Überlassung ab. Nach Ablauf der vereinbarten Überlassungszeit erfolgt die Rückgabe. Mögliche Vertragsarten sind Miete, Leihe und Darlehen.

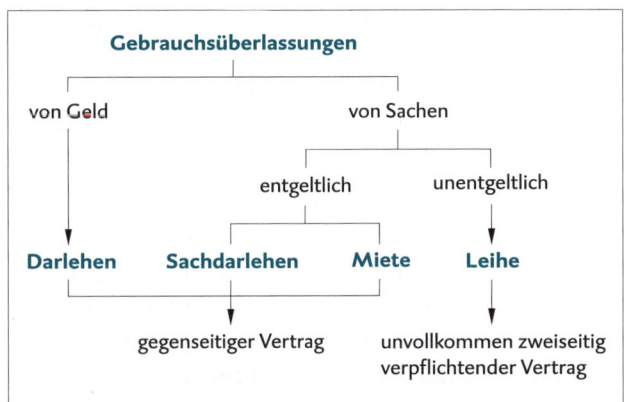

M 24: Schuldverhältnisse bei Gebrauchsüberlassung

Miete (§§ 535 – 580 a BGB)

Die Miete ist ein gegenseitiger Vertrag über die entgeltliche Gebrauchsüberlassung beweglicher oder unbeweglicher Sachen.

Hauptpflichten des Vermieters

- dem Mieter den Gebrauch der Sache während der Mietzeit überlassen (§ 535 I 1 BGB)
- die Mietsache in einem geeigneten Zustand überlassen und erhalten (§ 535 I 2 BGB)

Hauptpflichten des Mieters
- Bezahlung der vereinbarten Miete (§ 535 II BGB)
- Rückgabe der Mietsache nach Beendigung des Mietverhältnisses (§ 546 BGB)

Neben diesen grundlegenden Regelungen ist das Mietrecht ein extrem komplexer Teil des Schuldrechts. Es wird insbesondere unterschieden zwischen der Miete beweglicher Sachen, der Grundstücksmiete, der Raummiete und der Wohnraummiete. Vor allem im Bereich der Wohnraummiete hat das BGB seit seinem Inkrafttreten zahlreiche einschneidende Änderungen und Ergänzungen erfahren, hauptsächlich mit dem Ziel des Mieterschutzes.

FALLBEISPIEL

A überlässt B gegen eine Gebühr von 50 € sein Notebook für zwei Tage. Wie ist die Rechtslage?
- Schuldverhältnis: A und B haben durch Antrag und Annahme einen Mietvertrag geschlossen (§§ 145, 147, 535 BGB).
- Rechtsfolgen: A muss B das Notebook in ordnungsgemäßem Zustand für die zwei Tage überlassen (§ 535 I BGB). B muss das Notebook nach den zwei Tagen zurückgeben und die vereinbarten 50 € bezahlen (§§ 546 I, 535 II BGB).

Leihe (§§ 598–606 BGB)

Die Besonderheit der Leihe gegenüber der Miete und dem Darlehen ist die **Unentgeltlichkeit**. Hier muss konsequent zwischen Rechtssprache und Umgangssprache unterschieden werden: Der Geschäftszweck von umgangssprachlich als „Autoverleih" oder „Fahrradverleih" bezeichneten Unternehmen besteht in der Regel nicht im unentgeltlichen **Verleih**, sondern in der entgeltlichen **Vermietung** der jeweiligen Fahrzeuge. Entsprechend nimmt man ein **Darlehen** auf, wenn man sich umgangssprachlich Geld bei einer Bank „leiht".

Pflicht des Verleihers: Dem Entleiher **unentgeltlich** den Gebrauch der Sache überlassen (§ 598 BGB).

Pflichten des Entleihers
- Rückgabe der Sache am Ende der Leihzeit (§ 604 BGB)
- gewöhnliche Kosten der Erhaltung der Sache tragen (§ 601 BGB, z. B. Futterkosten für ein Tier)

Da die Pflichten des Entleihers keine „Gegenleistung" sind, ist die Leihe kein gegenseitiger Vertrag.

FALLBEISPIEL

A leiht B über das Wochenende eine Leiter. Wie ist die Rechtslage?

- Schuldverhältnis: A und B haben durch Antrag und Annahme einen Leih-vertrag über die Leiter geschlossen (§§ 145, 147, 598 BGB).
- Rechtsfolgen: A muss B die Leiter unentgeltlich über das Wochenende zur Verfügung stellen (§ 598 BGB). B muss die Leiter zur vereinbarten Zeit zurückgeben (§ 604 I BGB).

Sachdarlehen (§§ 607–609 BGB)

Das Sachdarlehen stellt gegenüber der Miete und der Leihe einen Sonderfall dar, da beim Sachdarlehen die Sache nicht nur zum **Gebrauch**, sondern auch zum **Verbrauch** überlassen wird. Entsprechend werden am Ende der Überlas-sungszeit anstelle der Sache selbst Sachen **gleicher Art und Güte** zurück-erstattet.

Der Sachdarlehensvertrag ist ein gegenseitiger Vertrag über **vertretbare Sa-chen** (§§ 607 I, 91 BGB). Gelddarlehen sind gesondert in §§ 488 ff. BGB geregelt (§ 607 II BGB, vgl. S. 58).

Pflicht des Darlehensgebers: Überlassung einer vereinbarten vertretbaren Sache, d. h. Übereignung der Sache zum Ge- und Verbrauch (§ 607 I BGB).

Pflichten des Darlehensnehmers

- Zahlung eines Darlehensentgelts
- Rückerstattung von Sachen gleicher Art, Güte und Menge bei Fälligkeit (§ 607 I BGB).

Die Fälligkeit richtet sich nach den §§ 271, 187–193 BGB. Das Darlehensentgelt kann auch vertraglich ausgeschlossen werden, d. h., es erfolgt am Ende der Darlehensdauer nur die Rückerstattung. Aufgrund der Besonderheit, dass die Sache nicht nur zum Gebrauch, sondern auch zum **Verbrauch** überlassen wird, eine verbrauchte Sache aber nicht zurückgegeben werden kann, resultiert aus dem Verpflichtungsgeschäft des Sachdarlehens im Erfüllungsgeschäft nicht nur ein Besitzübergang, sondern eine **Eigentumsübertragung** der dargeliehenen Sache. Dieser entspricht bei der Rückerstattung ebenfalls eine Eigentums-übertragung von **Sachen gleicher Art, Menge und Güte** (Abstraktions-prinzip beachten, vgl. S. 65 f.).

FALLBEISPIEL

A will seinen Rasen mähen und merkt, dass er kein Benzin mehr für den Rasenmäher hat. Sein Nachbar B hat noch einen Kanister auf Vorrat. Sie vereinbaren, dass A am nächsten Tag den Kanister voll zurückgibt und als Entschädigung ein paar Äpfel aus seinem Garten dazu gibt. Wie ist die Rechtslage?

- Schuldverhältnis: A und B haben durch Antrag und Annahme einen Sachdarlehensvertrag über das Benzin geschlossen (§§ 145, 147, 607 I BGB). (Über den Kanister haben sie einen Leihvertrag geschlossen, §§ 145, 147, 598 BGB.)
- Rechtsfolgen: B muss A das Benzin (und den Kanister) bis zum nächsten Tag überlassen. Da A das Benzin verbraucht, muss er B am nächsten Tag (den Kanister, gefüllt mit) Benzin der gleichen Art, Menge und Güte zurückgeben und zusätzlich die vereinbarten Äpfel (§§ 607 I, 609 BGB).

(Geld-)Darlehen (§§ 488–498 BGB)

Wie das Sachdarlehen ist auch das Darlehen über **Geld** ein gegenseitiger Vertrag. Analog ergeben sich die Pflichten der Beteiligten.

Pflicht des Darlehensgebers: Überlassung eines Geldbetrags in vereinbarter Höhe (§ 488 I 1 BGB).

Pflichten des Darlehensnehmers
- Zahlung des vereinbarten Zinses
- Rückzahlung des Darlehens bei Fälligkeit (§ 488 I 2 BGB)

Aus § 488 III BGB lässt sich ausdrücklich auch die Möglichkeit eines zinslosen Darlehens ableiten. Für **Verbraucherdarlehensverträge** gelten die zusätzlichen Vorschriften der §§ 491–498 BGB.

FALLBEISPIEL

A überlässt B unter Freunden für den Umbau seines Hauses für ein Jahr 10 000 €. Sie vereinbaren einen festen Zinssatz von 4 % pro Jahr. Wie ist die Rechtslage?

- Schuldverhältnis: A und B haben durch Antrag und Annahme einen Darlehensvertrag über 10 000 € geschlossen (§§ 145, 147, 488 I BGB).
- Rechtsfolgen: A muss B die 10 000 € für ein Jahr überlassen. B muss A nach Ablauf des Jahres 10 000 € zurückzahlen und den vereinbarten Zins zahlen (§ 488 I 2, II BGB).

2.4 Einzelne Schuldverhältnisse: Dienstleistungen

Unter Dienstleistungen sind im BGB alle Formen entgeltlicher oder unentgeltlicher **Tätigkeiten** im Rahmen von Schuldverhältnissen zu verstehen. Für den Bereich der unselbstständigen Arbeit enthält das BGB nur wenige Regelungen und im Wesentlichen gilt das Arbeitsrecht mit zahlreichen Sondergesetzen.

Mögliche Vertragsarten im BGB sind Auftrag, Dienst- und Werkvertrag. Letztere unterscheiden sich dadurch, dass im **Dienstvertrag** lediglich eine Tätigkeit geschuldet wird (z. B. zehn Stunden Nachhilfe), während beim **Werkvertrag** eine konkrete Sache (z. B. eine zehnseitige Vokabelsammlung) oder ein anderer herbeizuführender „Erfolg" (z. B. alphabetische Sortierung von 300 Vokabel-Karteikarten) geschuldet wird. Der **Auftrag** unterscheidet sich vom Dienst- und Werkvertrag dadurch, dass er unentgeltlich ist.

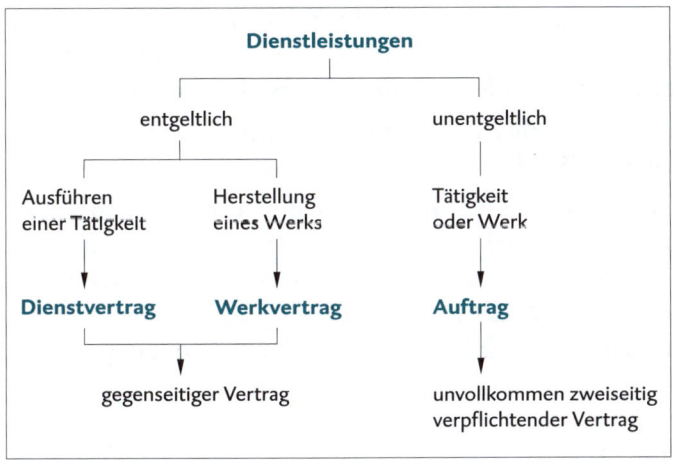

M 25:
Schuldverhältnisse
über Dienstleistungen

Dienstvertrag (§§ 611–630 BGB)

Unter dem Titel „Dienstvertrag" findet sich ein Nebeneinander von Regelungen zum Dienstvertrag allgemein und zu seiner Sonderform, dem Arbeitsverhältnis gemäß § 622 BGB. Für alle „abhängigen" Beschäftigungsverhältnisse (Arbeitsverhältnisse) gelten vorrangig die Regelungen des Arbeitsrechts, d. h., durch die §§ 611–630 BGB werden primär folgende Dienstverhältnisse erfasst:

- Dienste von freiberuflich Tätigen (z. B. Unternehmensberater, Heilpraktiker, Rechtsanwälte, niedergelassene Ärzte, Logopäden)
- Gelegenheits-Dienstverhältnisse ohne echtes Arbeitnehmer-Arbeitgeber-Verhältnis (z. B. Alleinunterhalter, Nachhilfelehrer, Reiseführer, Babysitter)
- Geschäftsführung juristischer Personen wie GmbH, AG, Stiftung

Hauptpflichten des Dienstpflichtigen

- Leistung der versprochenen Dienste während der vereinbarten Zeit (§§ 611 I, 620 BGB)
- im Zweifel immer persönlich, d. h. nicht durch Dritten (z. B. Angestellten)

Hauptpflichten des Dienstberechtigten

- Zahlung der vereinbarten oder üblichen Vergütung (§§ 611 I, 612, 614 BGB)
- Fürsorgepflichten/Schutzmaßnahmen am Arbeitsplatz (§§ 617–619 BGB)

Für Arbeitsverhältnisse gelten vielfach strengere Regelungen als für Dienstverhältnisse, sodass bei jedem einzelnen Paragrafen genau darauf geachtet werden muss, für welche Art von Beschäftigungsverhältnis er gilt.

FALLBEISPIEL

A engagiert auf eine Zeitungsannonce hin telefonisch den Alleinunterhalter B für seinen Geburtstag. Sie vergessen, über die Abendgage zu sprechen. In der Annonce stand eine Abendpauschale von 250 €. Wie ist die Rechtslage?

- Schuldverhältnis: A und B haben durch Antrag und Annahme einen Dienstvertrag geschlossen (§§ 145, 147, 611 BGB).
- Rechtsfolgen: B ist verpflichtet, während der Geburtstagsparty aufzutreten (§§ 611 I, 620 I BGB). Er könnte nicht einfach jemand anderen an seiner Stelle schicken (§ 613 BGB). A muss – mangels Vereinbarung – die in der Annonce angegebenen 250 € als Gage bezahlen (§§ 611 I, 612 I BGB) und B sichere Räumlichkeiten, Stromanschluss etc. zur Verfügung stellen (§ 618 BGB).

Werkvertrag (§§ 631–650 BGB)

Der Werkvertrag ist neben dem Kaufvertrag eine der häufigsten Vertragsarten im täglichen Leben. Alle handwerklichen Leistungen, Reparaturarbeiten, Transporte sowie Dienstleistungen, wie z. B. Haare schneiden, Partyservice, Auto waschen, zählen dazu.

Der Werkvertrag ist ein gegenseitiger Vertrag zwischen **Besteller** und **Unternehmer**, der im Gegensatz zum Dienstvertrag nicht lediglich eine Tätigkeit, sondern ein versprochenes **Werk** zum Inhalt hat. Dieses Werk kann entweder die Herstellung einer Sache (z. B. Anfertigung einer Torte), die Veränderung einer Sache (z. B. Kürzen eines Kleidungsstückes) oder ein durch Arbeit oder Dienstleistung herbeizuführender „Erfolg" sein (z. B. Haarschnitt).

Hauptpflichten des Unternehmers

- Herstellung des versprochenen Werkes (§ 631 BGB)
- Mangelfreiheit des Werkes, d. h., der Unternehmer muss dem Besteller das Werk frei von Sach- und Rechtsmängeln verschaffen (§ 633 BGB)

Hauptpflichten des Bestellers

- Bezahlung der vereinbarten oder üblichen Vergütung bei Fälligkeit (§§ 631 I, 632, 641 BGB)
- Abnahme des vertragsmäßig hergestellten Werkes (§ 640 I BGB), d. h., er muss das Werk entgegennehmen und als vertragsgemäß billigen

Die **Haftung** beim Werkvertrag entspricht weitgehend der beim Kaufvertrag. Für sogenannte **Werklieferungsverträge**, bei denen der Unternehmer bewegliche Sachen herstellt und liefert, gilt ohnehin das Kaufrecht (§ 650 BGB). **Beispiele:** Ein Gastronom kocht und liefert das Essen für eine Party, eine Gärtnerei bindet und liefert einen Brautstrauß, eine Druckerei gestaltet und druckt ein personalisiertes Briefpapier.

Als **Besonderheiten** sind daher beim Werklieferungsvertrag insbesondere die Regelungen zum Kauf unter Eigentumsvorbehalt (§ 449 BGB, vgl. S. 84 f.) und zum Verbrauchsgüterkauf (§§ 474–479 BGB, vgl. S. 135 f.) zu beachten. Es gelten allerdings die besonderen **Verjährung**svorschriften des § 634 a BGB.

FALLBEISPIEL

A stellt sich beim Gastronomen B für seine Geburtstagsparty ein warmes Buffet aus einem Vorschlagskatalog mit Preisliste zusammen. Ein Gesamtpreis wird nicht extra vereinbart. Wie ist die Rechtslage?

- Schuldverhältnis: A und B haben durch Antrag und Annahme einen Werk-(lieferungs)vertrag geschlossen (§§ 145, 147, 631 BGB).
- Rechtsfolgen: B ist zur mangelfreien Herstellung und Lieferung der vereinbarten Speisen verpflichtet (§§ 631, 633 BGB), A muss eine nach der Preisliste berechnete Vergütung zahlen (§ 632 II BGB) und die Speisen abnehmen und billigen (§ 640 BGB).

Auftrag (§§ 662–674 BGB)

Alle Tätigkeiten, die einem Dienst- oder Werkvertrag entsprechen, aber **unentgeltlich** erledigt werden, fallen unter die Vertragsart „Auftrag". Damit ist der juristische Begriff „unentgeltliches Tätigwerden für einen anderen" weit entfernt von der umgangssprachlichen Bedeutung des Wortes „Auftrag", das in der Regel als Synonym für „entgeltliche Bestellung an einen Unternehmer" verwendet wird.

Hauptpflichten des Beauftragten

- Unentgeltliche Besorgung des übertragenen Geschäfts (§ 662 BGB)
- Pflicht zur Herausgabe von allem, was im Rahmen der Erledigung des Auftrags erlangt wird (§ 667 BGB)
- Auskunfts- und Rechenschaftspflicht über das Geschäft gegenüber dem Auftraggeber (§ 666 BGB)

Im Zweifel muss der Beauftragte das Geschäft persönlich erbringen (§ 664 I BGB).

Hauptpflicht des Auftraggebers: Ersatz von Aufwendungen, die dem Beauftragten im Rahmen der Erledigung des Geschäfts entstehen (§ 670 BGB).

Da diese Pflicht keine „Gegenleistung" für die Erledigung des Geschäfts darstellt, ist der Auftrag kein gegenseitiger Vertrag.

FALLBEISPIEL

Autohändler A sagt dem Kunden B zu, dessen altes Auto unentgeltlich im Rahmen seines Geschäftsbetriebs anzubieten und zu veräußern. A lässt den Wagen waschen und stellt ihn auf seinem gemieteten Gelände aus. Nach drei Wochen kann er das Auto für 2 000 € verkaufen. Wie ist die Rechtslage?

- Schuldverhältnis: A hat von B durch Antrag und Annahme einen Auftrag zur Veräußerung des Autos erhalten (§ 662 BGB).
- Rechtsfolgen: A muss für B unentgeltlich das Auto anbieten und ggf. veräußern (§ 662 BGB). Er kann die Erledigung des Auftrags nicht an jemand anders übertragen (§ 664 I BGB). Er muss B außerdem den erlangten Kaufpreis von 2 000 € herausgeben, alle erforderlichen Auskünfte erteilen und nach Abschluss des Geschäfts Rechenschaft ablegen (§§ 666, 667 BGB). B muss A alle entstandenen Aufwendungen ersetzen, z. B. Kosten der Ummeldung des Fahrzeugs, Standplatzmiete, Autowäsche (§ 670 BGB).

3 Abstraktionsprinzip am Beispiel der Kaufhandlung

3.1 Die Kaufhandlung

Das häufigste Geschäft des täglichen Lebens ist der Kauf. Der gesamte Prozess aus **Abschluss eines Kaufvertrags** und seiner ordnungsgemäßen **Erfüllung** wird als **Kaufhandlung** bezeichnet. Dabei trennt man grundsätzlich zwischen **Verpflichtungsgeschäft**, also dem Abschluss des Kaufvertrags, aus dem gemäß §433 BGB fünf Pflichten für die Beteiligten entstehen, und den **Erfüllungsgeschäften**, durch die die fünf Pflichten erfüllt werden. Da der Kaufvertrag die Ursache dafür ist, dass überhaupt Pflichten entstehen und erfüllt werden müssen, bezeichnet man ihn auch als das **Kausalgeschäft** (von lat. *causa*: Ursache, Grund). Als Synonym für die Bezeichnung Erfüllungsgeschäft findet man auch **Verfügungsgeschäft**, da im Rahmen der Vertragserfüllung über Sachen verfügt wird, indem beispielsweise Besitz oder Eigentum auf jemand anders übertragen wird.

Der **Ablauf der Kaufhandlung** lässt sich schematisch wie folgt darstellen:

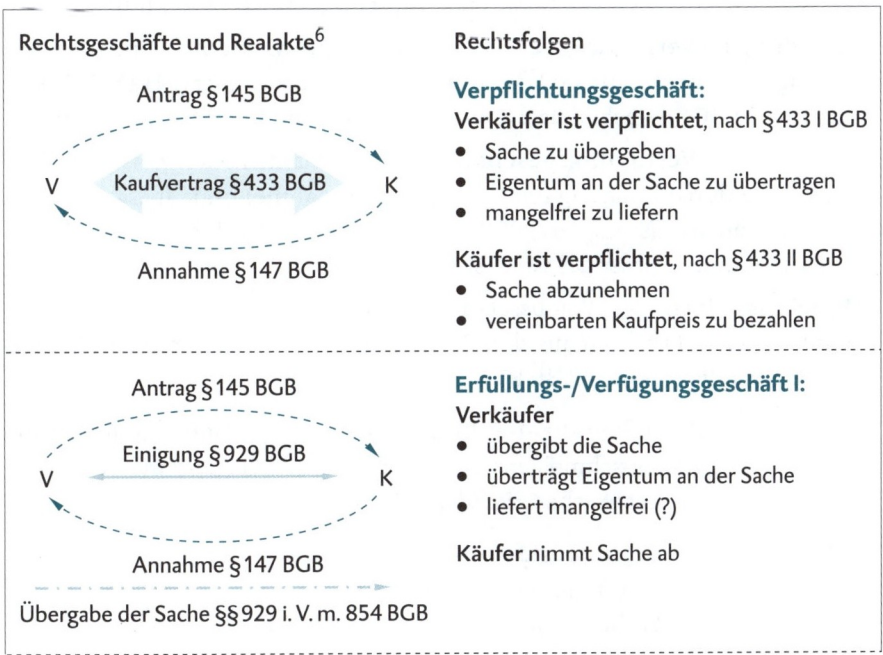

6 Ein Realakt ist eine Handlung, an die das Gesetz eine Rechtsfolge knüpft, z. B. Wechsel des Besitzers bei Übergabe.

Antrag § 145 BGB

Erfüllungs-/Verfügungsgeschäft II:
Käufer bezahlt den vereinbarten Kaufpreis,
d. h., er überträgt Eigentum und Besitz am
Geld

Einigung § 929 BGB

V   K

Annahme § 147 BGB

Übergabe des Geldes §§ 929 i. V. m. 854 BGB

M 26: Die Elemente der Kaufhandlung

Die schematische Übersicht M 26 lässt sich folgendermaßen versprachlichen:

- **Verpflichtungsgeschäft:** Zwischen Verkäufer (V) und Käufer (K) wird durch Antrag und Annahme ein Kaufvertrag über die Sache geschlossen (§§ 145, 147, 433 BGB). Rechtsfolge: Aus dem Kaufvertrag entstehen folgende Pflichten: V ist verpflichtet, die Sache mangelfrei zu übergeben und K das Eigentum daran zu verschaffen (§ 433 I BGB). K ist verpflichtet, die Sache abzunehmen und den vereinbarten Kaufpreis zu zahlen (§ 433 II BGB).

- **Erfüllungs-/Verfügungsgeschäft I:** Die Sache wird durch Einigung (via Antrag und Annahme) und Übergabe von V an K übereignet (§§ 145, 147, 929 i. V. m. 854 BGB). Rechtsfolge: K wird Eigentümer und Besitzer der Sache.

- **Erfüllungs-/Verfügungsgeschäft II:** K bezahlt den Kaufpreis, d. h., das Geld wird durch Einigung (via Antrag und Annahme) und Übergabe von K an V übereignet (§§ 145, 147, 929 i. V. m. 854 BGB). Rechtsfolge: V wird Eigentümer und Besitzer des Geldes.

- **Ergebnis:** Unter der Voraussetzung, dass die Sache mangelfrei geliefert wird, sind alle Pflichten aus dem Kaufvertrag erfüllt, wodurch das Schuldverhältnis erlischt (§ 362 I BGB).

Während im realen Leben die drei Rechtsgeschäfte der Kaufhandlung häufig zu einem Vorgang verschmelzen, werden sie juristisch getrennt behandelt, d. h., sie führen ein „rechtliches Eigenleben".

Merke: Jede Kaufhandlung besteht aus drei Rechtsgeschäften:
- Abschluss des Kaufvertrags (§§ 145, 147, 433 BGB)
- Übereignung der Sache ⎫ jeweils durch Einigung und Übergabe
- Übereignung des Geldes ⎭ (§§ 145, 147, 929 i. V. m. 854 BGB)

Während der Kaufvertrag als Kausalgeschäft immer das erste Rechtsgeschäft ist, ist die Reihenfolge der beiden Erfüllungsgeschäfte beliebig.

Die Willenserklärungen (Antrag und Annahme) im Rahmen dieser drei Rechtsgeschäfte können in unterschiedlicher **Form** abgegeben werden (vgl. S. 133):

- ausdrücklich:
  - mündlich: persönlich, telefonisch
  - Textform § 126 b BGB: dauerhaft wiedergebbar, mit Nachbildung der Namensunterschrift
  - Schriftform § 126 BGB: mit eigenhändiger Unterschrift
  - elektronische Form § 126 a BGB: mit qualifizierter elektronischer Signatur
- stillschweigend:
  - aktives Tun = konkludentes/schlüssiges Handeln → gilt als vollwertige Willenserklärung
  - aber: passives Schweigen → gilt unter Privatleuten immer als Ablehnung

3.2 Wirkung und rechtliche Bedeutung des Abstraktionsprinzips

Analog zur Systematik des BGB, bei der zwischen Schuld- und Sachrecht unterschieden wird, werden in der Realität meist zusammenhängende Handlungen (z. B. Kaufhandlung) in verschiedene Rechtsgeschäfte getrennt (→ Trennungsprinzip):

schuldrechtliches Kausalgeschäft	sachenrechtliche Verfügungsgeschäfte
→ Verpflichtungsgeschäft (z. B. Kaufvertrag) § 433 BGB)	→ Erfüllungsgeschäfte (z. B. Übereignung der Sache bzw. Übereignung des Geldes § 929 BGB)

M 27: Aufteilung der zusammenhängenden Kaufhandlung in verschiedene Rechtsgeschäfte

Auch wenn das Verpflichtungsgeschäft das zugrunde liegende Geschäft ist (Kausalgeschäft), das die Erfüllungsgeschäfte auslöst, werden sie rechtlich getrennt, also „**abstrakt**" voneinander betrachtet, so wie in M 27 dargestellt.

Das hat u. a. den Effekt, dass z. B. die Unwirksamkeit des Kausalgeschäfts die Wirksamkeit des Erfüllungsgeschäfts nicht beeinflusst. D. h., das erworbene Eigentum fällt bei Unwirksamkeit des Kaufvertrages nicht automatisch wieder an den Verkäufer zurück. (Der ursprüngliche Eigentümer hat allerdings in der Regel einen schuldrechtlichen Anspruch auf Rückübereignung aus ungerechtfertigter Bereicherung nach § 812 BGB; vgl. S. 69 ff.).

Beispiel: Ein Kaufvertrag über ein Pferd stellt sich wegen eines verdeckten Einigungsmangels (§ 155 BGB) im Nachhinein als nichtig heraus. Das Pferd wurde aber schon an den Käufer übereignet. **Rechtslage:** Obwohl der Kaufvertrag nichtig ist, ist der Käufer rechtswirksamer Eigentümer und Besitzer des Pferdes.

Umgekehrt stört die Unwirksamkeit oder das Fehlen eines Erfüllungsgeschäfts die Wirksamkeit des Kaufvertrags bzw. des anderen Erfüllungsgeschäfts nicht. Die Pflichten aus dem Vertrag sind dann schlichtweg noch nicht vollständig und ordnungsgemäß erfüllt.

Beispiel: Auch wenn der Kaufpreis für ein Pferd noch nicht bezahlt wurde (Erfüllungsgeschäft bzgl. Geld), berührt dies die Wirksamkeit des Kaufvertrags und einer bereits erfolgten Übereignung des Pferdes nicht. **Rechtslage:** Der Kaufvertrag gilt, ist teils erfüllt, teils noch nicht erfüllt; der Käufer ist weiterhin verpflichtet, den Kaufpreis zu bezahlen, aber dennoch bereits Eigentümer und Besitzer des Pferdes.

Durch das **Abstraktionsprinzip** entstehen verschiedene **Vorteile:**

- Im Rechts- und Geschäftsleben entsteht **Rechtssicherheit**, da die Wirksamkeit der sachenrechtlichen Verfügung Vorrang hat. Ohne das Abstraktionsprinzip müsste der Käufer theoretisch jahrelang damit rechnen, eine gekaufte Sache bei einem unwirksamen Kaufvertrag zurückgeben zu müssen.

- Wurde eine Sache mehrfach „verkauft", hat ebenfalls die Wirksamkeit des vollzogenen sachenrechtlichen Verfügungsgeschäfts gegenüber dem Anspruch aus einem weiteren Verpflichtungsgeschäft Vorrang. Im Normalfall kann man nach der Übereignung sicher sein, dass man seine Rechtsstellung behält (Ausnahme: §935 BGB; vgl. S. 87 f.).
  Beispiel: V verkauft sein Mountainbike für 100 € an A, der es am folgenden Tag abholen will. Abends kommt B zu V und bietet V 200 € bar auf die Hand. Der nutzt die Gelegenheit, verkauft B das Rad und gibt es ihm gleich mit. **Rechtslage:** A und B haben beide einen rechtswirksamen Kaufvertrag mit V abgeschlossen. Bei B hat die Übereignung bereits stattgefunden. Er ist Eigentümer und Besitzer des Rades geworden. Da das Erfüllungsgeschäft Vorrang hat, kann er das Rad behalten. A hat aber ggf. Ansprüche gegen V aus dem nicht erfüllten Kaufvertrag.

- Das Trennungsprinzip ermöglicht außerdem u. a. folgende **Rechtsgeschäfte** in einer modernen, arbeitsteiligen Wirtschaft:
  - Verkauf unter Eigentumsvorbehalt (§449 BGB, vgl. S. 84 f.) und Ratengeschäfte: zeitliche Trennung von Lieferung und Zahlung, z. B. Kauf einer Wohnungseinrichtung auf Raten: Die Gegenstände werden sofort über-

geben und ggf. sogar übereignet, obwohl der Kaufpreis noch nicht (vollständig) bezahlt ist.

- Verkauf (Verpflichtungsgeschäft) von Sachen, die noch im Eigentum eines Dritten sind (Übereignung erfolgt erst später), z. B. Leerverkäufe von Aktien, bei denen der Verkäufer die Aktien noch gar nicht besitzt.
- Verkauf von noch nicht hergestellten Sachen, z. B. Verkauf eines Autos, das nach den Ausstattungswünschen des Kunden erst produziert wird.

Merke: Jedes Verpflichtungs- bzw. Erfüllungsgeschäft führt ein sogenanntes **rechtliches Eigenleben**, auch wenn diese Rechtsgeschäfte in der Realität meist zu einer komplexen Handlung verschmelzen.

3.3 Anwendung des Abstraktionsprinzips – Interessenausgleich

Grundsätzlich besteht die Möglichkeit, dass in einer Kaufhandlung das Kausalgeschäft, d. h. der Kaufvertrag, unwirksam wird, z. B. durch fehlende Geschäftsfähigkeit §§ 105 ff. BGB, Anfechtung § 119 ff. BGB, Sittenwidrigkeit § 138 BGB, Schein- oder Scherzgeschäft §§ 117, 118 BGB oder Formmangel § 125 BGB.

Aufgrund des Abstraktionsprinzips bleiben bereits wirksame Erfüllungsgeschäfte dennoch rechtswirksam, da sie ein rechtliches Eigenleben führen, d. h., Eigentum und Besitz an Geld und/oder Sache haben rechtswirksam gewechselt, obwohl das zugrundeliegende Geschäft unwirksam ist.

§ 812 BGB gewährleistet in solchen Fällen den Interessenausgleich und regelt,

- dass das ohne Rechtsgrund Erlangte herausgegeben werden muss,
- egal, ob der Rechtsgrund bereits vor der Eigentumsübertragung fehlt (§ 812 I 1 BGB) oder erst später wegfällt (§ 812 I 2 BGB).

FALLBEISPIEL

Der 12-jährige K kauft sich heimlich von seinem Ersparten ein Laptop bei V für 600 €. Als die Eltern das Laptop entdecken, erklären sie K, dass sie kategorisch dagegen sind, dass er so viel Geld ausgibt, lehnen gegenüber V den Kauf sofort ab und verlangen das Geld zurück.

- Klären Sie die Wirksamkeit der zwischen K und V abgeschlossenen Rechtsgeschäfte bezüglich des Laptops ausschließlich mithilfe der §§ 107, 108 BGB und des Abstraktionsprinzips.
- Erläutern Sie dabei außerdem die Eigentums- und Besitzverhältnisse am Laptop und wie der Interessenausgleich erreicht wird. Gehen Sie dabei auch auf § 985 BGB ein.

Wirksamkeit der Rechtsgeschäfte, Eigentums- und Besitzverhältnisse: K hat den Kaufvertrag (§§145, 147, 433 BGB) heimlich, also ohne die Einwilligung seiner Eltern abgeschlossen (§107 BGB). §107 BGB greift auch deshalb nicht, weil K durch den Kauf nicht lediglich rechtliche Vorteile hat, da er den Kaufpreis bezahlen muss. D.h., die Wirksamkeit des Vertrags hängt von der Genehmigung der Eltern ab (§108 I BGB). Diese verweigern die Genehmigung, indem sie den Kauf gegenüber V ablehnen. Dadurch wird der Kaufvertrag nichtig.

Das Gleiche gilt für die Übereignung des Kaufpreises, sodass die zur Übereignung erforderliche Einigung ebenfalls nichtig wird und V daher nur Besitzer des Geldes ist. Eigentümer ist nach wie vor K. Gemäß §985 BGB kann K den Kaufpreis daher von V zurückfordern.

Die Übereignung des Laptops erfolgte zwar auch ohne Zustimmung der Eltern, durch den Eigentumserwerb am Laptop hat K allerdings lediglich rechtliche Vorteile, sodass Eigentum und Besitz rechtswirksam an ihn übergehen.

Interessenausgleich: Durch das Abstraktionsprinzip entsteht die Situation, dass K Eigentümer des Laptops ist, obwohl es keinen rechtsgültigen Kaufvertrag gibt und V das Geld zurückgeben muss. Die Interessen des V sind damit einseitig benachteiligt. §812 I 1 BGB regelt allerdings, dass K das Laptop herausgeben muss, da er

- durch die Leistung eines anderen (nämlich des V),
- auf dessen Kosten (da V das Laptop ohne Gegenleistung aus seinem Eigentum verliert),
- ohne rechtlichen Grund (da der Kaufvertrag nichtig ist),
- etwas erlangt hat (nämlich das Eigentum und den Besitz am Laptop).

Ergebnis: Aufgrund des gesetzlichen Anspruchs aus §812 BGB kann V das Laptop herausfordern, sodass sein Interesse gewahrt wird.

4 Gesetzliche Schuldverhältnisse

Nicht nur durch einen Vertrag, sondern auch per Gesetz kann ein Schuldverhältnis entstehen, aufgrund dessen der Gläubiger etwas vom Schuldner
verlangen kann. Zwei wesentliche gesetzliche Anspruchsgrundlagen sind die
ungerechtfertigte Bereicherung und die **unerlaubte Handlung**.

4.1 Ungerechtfertigte Bereicherung (§§ 812–822 BGB)

Es kann passieren, dass Besitz oder Eigentum an einer Sache oder Geld von jemandem erlangt wird, dem es nicht zusteht. In solchen Fällen können die Regelungen in §§ 812 ff. BGB greifen, die dazu dienen, rechtlich ungerechtfertigte
Vermögensverschiebungen rückgängig zu machen (**Ausgleichsfunktion des
Rechts**; vgl. S. 26 f.).

Bei der ungerechtfertigten Bereicherung unterscheidet man den Grundtatbestand (§ 812 BGB) und den Sondertatbestand der Verfügung eines Nichtberechtigten (§ 816 BGB). Den Zusammenhang zwischen Grund- und Sondertatbestand und den entsprechenden Rechtsfolgen illustriert M 28 (vgl. S. 71).

Der **Grundtatbestand** (§ 812 BGB) erfasst alle Fälle, in denen

- jemand (= eine Person)
- durch die Leistung eines anderen oder in sonstiger Weise
- auf dessen Kosten
- ohne rechtlichen Grund
- etwas erlangt.

§ 812 BGB greift auch dann, wenn der Rechtsgrund erst im Nachhinein wegfällt (§ 812 I 2 BGB; z. B. nach Anfechtung).

Der Grundtatbestand ist insbesondere bei unwirksamen Rechtsgeschäften
von beschränkt Geschäftsfähigen (§§ 106–113 BGB), bei Unwirksamkeit nach
Anfechtung (§§ 119–124, 142, 143 BGB) und bei allen anderen Fällen nichti-
ger Rechtsgeschäfte (z. B. §§ 117, 118, 125, 134, 138 BGB; vgl. S. 65 ff., 131 ff.)
gegeben.

Die **Herausgabepflicht** erstreckt sich gemäß § 818 I BGB auch auf gezogene
Nutzungen (z. B. Dividenden bei Aktien, die Miete bei vermieteten Gegenstän-
den) und Ersatzansprüche (z. B. Versicherungsleistungen bei Zerstörung der
ungerechtfertigt erlangten Sache). Ist eine Herausgabe ausgeschlossen, weil sie
nicht möglich ist, so hat der Bereicherte den Wert des Erlangten zu ersetzen
(§ 818 II BGB). **Beispiele:** Die ungerechtfertigt erlangte Tapete ist bereits verar-

beitet; das ungerechtfertigt Erlangte war eine Dienstleistung oder wurde mittlerweile weiterveräußert.

Ist die Bereicherung nicht mehr gegeben und der Bereicherte gutgläubig, d. h., er wusste nichts von den tatsächlichen Eigentumsverhältnissen (vgl. § 819 I BGB), kann weder Herausgabe noch Wertersatz gefordert werden, da der Gesetzgeber nur eine noch vorhandene Vermögensvermehrung abschöpfen will. **Beispiele:** Eine ungerechtfertigt erlangte Torte wurde bereits gegessen, eine ungerechtfertigt erlangte Uhr bereits verschenkt oder erlangtes Geld wurde bereits für einen Urlaub – nicht für Sachgegenstände – ausgegeben, sodass im Vermögen des Bereicherten tatsächlich keine Spur der Bereicherung verblieben ist. Das heißt jedoch nicht, dass der Geschädigte automatisch leer ausgeht, da ggf. das Schadensersatzrecht Ansprüche rechtfertigen könnte, insbesondere, wenn der Erwerber nicht gutgläubig war (vgl. S. 71 ff.).

Der **Sondertatbestand** des § 816 I BGB ist die zentrale Regelung bei wirksamem **gutgläubigen Eigentumserwerb vom Nichtberechtigten** (vgl. S. 85 ff.). Je nachdem, ob der Nichtberechtigte durch die Verfügung etwas erlangt hat oder nicht, ergeben sich unterschiedliche Rechtsfolgen:

- Bei wirksamer **entgeltlicher Verfügung** (z. B. Kauf, Tausch) muss der Nichtberechtigte das erlangte Entgelt herausgeben (§ 816 I 1 BGB). **Beispiel:** A leiht B eine DVD. B verkauft und übereignet sie wirksam an den nichts ahnenden C. C ist Eigentümer der DVD, aber A kann von B den erlangten Kaufpreis herausfordern. (Ist dieser wertmäßig zu gering, könnten ggf. zusätzlich vertragliche oder gesetzliche Schadensersatzansprüche greifen, vgl. S. 87 f.)

- Bei wirksamer **unentgeltlicher Verfügung** (z. B. Schenkung) ist nicht der Nichtberechtigte, sondern der Empfänger der Leistung bereichert. Konsequenterweise muss daher dieser die erlangte Sache trotz wirksamen gutgläubigen Eigentumserwerbs an den ursprünglichen Eigentümer herausgeben (§ 816 I 2 BGB). **Beispiel:** A leiht B eine DVD. B schenkt die DVD C. Obwohl C gutgläubig Eigentümer der DVD geworden ist, muss er sie an A herausgeben, da A sonst keinerlei Ansprüche aus seinem Eigentumsverlust hätte und C unbilligerweise besser dastünde als vorher, obwohl er selbst keine Leistung erbracht hat.

Die Regelungen aus § 818 BGB gelten analog.

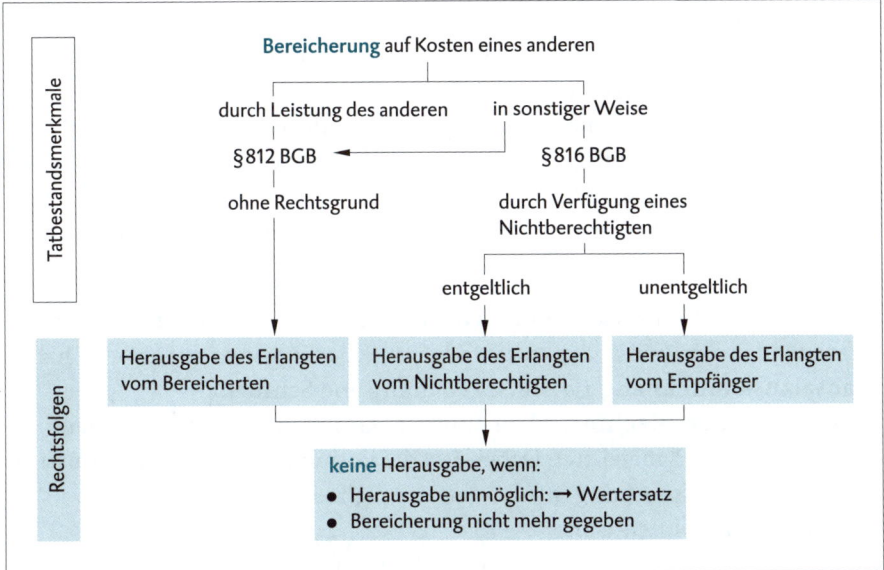

M 28: Systematik und Ansprüche bei ungerechtfertigter Bereicherung

4.2 Unerlaubte Handlung (§§ 823–830 BGB)

Die **Ausgleichsfunktion** des Rechts greift nicht nur bei Fällen von ungerechtfertigter Bereicherung (vgl. S. 70 ff.), sondern auch dann, wenn jemand durch einen Anderen materiellen oder immateriellen Schaden erleidet. Unter den Voraussetzungen des § 823 BGB können z. B. Ansprüche auf Schadensersatz wegen unerlaubter Handlung entstehen. Sie werden auch deliktische Ansprüche genannt, da „Delikt" ein Synonym für „unerlaubte Handlung" ist. Neben den Tatbestandsmerkmalen des § 823 BGB muss zusätzlich aber auch die Verantwortlichkeit des Schädigers für die begangene Tat, also insbesondere die **Deliktsfähigkeit** gegeben sein (§§ 827, 828 BGB; vgl. S. 73).

Das **Deliktsrecht** im Zivilrecht darf nicht mit dem **Strafrecht** verwechselt werden. Im Strafrecht geht es nicht um Wiedergutmachung eines eingetretenen Schadens beim Opfer, sondern darum, einen Täter im Namen der Allgemeinheit, die durch den Staatsanwalt vertreten wird, für ein begangenes Unrecht zu belangen und künftig von weiteren Straftaten abzuhalten (vgl. S. 38). Eine **Geldstrafe** kommt daher nicht dem Geschädigten zugute, sondern fließt in die Staatskasse. Seine **Schadensersatzansprüche** muss der Geschädigte selbst mit den Mitteln des **Zivilrechts** versuchen durchzusetzen, z. B. über § 823 BGB.

Schadensersatzansprüche aus § 823 BGB entstehen, wenn

- jemand (eine Person, nicht z. B. ein Tier oder ein Gegenstand)
- vorsätzlich oder fahrlässig (§ 276 BGB)
- widerrechtlich, d. h. ohne Rechtfertigungsgrund aus z. B. §§ 227–229 BGB,
- ein absolutes Recht (§ 823 I BGB) oder ein Schutzrecht (§ 823 II BGB) eines anderen verletzt
- und dadurch ein Schaden mit Kausalzusammenhang für den anderen entsteht.

Die Verletzung kann sowohl durch **Tun** als auch durch **Unterlassen** hervorgerufen werden und muss den entstandenen Schaden direkt verursacht haben (**Kausalzusammenhang** zwischen Handlung und Schaden).

Rechts-
güter
Die **absoluten Rechte** (Leben, Körper, Gesundheit, Freiheit, Eigentum) sind in § 823 I BGB aufgelistet. Dabei lässt die Formulierung „oder ein sonstiges Recht" der Rechtsprechung Interpretationsspielraum für andere Fälle von Verstößen gegen absolute Rechte.

Schutzrechte sind z. B. die meisten Normen des Strafgesetzbuches (z. B. Körperverletzung §§ 223 ff. StGB, Diebstahl §§ 242 ff. StGB, Betrug §§ 263 ff. StGB), aber auch zahlreiche Normen aus anderen Rechtsgebieten (z. B. Arbeitsrecht, Gewerberecht, Umweltrecht).

Die **Widerrechtlichkeit** ist nicht gegeben, wenn der Schädiger sich auf sogenannte Rechtfertigungsgründe berufen kann. Dazu zählen im BGB z. B. Notwehr, Notstand und erlaubte Selbsthilfe (§§ 227–229 BGB; vgl. M 29).

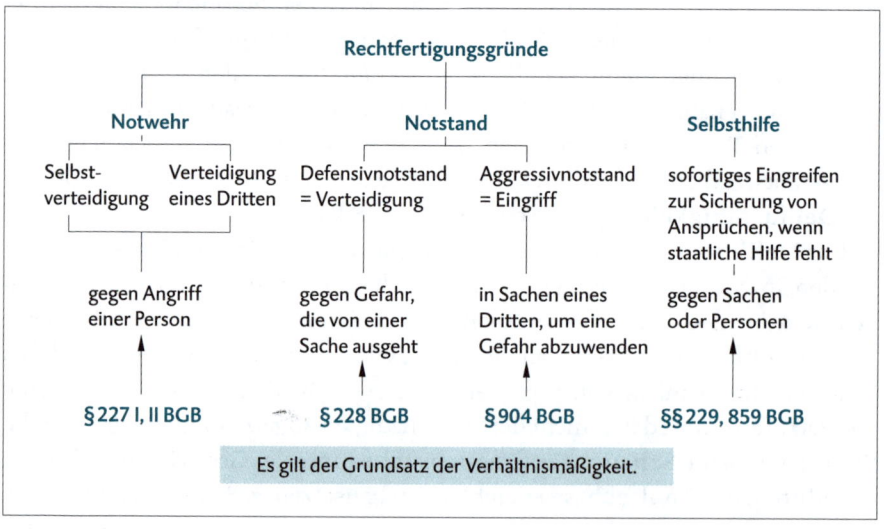

M 29: Rechtfertigungsgründe im BGB

Eine Einschränkung der **Deliktsfähigkeit** aufgrund der §§ 827, 828 BGB kann dazu führen, dass kein Schadensersatz zu leisten ist, obwohl alle Tatbestandsmerkmale des § 823 I und/oder II BGB erfüllt sind. Die folgende Tabelle gibt einen Überblick über mögliche **Ausschluss- bzw. Minderungsgründe** der Verantwortlichkeit.

§ 827 BGB	§ 828 BGB
Bewusstlosigkeit	Alter unter 7 Jahre
krankhafte Störung der Geistestätigkeit, die die freie Willensbestimmung ausschließt, z. B. schwere Altersdemenz	Alter ab 7 bis inklusive 9 Jahre bei Unfällen im Straßenverkehr, d. h. mit bewegten Fahrzeugen, außer bei Vorsatz; z. B. Kollision eines achtjährigen Radfahrers mit einem fahrenden Pkw aufgrund von Unachtsamkeit des Kindes
Störung der Geistestätigkeit durch unverschuldeten Rauschzustand, z. B. wenn jemand unfreiwillig mit Alkohol oder Drogen „abgefüllt" wird	Alter ab 7 bis inklusive 17 Jahre und fehlende Einsicht in die schädigenden Folgen des Verhaltens, d. h., weil er/sie es nicht wusste, nicht erkennen konnte und auch nicht von Dritten darauf hingewiesen wurde; z. B. Beschädigung einer Computeranlage durch magnetisches Spielzeug eines nichtsahnenden 7-Jährigen

M 30: Gründe für die Einschränkung der Deliktsfähigkeit

Die Regelungen des § 828 BGB verdeutlichen, dass die Deliktsfähigkeit mit der **Erkenntnis- und Wahrnehmungsreife** der Minderjährigen zunimmt, wobei § 828 III für das Alter ab 7 bis inkl. 17 Jahre durch seine Formulierung eine stark individualisierte Einschätzung des Einzelfalles ermöglicht und damit der **Schutz- und Erziehungsfunktion** des Rechts dient.

FALLBEISPIEL

Fall 1: A missachtet bei einer Fahrt mit seinem Pkw die Vorfahrt und stößt mit dem Pkw des B zusammen. B wird verletzt und liegt vier Wochen im Krankenhaus. Sein Pkw hat einen Schaden von 5 000 €.

Fall 2: Die alleinstehende Y wird mit akuter Blinddarmentzündung ins Krankenhaus eingeliefert. Sie ist nicht ansprechbar. Der Chirurg X operiert sie. Sie verlässt das Krankenhaus nach zwei Wochen mit normalem Befund.

- Erstellen Sie eine Normenanalyse des § 823 I BGB.
- Prüfen Sie für beide Fälle getrennt, ob die genannten Tatbestandsmerkmale jeweils erfüllt sind. Beziehen Sie – falls erforderlich – auch §§ 276 II, 827, 828 BGB und § 34 StGB mit ein.
- Halten Sie fest, welche Rechtsfolge sich jeweils daraus ergibt, und formulieren Sie ein Gesamtergebnis im Hinblick auf Schadensersatzansprüche.

Normenanalyse § 823	Subsumtion	
Tatbestandsmerkmale (TBM)	**TBM trifft zu/trifft nicht zu, weil …**	
	Fall 1 (Autounfall)	Fall 2 (Operation)
„wer", d. h. eine Person	trifft zu: Fahrer A	trifft zu: Chirurg X
vorsätzlich oder fahrlässig (§ 276 BGB)	trifft zu: A handelt fahrlässig, da er unachtsam ist und damit die im Verkehr erforderliche Sorgfalt missachtet (§ 276 II BGB)	trifft zu, da X den Bauch der Y absichtlich, also willentlich und wissentlich und damit vorsätzlich öffnet
Leben, Körper, Gesundheit, Eigentum oder ein sonstiges Recht eines anderen verletzt (Verletzungshandlung)	trifft zu: der Körper und das Eigentum von B sind betroffen, da er Verletzungen davonträgt und sein Auto beschädigt ist	trifft zu: der Körper von Y wird bei der Operation durch das Skalpell etc. verletzt
widerrechtlich	trifft zu: A hat für sein Verhalten keinen Rechtfertigungsgrund wie z. B. Notwehr o. Ä. (§§ 227–229 BGB)	trifft <u>nicht</u> zu: X handelt nicht widerrechtlich, da Y in Lebensgefahr schwebt und, da sie nicht ansprechbar ist, nicht selbst entscheiden kann, sodass X als Arzt verpflichtet ist, ihr durch die OP zu helfen (§ 34 StGB)
Schaden mit Kausalzusammenhang	trifft zu: Schaden am Pkw, Behandlungskosten etc., die durch den Unfall verursacht wurden	trifft zu: Behandlungs- und Krankenhauskosten
Rechtsfolge aus § 823 I BGB:	Schadensersatzpflicht des A gegenüber B	keine
Prüfung **Deliktsfähigkeit** §§ 827, 828 BGB:	keine Einschränkung der Deliktsfähigkeit, da B weder minderjährig ist, noch eine krankhafte oder durch Rauschmittel verursachte Störung der Geistestätigkeit aufweist (§ 827 BGB)	

Ergebnis:

Im **ersten Fall** liegt ein klarer Fall von unerlaubter Handlung vor, da alle Tatbestandsmerkmale des § 823 I BGB erfüllt sind. Daraus ergeben sich entsprechende Schadensersatzansprüche des B an A, die in ihrer Höhe mithilfe der §§ 249 ff. BGB festzustellen sind: insbesondere Ersatz der Behandlungskosten und des Schadens am Auto, ggf. auch Verdienstausfall und Schmerzensgeld. Ein Ausschluss oder eine Minderung der Verantwortlichkeit (§§ 827, 828 BGB) liegen nicht vor.

Im **zweiten Fall** liegt keine unerlaubte Handlung vor, da X nicht widerrechtlich handelte, sondern ein rechtfertigender Notstand (§ 34 StGB) vorlag.

M 31: Normenanalyse und Subsumtion bei Fallbeispielen zur Unerlaubten Handlung

Aufgaben

1 Das Landratsamt stellt in der Pausenhalle der Schule einen Münzkopierer auf und eine Informationstafel mit folgender Aufschrift: Schwarz-weiß-Kopie DIN A 4 für 5 Cent (1). Der Schüler Sven (S) legt die Kopiervorlage für sein Referat in den Kopierer, wirft ein Eurostück ein und drückt die Taste für 20 Kopien (2). Der Kopierer spuckt jedoch statt der Kopien das Geld wieder aus (3).

Verärgert geht S mit seiner Kopiervorlage zum Copyshop Tintentöpfchen (T). S muss sich wegen einer Schulaufgabe beeilen, daher vereinbart er mit T, dass er nach der 6. Stunde wieder vorbeikommt, bezahlt und dann auch seine Kopien mitnimmt. Da S doch noch eine Lehrkraft findet, die ihm die Kopien kostenlos erstellt, holt S die Kopien jedoch nicht bei T ab. Nach zwei Tagen ruft T bei ihm an und verlangt die Abholung der Kopien sowie sein Geld.

a) Erläutern Sie die rechtliche Wirkung der nummerierten Ereignisse und halten Sie die jeweilige Rechtsfolge fest. Begründen Sie Ihre Aussagen.

b) Zeigen Sie, dass S die Kopien dem T bezahlen und sie abnehmen muss. (*Hinweis:* Eine Prüfung der Geschäftsfähigkeit ist nicht erforderlich.)

c) Gehen Sie davon aus, dass S die Kopien abholt und bezahlt. Erläutern Sie am vorliegenden Fall die Systematik des BGB und das Abstraktionsprinzip.

2 Entscheiden und begründen Sie, ob in den folgenden Fällen ein Vertrag zwischen A und B zustande gekommen ist.

a) A fragt B, ob er eine gebrauchte CD der Band „Noisevoice" für 5 € kaufen möchte. Da es sich um die Lieblingsband von B handelt, nimmt dieser die CD gleich mit und verspricht, die 5 € am kommenden Tag zu bezahlen.

b) A fragt B, ob er eine gebrauchte CD der Band „Noisevoice" für 10 € kaufen möchte. Da es sich um die Lieblingsband von B handelt, sagt dieser sofort ja, allerdings unter der Bedingung, dass er sie für 8 € bekommt.

c) A spricht B auf die Mailbox, ob er eine gebrauchte CD der Band „Noisevoice" für 5 € kaufen möchte; falls ja, solle er bis um 17:00 Uhr Bescheid geben. Da es sich um die Lieblingsband von B handelt, freut er sich riesig, als er die Nachricht abruft. Am nächsten Tag geht er bei A vorbei, um die CD abzuholen. B ist überrascht, da er bis dahin nichts von A gehört hat.

d) A hängt in der Schule am Schwarzen Brett einen Zettel auf, mit dem er eine gebrauchte CD der Band „Noisevoice" für 5 € anbietet. B freut sich, als der den Zettel sieht, und geht gleich zu A, um sich die CD zu holen.

3 Grenzen Sie anhand von zwei selbstgewählten Kriterien die folgenden Rechtsgeschäfte voneinander ab: Kauf, Tausch, Miete, Sachdarlehen, Schenkung.

4 Der Junggeselle Anton (A) möchte einen Kuchen backen. Da er erst seit Kurzem eine eigene Wohnung hat, fehlen ihm das meiste Zubehör und einige Zutaten. Kurzerhand besorgt er sich die fehlenden Dinge bei seinen Nachbarn Karl (K) und Max (M). Einen Mixer und ein Kilo Mehl bekommt er von M, der sagt: „Das Mehl können Sie behalten, den Mixer bringen Sie aber bitte so bald wie möglich wieder vorbei." K gibt A noch sechs Eier und meint: „Morgen brauche ich die sechs Eier aber wieder zurück, nicht vergessen!" Außerdem überlässt K dem A einen kleinen Ofen gegen einen Betrag von 10 € für zwei Tage. Backformen und eine Teigrolle hat dessen Uroma A vor einiger Zeit testamentarisch vermacht.

Um welche Rechtsgeschäfte (nur Verpflichtungsgeschäfte) handelt es sich im Zusammenhang mit dem Mixer, dem Mehl, den Eiern und dem Ofen? Begründen Sie Ihre Antwort jeweils kurz mithilfe eines geeigneten Paragrafen aus den §§ 516, 535, 598, 607, 611, 662 BGB. (Korrekte Auswahl treffen!)

5 Erklären Sie mithilfe der Begriffe Gläubiger und Schuldner den Unterschied zwischen einem einseitig verpflichtenden Rechtsgeschäft und einem gegenseitigen Vertrag. Verwenden Sie für die Lösung Schenkung und Kauf als Beispiele.

6 Die 17-jährige Maxi (M) entscheidet nach einem Rockkonzert, dass sie E-Bass lernen will. Die Eltern halten das für eine kurzlebige „fixe Idee". Trotzdem geht M ohne Wissen der Eltern in den Musikalienladen Ton (T) und kauft sich einen E-Bass für 600 €. Sie nimmt das Geld von einem Konto, auf das sie Teile ihres Taschengelds einzahlt und auf das auch ihre Eltern Geld für ihre spätere Studentenbude oder das erste Auto einzahlen. Als die Eltern den E-Bass sehen, rufen sie sofort bei T an und fordern eine Rücküberweisung der 600 €.

a) Zeigen Sie mithilfe der §§ 106, 107, 108, 110 BGB, dass der Kauf des E-Basses nicht rechtswirksam ist.

b) Analysieren Sie mithilfe des Abstraktionsprinzips die Eigentumsverhältnisse an E-Bass und Geld und stellen Sie dar, wie der Interessenausgleich in dieser Situation durch das Gesetz gewährleistet wird.

7 K braucht für den Abschluss seiner Seminararbeit dringend einen neuen Computer, da sein eigener überraschend kaputt gegangen ist. Da Wochenende ist, versucht er privat etwas zu organisieren, findet aber niemanden, bei dem er ein

Gerät leihen kann. V bietet ihm schließlich an, ihm sein uraltes Laptop mit einem Marktwert unter 100 € für 1 000 € zu verkaufen. Da der Abgabetermin unmittelbar bevorsteht, beißt K in den sauren Apfel und kauft das Laptop von V. Am Tag nach der Abgabe erzählt er die Geschichte einem Freund, der ihm rät, die Angelegenheit rechtlich überprüfen zu lassen.

- Klären Sie die Wirksamkeit der zwischen K und V abgeschlossenen Rechtsgeschäfte bezüglich des Laptops mithilfe des § 138 BGB und des Abstraktionsprinzips.

- Erläutern Sie dabei außerdem die Eigentums- und Besitzverhältnisse am Laptop und wie der Interessenausgleich erreicht wird.

8 Der 20-jährige A fährt B mit seinem Auto an und verletzt ihn schwer. Es stellt sich heraus, dass A zum Unfallzeitpunkt zu schnell gefahren ist und aufgrund eines Partybesuches stark alkoholisiert war.

Erläutern Sie, welche Ansprüche B gegen A hat. Gehen Sie dabei besonders auf die Deliktsfähigkeit ein.

9 Die reiche Erbtante von A stirbt und hinterlässt ihm testamentarisch ihr gesamtes Vermögen, u. a. eine Sammlung antiquarischer Uhren. Einige Tage nach dem Tod der Tante kommt deren Butler B zu A und zeigt ihm eine Schenkungsurkunde in der Handschrift der Tante, in der sie eine der Uhren aus der Sammlung B zum Geschenk macht. Da A die Schrift der Tante kennt und sich ihr verpflichtet fühlte, übergibt er die wertvolle Taschenuhr an B, ohne weiter zu fragen. Einige Zeit später stellt sich heraus, dass die Schenkungsurkunde eine gut gemachte Fälschung war.

a) Prüfen Sie, ob A von B die Uhr zurückfordern kann.

b) Erläutern Sie, ob A gegen B auch dann einen Anspruch geltend machen kann, wenn A die Uhr beim Kartenspielen als Wetteinsatz verloren hat. Gehen Sie dabei auch auf § 267 StGB ein.

Eigentumsordnung

In diesem Kapitel lernen Sie ...

- worin sich Eigentum und Besitz unterscheiden,
- welche Rechte dem Eigentümer zustehen,
- verschiedene Arten des Besitzes zu unterscheiden,
- warum Privateigentum so wichtig für unsere Gesellschaft ist,
- wo und weshalb der Staat dem Privateigentum Grenzen setzt,
- wie man Eigentum an beweglichen Sachen (Mobilien) erwirbt,
- wie man Besitzer einer Sache wird,
- wie man den Kaufvertrag und die Übereignung der Sache im Fall eines Eigentumsvorbehalts durch den Verkäufer modifizieren muss,
- welche Vorteile ein Eigentumsvorbehalt für Käufer und Verkäufer mit sich bringt,
- wie man im guten Glauben Eigentum erwerben kann,
- welcher Interessenkonflikt bei einem gutgläubigen Erwerb vorliegt,
- wo die Grenzen des gutgläubigen Erwerbs liegen,
- wie ein gerechter Interessenausgleich bei einem gutgläubigen Erwerb geschaffen wird,
- wie man Eigentum an Immobilien erwirbt,
- worin sich der Eigentumserwerb an Mobilien von dem an Immobilien unterscheidet,
- welche Funktionen ein Notar erfüllt und wofür das Grundbuch benötigt wird.

1 Abgrenzung der Begriffe Eigentum und Besitz

Der Wunsch, etwas zu besitzen und über einen Gegenstand verfügen zu können, ist elementarer Bestandteil der menschlichen Natur. Schon Babys schreien, wenn man ihnen den geliebten Teddybären oder den Schnuller wegnimmt. Bereits Kleinkinder können, z. B. im Kindergarten, zwischen „Dein" und „Mein" unterscheiden.

Mit der Frage „Wem gehört das?" lässt sich sehr einfach ermitteln, wer Eigentümer einer Sache ist. In rechtlicher Hinsicht versteht man unter **Eigentum** die umfassendste Herrschaftsmacht einer Person über eine Sache (= rechtliche Herrschaft). Gemäß § 903 BGB kann der Eigentümer einer Sache, soweit nicht das Gesetz oder Rechte Dritter entgegenstehen (z. B. stellt das Verbrennen von Gartenabfällen im eigenen Garten möglicherweise eine Gefährdung für benachbarte Grundstücke dar), mit der Sache nach Belieben verfahren (z. B. sie verkaufen, verschenken, verleihen, zerstören) oder andere von jeder Einwirkung auf die Sache ausschließen (z. B. Verbot der Nutzung).

Besitzer einer Sache ist in der Regel derjenige, der sie gerade „hat". Unter **Besitz** versteht man die tatsächliche Herrschaft über eine Sache (vgl. § 854 BGB, tatsächliche/körperliche Gewalt). Um Besitz zu erwerben, genügt es bereits, dass man die Sache an sich nimmt (**unmittelbarer Besitz**). In rechtlicher Hinsicht ist der Besitz im Vergleich zum Eigentum das schwächere Recht. So ist z. B. der Besitzer einer Sache verpflichtet, diese dem Eigentümer herauszugeben (vgl. § 985 BGB).

Neben dem unmittelbaren gibt es auch noch den **mittelbaren Besitz** (§ 868 BGB). Darunter versteht man eine Berechtigung zum Besitz, die gegenüber dem unmittelbaren Besitzer wirksam ist. Verleiht man z. B. sein Fahrrad an einen Freund, so ist dieser unmittelbarer Besitzer des Rads, da er dieses „hat". Zugleich ist man als Eigentümer selbst aber auch zum Besitz berechtigt, also mittelbarer Besitzer. Diese Unterscheidung ist vor allem bei Fragen des Eigentumsvorbehalts (vgl. S. 84 f.) und des gutgläubigen Erwerbs (vgl. S. 85 ff.) von Bedeutung.

Im Hinblick auf den Eigentumserwerb von Immobilien taucht der Begriff des **„Miteigentums"** auf (vgl. § 1008 ff. BGB). Darunter versteht man, dass mehrere Personen sich das Eigentumsrecht teilen. So teilen sich die Eigentümer eines Mehrfamilienhauses z. B. das Eigentum am Garten, am Garagenhof, am Wohnweg, am Treppenhaus oder an der Heizung. Daraus leiten sich dann auch wiederum Pflichten ab. So kann z. B. eine Kehr- und Putzordnung für diese gemeinsam genutzten Flächen vereinbart sein; bei Reparaturen müssen alle Parteien dafür aufkommen.

2 Eigentumsordnung

2.1 Inhalte und Grenzen

Die Eigentumsordnung der Bundesrepublik Deutschland ist in Art. 14 des Grundgesetzes geregelt. In **Art. 14 I GG** heißt es, dass (Privat)-Eigentum gewährleistet wird. D. h., das Recht auf Privateigentum ist so elementar für unsere Gesellschaft, dass es als zentrales Grundrecht im unveränderlichen Kern der Verfassung geschützt wird. Die Rechte des Eigentümers bestimmen sich wie bereits erwähnt nach § 903 BGB. Das Recht, als Privatperson Eigentum erwerben und Vermögen anhäufen zu können, ist ein ganz zentraler Anreizmechanismus unserer Wirtschaftsordnung. Wer würde z. B. die Mühen und das Risiko einer Unternehmensgründung auf sich nehmen, wenn der Staat, sobald das Geschäft gut funktioniert, einem dieses wieder wegnehmen könnte? Ohne Privateigentum gäbe es nur staatliches, d. h. kollektives Eigentum.

Dennoch gibt es auch Grenzen des Privateigentums. Diese sind in **Art. 14 II GG** festgelegt. Man spricht in diesem Fall von der „Sozialpflichtigkeit" des Eigentums, wenn es in Art. 14 II GG heißt, dass „Eigentum verpflichtet. Sein Gebrauch soll zugleich dem Wohle der Allgemeinheit dienen." Sollte der Staat allerdings „zum Wohle der Allgemeinheit" in das Privateigentum eingreifen und eine (Zwangs-)Enteignung durchführen, muss er den Enteigneten gemäß **Art. 14 III GG** angemessen entschädigen.

Beispiele für **Eingriffe des Staates** in privates Eigentum sind z. B. Belange des Umwelt- und Landschaftsschutzes, Auflagen im Bau- und Denkmalschutz oder im Verkehrsrecht. So gilt es z. B., natürliche Ressourcen wie sauberes Grundwasser für künftige Generationen zu sichern, wertvolle historische Bausubstanz zu schützen und die Sicherheit aller Verkehrsteilnehmer zu gewährleisten. Hier schränkt der Staat die Verfügungsrechte des Eigentümers ein.

Beispiele für **Enteignungen** im öffentlichen Interesse sind meist Infrastrukturprojekte wie der Bau neuer Verkehrswege (Recht auf Mobilität, das meist zugleich hilft, die Wirtschaftsstruktur eines Raumes zu fördern, und damit Arbeitsplätze und Einkommen für viele sichert).

Der Schutz des Eigentums und die Rechte des Eigentümers finden sich neben den Artikeln in der Verfassung auch in verschiedenen Gesetzestexten wieder. Neben den Rechten des Eigentümers (vgl. § 903 BGB) regelt § 823 BGB, dass bei Verletzung von fremdem Eigentum der Eigentümer zu entschädigen ist. In § 985 BGB ist der Herausgabeanspruch des Eigentümers gegenüber dem Besitzer geregelt. Im Fall einer vorsätzlichen Verletzung des Eigentumsrechts kann auch eine strafrechtliche Sanktion (vgl. §§ 242 ff. StGB) wegen Diebstahls oder Sachbeschädigung (§ 303 StGB) erfolgen.

2.2 Fortentwicklung des Eigentumsrechts

Auch wenn das Bürgerliche Gesetzbuch seit über 100 Jahren existiert und in den wesentlichen Bereichen nahezu unverändert geblieben ist, haben sich in den letzten Jahrzehnten verschiedene Anlässe ergeben, die auch im Eigentumsrecht Modifikationen erforderlich gemacht haben.

So hat ein **steigendes Umweltbewusstsein** breiter Teile der Öffentlichkeit dazu geführt, dass es im Hinblick auf den Natur- und Landschaftsschutz zu Einschränkungen bei Wohnbauten gekommen ist. Auch im Industriebereich wird durch strengere Auflagen und Grenzwerte zugunsten von z. B. Gewässer- und Klimaschutz in die Freiheit des Unternehmers eingegriffen.

Auch der **Schutz der persönlichen Daten**, die z. B. von Online-Diensten und -Händlern gesammelt und z. B. für Werbezwecke genutzt werden, stellt das Eigentumsrecht vor neue Herausforderungen.

Vor allem die **Digitalisierung** von Musik und Filmen sowie deren Kopie und Weitergabe über CD, DVD und das Internet haben zu einem steigenden Bewusstsein für die Problematik des Schutzes geistigen Eigentums geführt.

Das Urheberrechtsgesetz[7] regelt den Schutz geistigen Eigentums. Damit ist es Teil des sogenannten Immaterialgüterrechts, zu dem auch das Patent- und das Markenrecht gehören. Es gewährt dem Erschaffer geistiger Schöpfungen einen Schutz „kraft Gesetz", d. h., ohne diesen extra bei einer Behörde beantragen zu müssen. Zu den geschützten Werken zählen Sprachwerke, Musik, bildende Kunst, Baukunst, Foto-, Film-, Tanzkunst, wissenschaftliche oder technische Darstellungen sowie Computerprogramme. Das Gesetz regelt drei Bereiche:

- Urheberpersönlichkeitsrecht (z. B. der Aspekt der Veröffentlichung)
- Verwertungsrecht (z. B. die Frage der Vervielfältigung, Ausstellung oder Vorführung)
- sonstige Rechte (z. B. die Frage der Beteiligung am Erlös beim Weiterverkauf)

Mehrere **Reformen des Urheberrechts** haben zu einer Verschärfung der Sanktionsmöglichkeiten und zu einem Schließen von Regelungslücken (Online-Tauschbörsen etc.) geführt. Von besonderem Interesse für Jugendliche ist die Frage der Privatkopie, die nur erlaubt ist, wenn das Original nicht kopiergeschützt ist (§ 95 a UrhG). Auch die Umgehung des Kopierschutzes ist illegal; ebenso das Hochladen und der Austausch geschützter Werke im Internet, v. a. wenn es Privatkopien sind. Ein Herunterladen ist nur zulässig, wenn es sich nicht um eine „offensichtlich rechtswidrige" Quelle handelt.

---

7 Der Lehrplan schreibt nicht vor, welche Beispiele zur Fortentwicklung des Eigentumsrechts behandelt werden sollen. In den bisherigen Abituraufgaben wurde sehr häufig auf den Schutz des geistigen Eigentums i. V. m. dem Urheberrecht zurückgegriffen.

3 Eigentumserwerb an beweglichen Sachen (Mobilien)

3.1 Eigentumserwerb durch Rechtsgeschäft

Egal ob im Rahmen einer Schenkung, eines Tauschs oder eines Kaufs, der Eigentumserwerb setzt bis auf wenige Ausnahmen immer einen eigenen, **sachenrechtlichen Vertrag** voraus (vgl. Abstraktionsprinzip S. 65 f.).[8]

Durch Antrag (§ 145 BGB) und Annahme (§ 147 BGB) schließen zwei Personen einen sachenrechtlichen **Übereignungsvertrag (gem. § 929 BGB)**, in dem sie sich darauf einigen, dass das Eigentum an einer Sache von der einen auf die andere Person übergehen soll (= Einigung).

Daneben wird die Sache meist übergeben und somit der unmittelbare Besitz an der Sache durch eine Handlung übertragen (= Realakt). Dabei handelt es sich nicht um einen Vertrag. Die Handlung einer Person allein genügt bereits, um den unmittelbaren Besitz von einer zur anderen Person übergehen zu lassen (z. B. Nehmen der Sache). In bestimmten Fällen ist die Übergabe entbehrlich, da der Empfänger bereits im Besitz der Sache ist (vgl. § 930 BGB). Das ist z. B. der Fall, wenn eine entliehene oder vermietete Sache später an den Entleiher/ Mieter verkauft wird. So ist es üblich, dass ein geleastes Fahrzeug gegen Ende der Leasingzeit vom Leasingnehmer (Kunde) dem Leasinggeber abgekauft wird.

M 32: Strukturschema Übereignung

Der sachenrechtliche Übereignungsvertrag dient meist der Erfüllung eines schuldrechtlichen Vertrags (z. B. Kauf, Tausch, Schenkung). Dennoch ist er ein eigenständiger Vertrag, da das schuldrechtliche Grundgeschäft lediglich die Verpflichtung zur Übertragung des Eigentums enthält, nicht aber die Umsetzung (vgl. Abstraktionsprinzip S. 65 f.).

---

8 Die Regelungen zum Eigentumserwerb Kraft Gesetz sind nicht Teil des G8-Lehrplans!

3.2 Kauf unter Eigentumsvorbehalt

Beim Einkauf im Internet, im Versandhandel oder bei der Vereinbarung einer Ratenzahlung behält sich der Verkäufer häufig das Eigentum bis zur vollständigen Zahlung des Kaufpreises durch den Käufer vor (= Vereinbarung eines **Eigentumsvorbehalts**).

Dieser Eigentumsvorbehalt wird meist dann vom Verkäufer angewendet, wenn ihm der Käufer und v. a. dessen **Bonität** (Zahlungsfähigkeit) unbekannt sind.

Sollte der Kunde aus welchem Grund auch immer nicht zahlen, kann der Verkäufer gem. § 985 BGB die Sache vom Käufer zurückverlangen.

Dennoch besitzt ein Verkauf unter Vereinbarung eines Eigentumsvorbehalts sowohl für den Verkäufer als auch für den Käufer Vorteile.

Vorteile für den Verkäufer	Vorteile für den Käufer
• Absicherung vor einer möglichen Zahlungsunfähigkeit des Käufers • Steigerung des Umsatzes durch sofortigen Verkauf und spätere Zahlung der Ware • Bindung des Kunden an das Unternehmen, z. B. bei Ratenzahlung • Anbieten einer weiteren Leistung für den Kunden (z. B. Ratenzahlung)	• Nutzung der Sache ist sofort möglich • Kauf auch ohne die erforderlichen finanziellen Mittel ist möglich (Abzahlung von Raten) • Eigentum wird automatisch mit Zahlung der letzten Rate übertragen (kein weiterer Vertrag erforderlich)

M 33: Vorzüge eines Kaufs unter Eigentumsvorbehalt

Hinsichtlich des Abschlusses eines Eigentumsvorbehalts sind zwei Aspekte zu beachten. Ein Kauf unter Eigentumsvorbehalt erfordert die Modifikation sowohl des schuldrechtlichen Grundgeschäfts (Kaufvertrag gem. § 433 BGB) als auch des Übereignungsvertrags an der Sache (§ 929 BGB). Die Übereignung des Geldes bleibt unbeeinflusst.

Bereits beim Abschluss des Kaufvertrags müssen Käufer und Verkäufer zusätzlich zum Kauf einen **Eigentumsvorbehalt** (§ 449 BGB) vereinbaren. Dieser besagt, dass das Eigentum an der Sache erst mit der vollständigen Zahlung des Kaufpreises an den Käufer übergeht.

Diese **aufschiebende Bedingung** modifiziert bei der anschließenden Erfüllung des Kaufvertrags den Übereignungsvertrag der Sache (gemäß § 158 BGB). Die Übereignung der Sache wird also erst dann wirksam, wenn der Kunde dem Verkäufer den vollständigen Kaufpreis gezahlt hat. In diesem Augenblick geht das Eigentum an der Sache automatisch auf den Käufer über.

M 34: Strukturschema Kauf unter Eigentumsvorbehalt

Hinweis: Die aufschiebende Bedingung der Übereignung ist, dass der Kunde erst dann Eigentümer der Sache wird, wenn er den vollständigen Kaufpreis an den Verkäufer gezahlt hat; bis zu diesem Zeitpunkt ist er unmittelbarer Besitzer der Sache. Dabei ist es unerheblich, ob noch der gesamte Betrag offen ist oder lediglich ein einzelner Cent.

Sollte die Sache mangels vollständiger Zahlung an den Verkäufer zurückgehen, erhält der Käufer die bereits geleisteten Zahlungen abzüglich des durch die Nutzung bedingten Wertverlustes der Sache wieder zurück.

Normenketten Eigentumsvorbehalt
Kaufhandlung: §§ 145, 147, 433 + **449** BGB
Übereignung Sache: §§ 145, 147, 929 + **158** BGB
Übereignung Geld: §§ 145, 147, 929 BGB

M 35: Normenkette Eigentumsvorbehalt

3.3 Gutgläubiger Erwerb vom Nichtberechtigten

Grundsätzlich kann das Eigentum an beweglichen Sachen gemäß §929 nur vom Eigentümer übertragen werden. Das Bürgerliche Gesetzbuch sieht allerdings vor, dass unter bestimmten Umständen auch eine dazu nicht berechtigte Person (= Nichtberechtigter) wirksam das Eigentum an einer Sache übertragen kann, selbst wenn der ursprüngliche Eigentümer damit nicht einverstanden ist. Diese Besonderheit ist in den Regelungen zum **gutgläubigen Erwerb** festgehalten.

Gemäß §932 BGB wird bei einer Veräußerung nach §929 BGB der Erwerber auch dann Eigentümer der Sache, wenn diese dem Veräußerer gar nicht gehört und dieser auch nicht berechtigt ist, das Eigentum im Namen des Eigentümers zu übertragen. Voraussetzung dafür ist aber, dass der Erwerber im **guten Glauben** handelt (gemäß §932 II BGB), d. h. ihm nicht bekannt oder infolge grober Fahrlässigkeit unbekannt geblieben ist, dass der Veräußerer nicht Eigentümer der Sache ist.

Ein gutgläubiger Erwerb liegt z. B. vor, wenn jemand sein Fahrrad einem Bekannten leiht und dieser das Rad dann an eine dritte Person verkauft (z. B. auf einem Flohmarkt), wobei der Dritte nicht wusste und auch nicht erkennen konnte, dass der Veräußerer nicht der Eigentümer ist.

Hinweis: Ein gutgläubiger Erwerb liegt nicht vor, wenn man z. B. in einem Geschäft ein T-Shirt kauft. Dann ist der Verkäufer in der Regel zwar nicht der Eigentümer des Shirts, aber er ist vom Inhaber des Geschäfts bevollmächtigt, das T-Shirt für ihn zu veräußern.

Zum Ablauf eines gutgläubigen Erwerbs: Für einen gutgläubigen Erwerb wird der Übereignungsvertrag um die Voraussetzung des guten Glaubens modifiziert:

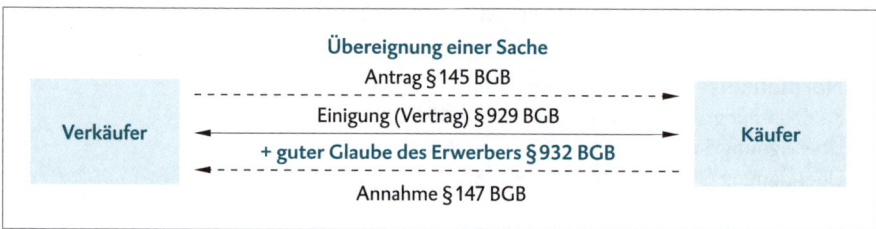

M 36: Modifikation der Übereignung bei einem gutgläubigen Erwerb

Hinweis: Der zuvor abgeschlossene Kaufvertrag gemäß §433 BGB zwischen dem nichtberechtigten Veräußerer und dem gutgläubigen Erwerber ist ebenfalls (!) gültig, auch wenn der Veräußerer etwas verkauft, das ihm nicht gehört.

Somit scheidet eine mögliche Rückabwicklung gemäß §812 BGB („ohne Rechtsgrund") aus.

Die Rückabwicklung bei einem gutgläubigen Erwerb erfolgt nach den Regelungen des §816 i. V. m. §818 BGB (vgl. S. 87 f.).

3.4 Grenzen des gutgläubigen Erwerbs

Voraussetzung für einen gutgläubigen Erwerb ist, dass der Erwerber gemäß §932 II BGB im guten Glauben ist. Im Umkehrschluss scheitert ein gutgläubiger Erwerb also, wenn der Käufer Kenntnis von der Nichtberechtigung des Veräußerers hatte oder ihm infolge grober Fahrlässigkeit unbekannt geblieben ist, dass der Veräußerer nicht Eigentümer der Sache ist (z. B. wenn im Fahrzeugschein eines Pkw ein anderer Name als der des Veräußerers steht).

Darüber hinaus sieht der Gesetzgeber weitere Ausnahmeregelungen vor. Gemäß §935 BGB darf die Sache dem Eigentümer auch nicht **abhanden gekommen, verloren** gegangen oder **gestohlen** worden sein. Gleiches gilt für Sachen, die **unentgeltlich übereignet** wurden (gemäß §816 I 2 BGB). Ein wichtiger Grundsatz lautet also, dass kein Eigentumserwerb an Diebesgut möglich ist. Einen Sonderfall stellen Geld, Inhaberpapiere (z. B. Aktien) oder Sachen, die im Rahmen einer öffentlichen Versteigerung veräußert werden, dar (vgl. §935 II BGB). Auch wenn diese abhanden gekommen sind, ist ein gutgläubiger Erwerb möglich.

Ursachen für diese Ausnahmeregelungen zeigt der folgende Abschnitt.

3.5 Spannungsverhältnis Eigentumsschutz – Rechtssicherheit

Unmittelbare Folge eines gutgläubigen Erwerbs ist, dass der ursprüngliche Eigentümer gegen seinen Willen das Eigentum an der Sache verliert. Der nichtberechtigte Veräußerer hingegen erhält, z. B. im Falle eines Kaufvertrags, auch noch den Kaufpreis vom gutgläubigen Erwerber gezahlt.

Andererseits kann man dem gutgläubigen Erwerber aber auch keinen Vorwurf machen. Aus seiner Sicht und seinem Kenntnisstand nach hat er alles „richtig" gemacht. So z. B. einen Kaufvertrag geschlossen, seine Verpflichtung, den Kaufpreis zu zahlen, eingehalten und als Folge daraus das Eigentum an der Sache rechtmäßig erworben.

Daraus ergibt sich rechtlich ein **Spannungsverhältnis**. Einerseits möchte man dem gutgläubigen Erwerber die Sache nicht mehr wegnehmen, da er rechtlich gültige Verträge vorweisen kann *(pacta sunt servanda),* andererseits muss aber der ursprüngliche Eigentümer in irgendeiner Form für das verloren gegangene Eigentum entschädigt werden.

Den Ausweg aus diesem Dilemma bieten die Regelungen des §816 BGB in Verbindung mit §818 BGB.

In §816 BGB ist geregelt, dass, wenn ein **Nichtberechtigter eine Verfügung trifft**, die dem Berechtigten gegenüber wirksam ist, d. h. wenn der ursprüngliche Eigentümer sein Eigentum verliert, der Nichtberechtigte als Ersatz für das verloren gegangene Eigentum das „**Erlangte**" an den Berechtigten herausgeben muss. Was genau das ist, regelt §818 BGB.

Wurde eine Sache verkauft und hat der nichtberechtigte Veräußerer z. B. einen Kaufpreis für die Sache erhalten, muss er diesen gemäß §818 I BGB an den ursprünglichen Eigentümer herausgeben. Gleiches gilt, wenn er die Sache z. B. gegen eine andere getauscht hat.

Sofern die Herausgabe aufgrund der Beschaffenheit des Erlangten nicht mehr möglich ist, hat er **Wertersatz** in Form von Geld zu leisten (§ 818 II BGB), z. B. wenn der nichtberechtigte Veräußerer das Geld mittlerweile ausgegeben oder die erhaltene Sache (Tausch) bereits verbraucht hat oder diese zerstört wurde.

Natürlich ist es dabei möglich, dass das „Erlangte" nicht dem vollen Wert der ursprünglichen Sache entspricht. Dennoch ist diese Lösung „gerecht", da der ursprüngliche Eigentümer zumindest eine gewisse Mitschuld an dem Dilemma trägt, da er die Sache freiwillig herausgegeben hat (sonst würden die Regelungen des §935 BGB zutreffen).

Auch bei einer unentgeltlichen Übertragung des Eigentums an einen Dritten (Schenkung) erhält der ursprüngliche Eigentümer sein Eigentum zurück (vgl. §816 I 2 BGB). In diesem Fall entsteht für den gutgläubigen Erwerber auch kein direkter rechtlicher Nachteil, da er die Sache ja unentgeltlich, d. h. ohne Gegenleistung, erhalten hatte.

Normenketten gutgläubiger Eigentumserwerb	
gutgläubiger Erwerb:	§§145, 147, 929, **932** BGB
kein Erwerb bei Diebesgut:	§§145, 147, 929, **932, 935** BGB
Rückabwicklung:	§ 985 prüfen, sonst §§816, 818 BGB

M 37: Normenketten gutgläubiger Eigentumserwerb

4 Eigentumserwerb an unbeweglichen Sachen (Immobilien)

Den Eigentumserwerb an unbeweglichen Sachen[9] machen zwei Faktoren zu etwas Besonderem. Zum einen kaufen sich die meisten Menschen aufgrund des hohen Kaufpreises – wenn überhaupt – nur ein oder zwei Mal im Leben eine Immobilie, zum anderen kann die Besitzübertragung nicht durch Übergabe des Kaufgegenstandes erfolgen.

Ein Vergleich der geschlossenen Verträge macht Gemeinsamkeiten und Unterschiede beim Eigentumserwerb von beweglichen Sachen und Immobilien deutlich:

	bewegliche Sachen	Immobilien
Kaufvertrag	§§ 145, 147, 433 keine Formvorschrift	§§ 145, 147, 433, **311 b, 128** notarielle Beurkundung
Übereignung der Sache	§§ 145, 147, **929** **Einigung** keine Formvorschrift **§ 854 Übergabe**	§§ 145, 147, **873, 925, 128** **Auflassung** vor zuständiger Stelle (Notar) **§ 873 Eintragung ins Grundbuch**
Übereignung des Geldes	§§ 145, 147, 929 Einigung und § 854 Übergabe	

M 38: Vergleich des Mobilienkaufs mit dem Immobilienkauf

Hinsichtlich des Kaufvertrags ergibt sich beim Immobilienkauf lediglich die Ergänzung einer **Formvorschrift**. Der Vertrag muss in Anwesenheit eines Notars abgeschlossen und von diesem beurkundet werden (§§ 311 b, 128 BGB). Der Notar als neutrale Person hat hierbei Beratungs- und Beweisfunktion und soll den Kauf rechtlich absichern.

Hinsichtlich der Eigentumsübertragung an der Sache legt der Gesetzgeber beim Immobilienkauf ergänzend fest, dass die Einigung ebenfalls vor einem Notar zu erfolgen hat (hier **Auflassung** genannt) und der Besitzübergang durch Eintrag des Namens des neuen Eigentümers in das **Grundbuch** zu erfolgen hat, wobei diesen Eintrag ebenfalls nur der Notar vornehmen darf (§§ 873, 925 BGB). Das Grundbuch garantiert, dass derjenige, der im Grund-

---

[9] Beim Eigentumserwerb an Immobilien handelt es sich um einen fakultativen Unterrichtsinhalt, der als reproduktives Wissen in der schriftlichen Abiturprüfung nicht verlangt werden kann. Dennoch wäre eine Aufgabe, die z. B. einen Vergleich zwischen dem Eigentumserwerb an Mobilien und Immobilien fordert, möglich, sofern entsprechende Normen aus dem BGB angegeben sind und diese zunächst als rein methodische Fertigkeit analysiert und dann verglichen werden müssen.

buch eingetragen ist, auch Eigentümer der jeweiligen Immobilie ist. Insofern erfüllt das Grundbuch eine wichtige **Publizitätsfunktion**.

Bezüglich der Übereignung des Geldes ergeben sich beim Immobilienkauf keine Unterschiede zum Kauf von beweglichen Sachen. Wichtig ist es, insbesondere den Käufer einer Immobilie vor möglichen Gefahren zu schützen.

Normenketten Immobilienkauf

Kaufvertrag: §§ 145, 147, 433, **311 b**, **128** BGB
Übereignung Sache: §§ 145, 147, **873**, **925**, **128** BGB
Übereignung Geld: §§ 145, 147, 929, 854 BGB

M 39: Normenketten Immobilienkauf

Aufgaben

1 Grenzen Sie die Begriffe Eigentum und Besitz anhand von praktischen Beispielen aus dem Leben voneinander ab.

2 Ein Künstler kauft seltene Pkws und lässt diese in einem Waldstück von Pflanzen überwuchern sowie von Wind und Wetter zersetzen. Autoliebhaber wollen diesem Vorgehen per Gerichtsbescheid Einhalt gebieten.

   Beziehen Sie vor dem Hintergrund der Rechte des Eigentümers Stellung zu diesem Sachverhalt.

3 Ein Kunde bestellt bei einem Online-Versand ein neues Handy. Der Händler übergibt das Handy an einen Kurierdienst, der das Gerät am folgenden Tag dem Kunden übergibt.

   Erläutern Sie am obigen Beispiel verschiedene Besitzarten und wie Besitz übertragen wird.

4 Zeigen Sie auf, dass der Grundsatz, wonach die Freiheit des Einzelnen dort endet, wo die Rechte Dritter verletzt werden, auch im Eigentumsrecht gilt.

5 Ein Kunde betritt einen Blumenladen und verlangt einen Strauß Rosen für 20 €. Die Verkäuferin steckt Blumen und Grün zu einem Strauß zusammen und zeigt diesen dem Kunden. Dieser ist einverstanden. Die Floristin packt den Strauß in Papier ein und übergibt ihn an den Kunden. Dieser legt einen

50-€-Schein auf den Tresen. Die Verkäuferin räumt den Schein in ihre Kasse und gibt 30 € an den Kunden zurück.

a) Stellen Sie dar, welche sachenrechtlichen Verträge zwischen dem Kunden und der Floristin getätigt wurden.

b) Modifizieren Sie das obige Fallbeispiel so, dass die Regelung des § 930 BGB zum Tragen kommen würde.

6 Ein Kunde möchte für die anstehende Fußballweltmeisterschaft einen neuen, großen Fernseher mit 3D-Effekt kaufen. Leider ist das Gerät so teuer, dass er derzeit nicht über genügend Kapital verfügt.

Erläutern Sie, welche Möglichkeit der Verkäufer besitzt, dem Kunden das Gerät dennoch zu verkaufen, und zeigen Sie auf, welche Vorteile diese Regelung für den Verkäufer mit sich bringt.

7 Stellen Sie dar, inwiefern bei einem Kauf unter Eigentumsvorbehalt die verschiedenen Verträge einer vollständigen Kaufhandlung modifiziert werden müssen.

8 Nach bestandenem Bachelor möchte Student Christoph (C) seine alten UNI-Bücher und Skripten am UNI-Basar verkaufen. Dafür leiht er sich von einem seiner Mitbewohner (M) einen alten Camping-Tisch, um die Waren angemessen präsentieren zu können. Nachdem C den Großteil seiner Bücher und Skripten verkauft hat, fragt ihn ein Standnachbar (S), ob er ihm nicht den Camping-Tisch verkaufen könnte, da er noch Platz für seine Sachen benötigt. Als er C 20 € für den alten Tisch bietet, willigt er ein, da der Tisch eigentlich nichts mehr wert ist.

a) Untersuchen Sie die Eigentumsverhältnisse an dem Camping-Tisch.

b) Prüfen Sie, ob M den Tisch von S zurückverlangen kann.

c) Erläutern Sie, wie sich der Sachverhalt ändern würde, wenn C sich den Tisch von M ohne dessen Kenntnis geliehen hätte, da M gerade verreist war.

d) Erläutern Sie, wie der Gesetzgeber in beiden Varianten (Aufgabe b und c) für einen gerechten Interessenausgleich sorgt.

9 Max sieht im Immobilienteil seiner Tageszeitung folgendes Inserat:

> Doppelhaushälfte im Grünen, 170 m², 1 200 m² Grund,
> KP 275 000 EUR. Weitere Informationen unter Chiffre D 18944

Beschreiben Sie, wie Max vorgehen müsste, um Eigentümer seiner Traumimmobilie zu werden.

10 Zwei Bauern treffen sich an der Grenze ihrer Felder. Nach einem längeren
Gespräch vereinbaren sie, dass der eine dem anderen den angrenzenden Acker
für 75 000 € überlässt, und besiegeln ihr Geschäft per Handschlag.

Zeigen Sie die rechtliche Problematik der beschriebenen Szene auf.

Leistungsstörungen und Verbraucherschutz

In diesem Kapitel lernen Sie ...

- welche Pflichten aus Schuldverhältnissen entstehen können,
- welche Leistungsstörungen bzw. Pflichtverletzungen beim Kauf auftreten können,
- welche grundlegenden Voraussetzungen und Rechtsfolgen es bei Leistungsstörungen gibt,
- wie man mit einer Systematik aus diesen Tatbeständen und Rechtsfolgen Fälle zu Leistungsstörungen lösen kann,
- welche rechtlichen Folgen eine verspätete Leistung beim Kauf haben kann,
- was man unter einem behebbaren Sachmangel versteht und wie man die verschiedenen Varianten systematisieren kann,
- welche wichtigen Rechte man bei Vorliegen eines Sachmangels geltend machen kann und wie man dabei vorgehen muss,
- wie durch die Regelungen zur verspäteten Leistung und zum Sachmangel Rechtssicherheit und Interessenausgleich gewährleistet werden,
- was man unter Vertragsfreiheit versteht und welche Rolle diese in unserer Wirtschaftsordnung spielt,
- wie absolute Vertragsfreiheit zu unangemessenen Nachteilen für Käufer führen kann und daher vom Gesetzgeber im Rahmen des Verbraucherschutzes eingeschränkt wird,
- welche wichtigen Sonderregelungen zum Schutz des Verbrauchers es beim Verbrauchsgüterkauf und bei Besonderen Vertriebsformen gibt.

1 Systematik des Rechts der Leistungsstörungen

1.1 Vertragliche Haupt-, Neben- und Schutzpflichten

Aus jedem vertraglichen Schuldverhältnis entstehen **Hauptpflichten**. Beim Kaufvertrag finden sich diese in § 433 BGB[10] (vgl. S. 63 f.). Zusätzlich können sowohl leistungsbezogene Nebenpflichten als auch leistungsbegleitende Schutzpflichten gemäß § 241 II BGB entstehen.

Leistungsbezogene Nebenpflichten – z. B. die sachgerechte Verpackung, Beratung und Aufklärung über den Kaufgegenstand – sind mit der ordnungs-gemäßen Erfüllung der vertraglichen Leistung verbunden und lassen sich von den **leistungsbegleitenden Schutzpflichten** – z. B. sorgfältige Behandlung eines Fahrzeugs beim Reifenwechsel – unterscheiden, indem man fragt, ob trotz einer Verletzung der entsprechenden Pflicht die vertragliche Leistung als Hauptpflicht einwandfrei erbracht worden wäre. Ein **Beispiel** zur Erläuterung:

FALLBEISPIEL

Im Fachgeschäft des A interessiert sich Kunde B für einen neuen Satz Kochge-schirr, der als Ausstellungsware zum Sonderpreis angeboten wird. Glücklich über sein „Schnäppchen" nimmt B nach dem Bezahlen die von A eingepackte Ware mit nach Hause. Beim Auspacken stellt B fest, dass die Beschichtung der Teflonpfanne total verkratzt ist, weil ein Topf ohne Zwischenpolster direkt daraufgepackt war. Verärgert will B alles wieder einpacken. Als er in das Ver-packungsmaterial greift, spürt er einen heftigen Schmerz an der Hand. Später stellt sich heraus, dass A einen Cutter im Karton vergessen hatte, an dem sich B so stark geschnitten hat, dass die Sehne am Ringfinger durchtrennt ist.

Grenzen Sie zwischen vertraglichen Hauptpflichten, leistungsbezogenen Nebenpflichten und reinen Schutzpflichten ab.

Schuldverhältnis: A und B schließen durch Antrag und Annahme einen Kaufvertrag über das Kochgeschirr (§§ 145, 147, 433 BGB).

Resultierende Pflichten:

- Hauptpflichten von A sind die Übergabe und Übereignung des Kochge-schirrs in mangelfreiem Zustand (§ 433 I BGB). B muss im Gegenzug das Geschirr abnehmen und den vereinbarten Kaufpreis bezahlen (§ 433 II BGB).

- Eine **leistungsbezogene Nebenpflicht** ist beispielsweise, dass A die Ware so sorgfältig einpackt, dass beim Transport keine Schäden wie die verkratzte Teflonbeschichtung entstehen.

---

10 Lesen Sie die im Kapitel genannten §§ unbedingt im Gesetzestext nach, um Inhalt und Sys-tematik des Schuldrechts zu verstehen, und markieren Sie sie wie empfohlen (vgl. S. 20 f.).

- Eine **Schutzpflicht** ist beispielsweise, dass A beim Einpacken so sorgfältig arbeitet, dass er nichts Gefährliches wie den Cutter in den Karton mit einpackt (§ 241 II BGB: Rücksichtnahme auf Rechtsgüter des Vertragspartners, hier auf die Unversehrtheit des Körpers von B).

Eine eindeutige Trennung zwischen leistungsbezogenen Nebenpflichten und reinen Schutzpflichten ist zum Teil nicht möglich bzw. hängt von der jeweiligen Vertragsgestaltung ab. So kann die Pflicht zur Beilage einer verständlichen Gebrauchsanleitung für eine Motorsäge als Schutzpflicht betrachtet werden, die sicherstellen soll, dass im Umfeld der Leistung kein Schaden wie z. B. die Verletzung einer Person entsteht. Es kann sich aber auch um eine leistungsbezogene Nebenpflicht handeln, wenn durch eine mangels Gebrauchsanweisung unsachgemäße Verwendung die Säge selbst beschädigt oder zerstört werden kann. In solchen Fällen wird man, je nachdem, ob die Rechtsfolgen bzw. Ansprüche auf die Kaufsache selbst (z. B. Lieferung einer neuen Säge) oder auf deren Umfeld (z. B. Schadensersatz wegen Verletzung einer Person) gerichtet sind, die eine oder die andere Interpretation wählen.

1.2 Begriff und Arten der Pflichtverletzung

Der Großteil der Verträge im täglichen Leben wird reibungslos abgewickelt. Werden alle Pflichten aus einem Schuldverhältnis ordnungsgemäß erfüllt, wird das auch juristisch als **Erfüllung** bezeichnet und führt zum **Erlöschen** des Schuldverhältnisses (§ 362 BGB, vgl. S. 50).

Allerdings kommt es auch immer wieder zu Störungen bei der Erfüllung vertraglicher Pflichten: Ein neues Gerät funktioniert nicht, ein Kunde zahlt nicht, eine Arbeit wird nicht pünktlich ausgeführt. Werden eine oder mehrere Pflichten aus dem Schuldverhältnis nicht ordnungsgemäß erfüllt, spricht man von **Leistungsstörungen** bzw. **Pflichtverletzungen**.[11]

Das Wort „Verletzung" wird umgangssprachlich oft spontan mit einem Verschulden des jeweiligen Vertragspartners verbunden. Der juristische Begriff der **Pflichtverletzung** ist allerdings völlig losgelöst vom Vertretenmüssen (vgl. S. 100 f.) wie z. B. Vorsatz oder Fahrlässigkeit. Er beinhaltet ausschließlich „das **objektive Zurückbleiben hinter dem Pflichtenprogramm** des Schuldverhältnisses".[12]

---

11 Der Begriff Leistungsstörung bezieht sich nur auf vertragliche Schuldverhältnisse, d. h. auf Rechtsgeschäfte, in denen eine Leistung vereinbart wird, der Begriff Pflichtverletzung auch auf gesetzliche Schuldverhältnisse, z. B. aus ungerechtfertigter Bereicherung (vgl. S. 69).
12 Dauner-Lieb et. al.: Das Neue Schuldrecht, S. 74.

Vertragliches Schuldverhältnis

↓

Erbringung einer Leistung

ordnungsgemäße Leistungserbringung
= Erfüllung

nicht ordnungsgemäße Leistungserbringung
= Leistungsstörung

↓

↓

Schuldverhältnis erlischt

Pflichtverletzung

M 40: Schuldverhältnis und Rechtsfolgen

Der Begriff der Pflichtverletzung deckt alle Leistungsstörungen ab:

- **Unmöglichkeit:** Die ordnungsgemäße Leistung kann gar nicht erbracht werden *(kein Gegenstand des Lehrplans im bayerischen G8)*.

- **Verspätete Leistung:** Die Leistung kann zwar erbracht werden, wird aber nicht rechtzeitig erbracht (vgl. S. 106 ff.).

- **Mangelhafte Leistung:** Die Leistung wird erbracht, ist aber mangelhaft (vgl. S. 118 ff.).

- **Schutzpflichtverletzung:** Die Leistung wird erbracht, aber leistungsbegleitende Schutzpflichten werden verletzt (vgl. S. 129 f.).

Da die Erfüllung einer noch nicht fälligen Pflicht nicht eingefordert werden kann und daher auch noch keine Pflichtverletzung möglich ist, beinhaltet der Begriff der Pflichtverletzung grundsätzlich die **Fälligkeit** der Leistung. Ausnahme sind die Schutzpflichten, die bereits bei Vertragsanbahnung greifen können (§§ 311 II und III, 241 II BGB). Wann eine Leistung fällig ist, ist in § 271 BGB festgelegt: Wird kein Leistungszeitpunkt vereinbart, tritt die Fälligkeit sofort ein, andernfalls erst mit Eintritt des vereinbarten Zeitpunkts. Die Auslegung von Zeitangaben wie z. B. „in drei Wochen" oder „Mitte des Monats" ist in §§ 187–193 BGB geregelt.

1.3 Allgemeine Voraussetzungen und Rechtsfolgen bei Pflichtverletzungen

Pflichtverletzungen führen in der Regel zu sogenannten **Sekundäransprüchen** des Gläubigers gegen den Schuldner, die an die Stelle der ursprünglichen vertraglichen **Primäransprüche** treten, wenn der Vertrag nicht oder nicht ordnungsgemäß erfüllt wird. **Beispiel:** A verkauft B wissentlich ein defektes Fahrrad und verletzt damit vorsätzlich seine Pflicht zur mangelfreien Lieferung des Fahrrads (Primäranspruch des B). B stürzt wegen des Defekts mit dem Fahrrad und dabei zerreißt seine neue Jeans. Er fordert daraufhin als Sekundäranspruch von A Schadensersatz in Höhe des Wertes der Hose.

Um Sachverhalte und Fälle zu Leistungsstörungen verstehen und lösen zu können, sollte man die grundlegende Systematik des deutschen Schuldrechts verstanden haben, die bei konsequenter Anwendung zur korrekten Lösung führt.

Der **Allgemeine Teil des Schuldrechts** beinhaltet die generellen Regelungen, die für alle Arten von Pflichtverletzungen gelten, und basiert auf folgenden Grundsätzen:

- Es gilt der Grundsatz ***pacta sunt servanda***, d. h., immer dann, wenn eine ordnungsgemäße Leistungserbringung noch möglich und sinnvoll ist, muss der Schuldner zunächst eine **zweite Chance** erhalten.

- Als **generelle Ansprüche** bei Pflichtverletzungen hat der Gesetzgeber Rücktritt vom Vertrag und Schadensersatz vorgesehen.

- Jeder entstandene **Schaden** führt prinzipiell zu einem Anspruch auf Schadensersatz, sofern die andere Vertragspartei den Schaden zu vertreten hat.

Die Systematik des Schuldrechts mit **vier allgemeinen Tatbestandsmerkmalen** und **drei allgemeinen Rechtsfolgen** kann man aus einer vergleichenden Normenanalyse der zentralen Normen für Schadensersatz und Rücktritt (§§ 280 I, 281 I 1 und 323 I BGB) ableiten und folgendermaßen darstellen:

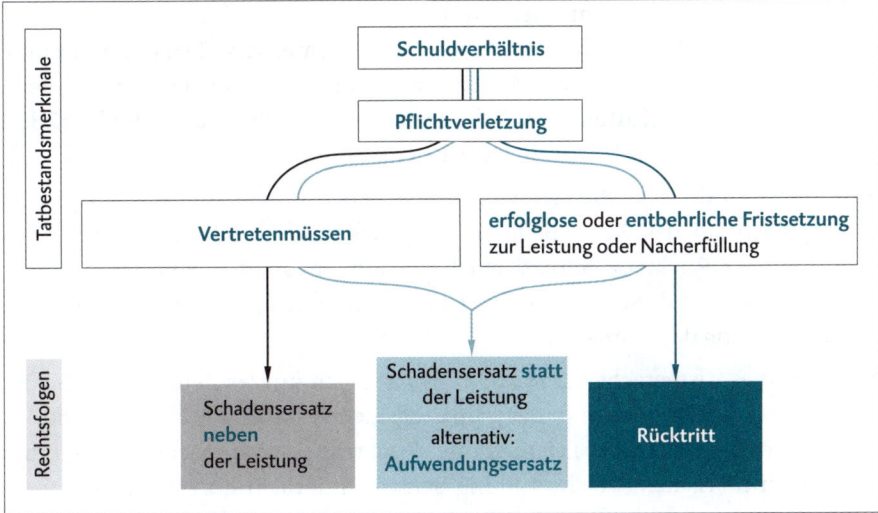

M 41: Allgemeines Anspruchsschema bei Pflichtverletzungen

Die verschiedenfarbigen Pfeile in M 41 (vgl. S. 97) zeigen dabei von oben nach unten, welche Tatbestandsmerkmale für die jeweilige Rechtsfolge erfüllt sein müssen. Zusammenfassend könnte man das Schema so versprachlichen:

Zu prüfen sind grundsätzlich die vier allgemeinen Tatbestandsmerkmale **Schuld-verhältnis, Pflichtverletzung, Vertretenmüssen, Fristsetzung**, wobei gilt:

- Schadensersatz neben der Leistung erhält man auch ohne Fristsetzung (grau).
- Rücktritt ist prinzipiell unabhängig vom „Vertretenmüssen" (dunkelgrün).
- Für den Schadensersatz statt der Leistung (alternativ Aufwendungsersatz) sind alle vier Tatbestandsmerkmale erforderlich (hellgrün).

Da Schuldverhältnis (vgl. S. 48 ff.) und Pflichtverletzung (vgl. S. 95 ff.) bereits ausführlich behandelt wurden, werden im Folgenden noch die beiden allge-meinen Tatbestandsmerkmale Fristsetzung und Vertretenmüssen sowie die Rechtsfolgen näher erläutert. Gemeinsam bilden sie das systematische Grund-wissen für alle Falllösungen im Schuldrecht.

Fristsetzung zur Leistung oder Nacherfüllung

Um dem Grundsatz *pacta sunt servanda* gerecht zu werden, muss der Gläubi-ger dem Schuldner immer dann, wenn es möglich und sinnvoll ist, eine zweite Chance zur ordnungsgemäßen Erfüllung geben, bevor er bei Pflichtverletzun-gen leistungsbezogene Sekundäransprüche wie Rücktritt oder Schadensersatz statt der Leistung geltend machen kann.

Das bedeutet, dass er dem Schuldner eine **angemessene Frist** setzen muss, innerhalb derer der Schuldner noch **leisten** kann (falls er noch gar nicht geleis-tet hat) oder **nacherfüllen** kann (falls er mangelhaft geleistet hat) (vgl. §§ 281 I und 323 I BGB). Zwei **Beispiele** zur Verdeutlichung:

- A sagt B für den 1. 7. die Lieferung seines neuen Autos zu. Am 1. 7. wartet B vergeblich auf das Auto. Bevor B Ansprüche auf Schadensersatz statt des Autos oder Rücktritt geltend machen kann, muss er A eine Frist setzen, innerhalb derer dieser eine zweite Chance zur Erbringung der Leistung, d. h. zur Lieferung des Autos, hat.

- A liefert B fristgerecht das bestellte Auto. Nach kurzer Zeit stellt sich aber heraus, dass die Elektronik des Fahrzeugs defekt ist. Bevor B Ansprüche auf Schadensersatz statt der Leistung oder Rücktritt geltend machen kann, muss er A eine Frist zur Nacherfüllung setzen, innerhalb derer A eine zweite Chance zur ordnungsgemäßen Erbringung der Leistung hat, entweder durch

Beseitigung des Mangels in der Elektronik oder durch Ersatzlieferung in Form eines einwandfreien Autos (vgl. §439 I BGB).

Die Dauer einer **angemessenen Frist** hängt von den Umständen ab. So wird eine Fristsetzung zum Austausch eines Reifens sicher kürzer sein als die zur Behebung eines Motorschadens. Es gibt allerdings Fälle, in denen eine **Fristsetzung per Gesetz entbehrlich** ist, da sie sinnlos oder ggf. auch unbillig für den Gläubiger wäre. Folgende Fälle hat der Gesetzgeber vorgesehen:

- Leistung oder Nacherfüllung sind **unmöglich:** Dann wäre die Frist sinnlos *(kein Gegenstand des Lehrplans im bayerischen G8).*

- Der Schuldner **verweigert** die Leistung oder Nacherfüllung ernsthaft und endgültig, sodass eine Fristsetzung keinen Sinn macht (§§281 II, 323 II Nr. 1, 440 BGB).

- Es liegen **besondere Umstände** vor, die bei Berücksichtigung der beiderseitigen Interessen die sofortige Geltendmachung von Schadensersatz oder Rücktritt rechtfertigen (§§281 II, 323 II Nr. 3 BGB). Dies ist z. B. der Fall, wenn der Schuldner den Gläubiger arglistig getäuscht hat oder wenn durch eine Verspätung eine Leistung für den Gläubiger keinen Sinn mehr macht. Beispiele: Ein Autoverkäufer verschweigt wissentlich, dass ein Fahrzeug ein Unfallwagen ist; ein Computerhändler kündigt an, dass er ein Laptop erst drei Wochen später als vereinbart liefern kann, obwohl der Käufer es termingerecht für seine selbstständige Berufstätigkeit braucht und das gleiche Modell in anderen Fachgeschäften vor Ort vorrätig ist. §323 II Nr. 3 BGB gilt im Gegensatz zur analogen Regelung in §281 II BGB allerdings nur für mangelhafte Leistungen, nicht für verspätete Leistungen.

- Die angebotene Art der Nacherfüllung ist für den Gläubiger **unzumutbar**, da sie mit erheblichen Unannehmlichkeiten verbunden ist (§440 BGB), z. B. statt einen neuen Herd zu liefern, will der Händler den defekten Herd zur Reparatur an den Hersteller schicken, sodass der Kunde mehrere Wochen ohne Kochstelle wäre.

- Nur für den Rücktritt gibt es noch den Fall des relativen Fixgeschäfts: Bereits im Vertrag wurde ein **Termin** vereinbart und der Gläubiger hat bereits **vor Vertragsschluss** klargemacht, dass die **termin-** bzw. **fristgerechte Leistung** für ihn **wesentlich** ist, oder diese Tatsache ist aufgrund anderer den Vertragsabschluss **begleitenden Umstände** klar (**relatives Fixgeschäft**, §323 II Nr. 2 BGB), z. B. fest vereinbarter Liefertermin einer Kamera noch vor der Abreise in den einmaligen Karibik-Urlaub, da dieser damit dokumentiert werden soll.

Außer der entbehrlichen Frist gibt es schließlich die Möglichkeit der **erfolg-losen Fristsetzung**, d. h., dass auch innerhalb der gesetzten Frist keine ord-nungsgemäße Leistung erfolgt, da der Schuldner die Frist tatenlos verstreichen lässt oder es ihm nicht gelingt, innerhalb der Frist zu leisten oder erfolgreich nachzubessern.

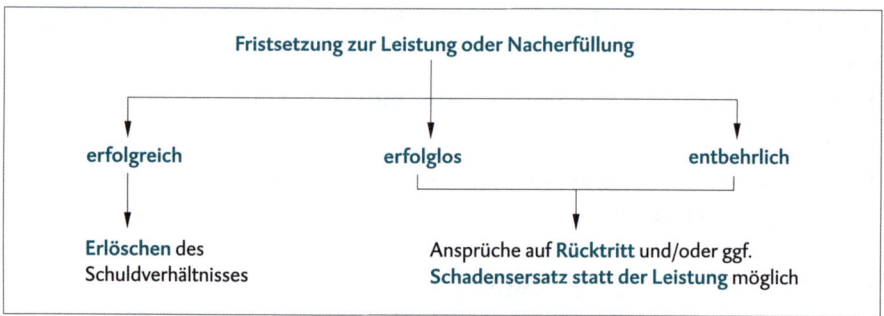

M 42: Fristsetzung und mögliche Rechtsfolgen

Vertretenmüssen (§§ 276, 278 BGB)

Eine zwingende Voraussetzung für jede Form von Schadensersatz ist das **Ver-tretenmüssen**, d. h. die Frage, ob der Schuldner die Pflichtverletzung zu ver-treten hat (§ 280 I 2 BGB UKS). Das Vertretenmüssen ist in § 276 BGB geregelt. Generell haftet der Schuldner für **Vorsatz** (Wissen und Wollen, d. h. bewuss-tes Handeln unter Inkaufnahme der Konsequenzen) und **Fahrlässigkeit** (Pflichtverletzung trotz Erkennbarkeit und Vermeidbarkeit § 276 II BGB). Vor-satz wäre z. B. gegeben, wenn A, weil er sich über B geärgert hat, ganz bewusst, d. h. vorsätzlich, einen bestellten Kuchen einen Tag zu spät liefert. Fahrlässig-keit dagegen läge vor, wenn A den Kuchen zu spät liefert, weil er sich den Termin aus Unachtsamkeit nicht korrekt notiert hat.

Neben Vorsatz und Fahrlässigkeit können vertraglich oder gesetzlich mildere oder schärfere Haftungsbedingungen angeordnet sein. Dazu zählen besonders die Übernahme einer Beschaffenheitsgarantie oder eines Beschaffungsrisikos (§ 276 I BGB). Die **Beschaffenheitsgarantie** bedeutet, dass der Schuldner dem Gläubiger bestimmte Eigenschaften einer Sache zusichert. Fehlen diese Eigen-schaften, so muss der Schuldner dies vertreten, selbst wenn er es nicht wusste und nicht verursacht hat. **Beispiel:** A übernimmt gegenüber B beim Autokauf eine Beschaffenheitsgarantie, indem er ihm ausdrücklich zusichert, dass das Fahrzeug unfallfrei sei. Wenn sich herausstellt, dass das Fahrzeug doch ein Un-fallwagen ist, haftet A gegenüber B unabhängig davon, ob er vom Unfall wusste.

Ähnliches gilt bei der Übernahme eines **Beschaffungsrisikos**. Der Schuldner verpflichtet sich zur Beschaffung einer Sache. Kann er diese dann nicht liefern, haftet er unabhängig davon, ob er die Nichtbeschaffbarkeit kannte oder ursächlich daran beteiligt war. Ein derartiges Beschaffungsrisiko kann sowohl für eine Stück- als auch für eine Gattungsschuld übernommen werden (vgl. S. 120). **Beispiel:** A verpflichtet sich gegenüber B, diesem rechtzeitig zu seinem Geburtstag ein bestimmtes Buch zu beschaffen. A haftet aus dieser Übernahme des Beschaffungsrisikos gegenüber B, selbst wenn das Buch ohne Verschulden des A auf dem Versandweg verloren geht.

Für **Geldschulden** gilt außerdem die generelle Einstandspflicht: „Geld hat man zu haben".

Die **Beweislast** für das Vertretenmüssen liegt immer beim Schuldner, d. h., der Schuldner muss beweisen, dass er die Pflichtverletzung nicht zu vertreten hat. Vertretenmüssen wird also generell vermutet, wenn der Schuldner nicht das Gegenteil beweisen kann (§ 280 I BGB).

Verletzt nicht der Schuldner selbst eine Pflicht, sondern ein sogenannter **Erfüllungsgehilfe** (z. B. ein angestellter Verkäufer), dann haftet der Schuldner (z. B. der Händler) wie für eigenes Verschulden (§ 278 BGB).

Schadensersatz (§§ 280–286, 311 a II BGB)

Schadensersatz ist prinzipiell nur möglich, wenn der Schuldner eine Pflichtverletzung zu vertreten hat (§ 280 I 2 BGB UKS) (vgl. S. 100 f.). Um Schadensersatzansprüche prüfen zu können, muss man zwischen den verschiedenen Arten des Schadensersatzes unterscheiden. Diese sind (vgl. M 41, M 44 auf S. 97, 104):

- Schadensersatz **neben** der Leistung,
- Schadensersatz **statt** der Leistung bzw. **statt der ganzen** Leistung und
- **Aufwendung**sersatz.

Die Abgrenzung der verschiedenen Schadensersatzarten wird am einfachsten an Fallbeispielen verständlich.

FALLBEISPIEL

A verkauft B sein gebrauchtes Wohnmobil. Er weist B aber nicht darauf hin, dass das Fahrzeug wegen eines Defekts in der Automatik immer wieder vorwärts statt rückwärts fährt. Als B das Wohnmobil abholen und auf den extra dafür gemieteten Stellplatz bringen will, fährt es beim Ausparken vorwärts statt rückwärts. Dabei überrollt B sein eigenes Fahrrad, das er vor dem Wohnmobil abgestellt hatte. A, der zugeschaut hat, weigert sich kategorisch, etwas zu unternehmen oder für irgendetwas geradezustehen. Sein Nachbar bezeugt allerdings, dass der Defekt schon seit Jahren vorhanden ist. Grenzen Sie am vorliegenden Fallbeispiel die verschiedenen Schadensersatzarten ab.

Abgrenzung der Schadensersatzarten (vgl. auch M 43, 44 auf S. 103 f.): Das Wohnmobil ist die Leistung selbst, d. h., alle Schäden am Wohnmobil fallen in die Rubrik „Schadensersatz **statt** der Leistung". Der Schadensersatz statt der Leistung bezieht sich nach §281 I BGB zunächst auf die Leistung, „soweit" sie nicht ordnungsgemäß erbracht wurde (erstes Wort in §281). Im vorliegenden Fall wäre dies die defekte Automatik, da das Wohnmobil sonst in Ordnung ist. Schadensersatz **statt der ganzen** Leistung würde sich dagegen auf das ganze Wohnmobil beziehen und ist wegen des Grundsatzes *pacta sunt servanda* nur unter erschwerten Bedingungen möglich (§281 I 2 oder 3 BGB).

Wenn die ganze Leistung nicht ordnungsgemäß erbracht wurde, dann fallen die beiden Schadensersatzvarianten logischerweise zusammen, z. B. wenn eine völlig verkratzte Teflonpfanne geliefert wird.

Schadensersatz **neben** der Leistung (§280 I BGB) bezieht sich auf alle Schäden, die nicht an der Leistung selbst, sondern in deren Umfeld entstehen und die auch durch die ordnungsgemäße Leistung nicht mehr ungeschehen gemacht werden können. Im Wohnmobilfall wäre dies die Beschädigung bzw. Zerstörung des Fahrrads von B.

Die **Höhe des Schadensersatzes** statt oder neben der Leistung ergibt sich jeweils aus §§249 ff. BGB.

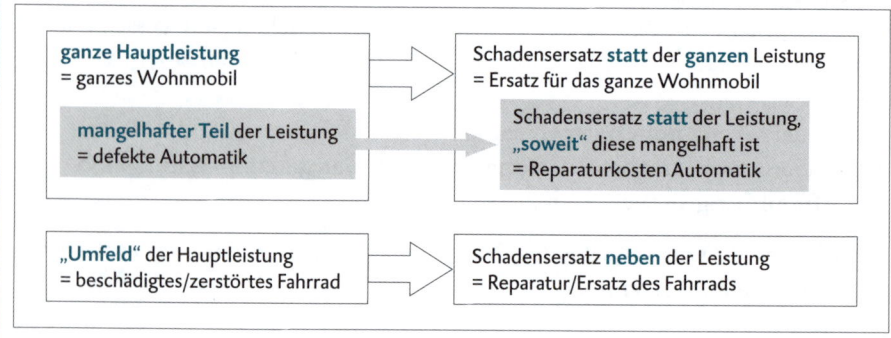

M 43: Leistungselemente und Schadensersatzarten

Eine besondere Art des Schadensersatzes ist der **Aufwendungsersatz** (§284 BGB). Darunter versteht man den Ersatz derjenigen Aufwendungen, die der Gläubiger im Vertrauen auf den Erhalt der Leistung gemacht hat und billigerweise machen durfte, beim Wohnmobilfall z. B. die Kosten für den Stellplatz.

Die vom Aufwendungsersatz erfassten **Aufwendungen im Vertrauen auf die Leistungserbringung** dürfen nicht mit anderen **Aufwendungen im Zu-**

sammenhang mit der Pflichtverletzung verwechselt werden. Diese werden durch den Schadensersatz statt der Leistung erfasst. **Beispiel:** Fährt ein Kunde 200 km, um eine bestellte Ware abzuholen, und diese ist dann wegen Fahrlässigkeit nicht vorrätig, kann er die Fahrtkosten als Aufwendungsersatz geltend machen. Fährt er dagegen 200 km, um sich eine Ersatzware zu beschaffen, dann sind dies Kosten, die erst durch die nicht ordnungsgemäße Leistungserbringung entstanden sind – nicht im Vertrauen auf die ordnungsgemäße Leistung – und fallen damit unter den Schadensersatz statt der (ganzen) Leistung.

Die Unterscheidung der vier Schadensersatzarten ist wichtig, da für sie zum Teil **unterschiedliche Tatbestandsvoraussetzungen** erfüllt sein müssen. Bei Falllösungen muss prinzipiell zuerst entschieden werden, ob Schadensersatz neben oder statt der Leistung infrage kommt. Die dafür notwendigen Voraussetzungen lassen sich aus dem Schaubild (M 41 auf S. 97) einfach ablesen: In beiden Fällen müssen Schuldverhältnis, Pflichtverletzung und Vertretenmüssen vorliegen (§ 280 I BGB); für den Schadensersatz **statt** der Leistung zusätzlich die erfolglose oder entbehrliche **Fristsetzung** (§ 281 I BGB). Dabei ist der Schadensersatz statt der ganzen Leistung lediglich ein Spezialfall des Schadensersatzes statt der Leistung unter zusätzlichen Voraussetzungen (§ 281 I 2 oder 3 BGB). Wird Schadensersatz statt der Leistung gefordert, ist der **Anspruch auf die Leistung** selbst ausgeschlossen (§ 281 IV BGB).

Schadensersatz **neben** der Leistung (§ 280 I, II BGB) erfordert prinzipiell **keine Fristsetzung**. Sie wäre sinnlos, da diese Schäden auch durch die ordnungsgemäße Erbringung der Leistung im „zweiten Anlauf" nicht mehr aus der Welt zu schaffen sind, beispielsweise das zerstörte Fahrrad im Wohnmobilfall. Schadensersatz neben der Leistung ist <u>zusätzlich</u> zum Schadensersatz statt der Leistung möglich.

Der **Aufwendungsersatz** kann nur <u>anstelle</u> des Schadensersatzes statt der Leistung verlangt werden (§ 284 BGB). Das bedeutet auch, dass für beide Fälle die gleichen Voraussetzungen gelten. Ein Schadensersatz neben der Leistung ist ebenfalls <u>zusätzlich</u> zum Aufwendungsersatz möglich.

Mit einer einzigen Ausnahme (bei Unmöglichkeit) finden sich alle notwendigen Regelungen zum Schadensersatz in den §§ 280–284 BGB. Als Einstieg dient immer § 280 BGB, da die Absätze I und II den Schadensersatz neben der Leistung regeln und Absatz III ein „Merkzettel" für die relevanten Normen zum Schadensersatz statt der Leistung ist: §§ 281–283 BGB. § 284 BGB regelt schließlich den Sonderfall des Aufwendungsersatzes.

Die Tabelle M 44 gibt eine Übersicht über die verschiedenen Schadensersatzarten, ihre jeweiligen **Fundstellen im BGB** und die Zuordnung der Schadensersatzvarianten aus dem Fallbeispiel (vgl. S. 101 f.).

Schadensersatz neben der Leistung	Schadensersatz statt der Leistung	Schadensersatz statt der ganzen Leistung	Aufwendungsersatz
Ersatz von Schäden im **Umfeld** der Primärleistung	Schadensersatz, **„soweit"** Leistung nicht (korrekt) erbracht wird	Schadensersatz **ersetzt** Primärleistungspflicht **vollständig**	Ersatz der **„billigerweise" im Vertrauen auf die Leistung** entstandenen Aufwendungen
Schäden aus Schutzpflichtverletzungen oder Mangelfolgeschäden	„kleiner" Schadensersatz	„großer" Schadensersatz	nur anstelle von Schadensersatz statt der (ganzen) Leistung
keine Fristsetzung	erfolglose/entbehrliche Fristsetzung	erfolglose/entbehrliche Fristsetzung und zusätzliche Bedingungen	Voraussetzungen wie für Schadensersatz statt der Leistung
§ 280 I BGB ggf. § 280 I, II BGB	§§ 280 I, III, 281 BGB	§§ 280 I, III, 281 I 2 oder 3 BGB	§ 284 BGB
Ersatz des vom Wohnmobil überrollten Fahrrads	Ersatz der Reparaturkosten der Automatik	Schadensersatz bezüglich des ganzen Wohnmobils	Ersatz der Miete für den Stellplatz

M 44: Schadensersatzarten

Rücktritt (§§ 323 – 326 BGB)

Das Rücktrittsrecht kommt nur bei gegenseitigen Verträgen infrage (vgl. S. 48). Der Rücktritt ist prinzipiell unabhängig vom Vertretenmüssen (vgl. M 41 auf S. 97), setzt aber eine **erfolglose oder entbehrliche Fristsetzung** voraus (vgl. S. 98 ff.).

Die **Abwicklung** des Rücktritts erfolgt generell über die §§ 346 ff. BGB, d. h. insbesondere, dass die Vertragsparteien sich alles, was sie bereits aus dem Schuldverhältnis erlangt haben, gegenseitig wieder zurückgeben müssen, oder – falls die Rückgabe nicht mehr möglich ist – Wertersatz leisten müssen. Im Wohnmobilfall (vgl. S. 101 f.) würde B das Wohnmobil zurückgeben und im Gegenzug das bezahlte Geld wieder erhalten.

Das Rücktrittsrecht ist ein **Gestaltungsrecht**, d. h., wenn der Gläubiger den Rücktritt erklärt hat, dann ist er an seine Entscheidung gebunden und kann nicht einseitig, d. h. ohne Einverständnis der anderen Vertragspartei, auf einen anderen Anspruch wechseln. Bei gegebenen Voraussetzungen besteht jedoch die Möglichkeit, zusätzlich zum Rücktritt vom ganzen Vertrag oder von einer Teilleistung Schadensersatz zu verlangen (§ 325 BGB).

Sonderregelungen bestehen für den Fall, dass eine Leistung nur teilweise nicht ordnungsgemäß erbracht wurde: Analog zum Schadensersatz statt der Leistung gilt, dass der Rücktritt zunächst nur bezüglich des nicht ordnungsgemäßen Teils der Leistung möglich ist (§ 323 I BGB: „soweit"). Der Rücktritt vom gesamten Vertrag ist – analog zum Schadensersatz statt der ganzen Leistung – nur unter zusätzlichen Voraussetzungen möglich (§ 323 V BGB). Details dazu bei den einzelnen Leistungsstörungen (vgl. S. 109 ff., 115 f., 125 f.).

Beispiel: A kauft bei B ein Auto mit Navigationssystem. Das Navigationssystem funktioniert nicht und kann von B auch nicht instand gesetzt werden. Zusätzlich zu dem Recht auf Rücktritt bezüglich des Navigationssystems kann A bei Vertretenmüssen des B auch Schadensersatz statt der Leistung bezüglich des Navigationssystems verlangen, z. B. wenn er für ein Ersatzgerät woanders mehr bezahlen müsste (Deckungskauf). Ein Rücktritt oder Schadensersatz bezüglich des gesamten Autos kommt allerdings nicht infrage, da das nicht funktionierende Navigationssystem die Tauglichkeit des Fahrzeugs nicht erheblich einschränkt (Urteil des OLG Karlsruhe vom 05. 09. 2001 1 U 42/01 NZV 2002, 13).

Prüfungsschema für die Falllösung zu Pflichtverletzungen

Aus dem bisher Gesagten ergibt sich ein **allgemeines Prüfungsschema**, das man sich als Basis jeder Falllösung zu Pflichtverletzungen einprägen sollte:

1. **Schuldverhältnis:** Liegt ein Schuldverhältnis vor?
2. **Pflichtverletzung:** Wurde eine Pflicht aus dem Schuldverhältnis verletzt?
3. **Vertretenmüssen:** Hat der Schuldner die Pflichtverletzung zu vertreten?
4. **Fristsetzung:** Liegt eine erfolglose oder entbehrliche Fristsetzung vor?

Aus verschiedenen Kombinationen der Punkte 1–4, die man sich am besten anhand des Schaubilds (M 41, S. 97) einprägt, ergeben sich dann die **Rechtsfolgen:**

- 1.–3.: Anspruch auf Schadensersatz neben der Leistung (graue Markierung).
- 1.–4.: Anspruch auf Schadensersatz statt der (ganzen) Leistung oder Aufwendungsersatz (hellgrüne Markierung).
- 1., 2. und 4.: Anspruch auf Rücktritt (dunkelgrüne Markierung).

Da das Schema **allgemeingültig** ist (Allgemeiner Teil des Schuldrechts), dient es als Ausgangsbasis für die folgenden Abschnitte zu den Pflichtverletzungen, deren Prüfschemata durch Modifikationen aus dem allgemeinen Schema abgeleitet werden können.

2 Verspätete Leistung beim Kauf

Eine **verspätete Leistung** liegt dann vor, wenn eine fällige und grundsätzlich noch mögliche Leistung nicht erbracht wird. Man spricht daher auch von der „Verspätung einer nachholbaren Leistung" oder der „Nichtleistung trotz Fälligkeit und Möglichkeit der Leistung". Die betroffene Leistung kann beim Kauf sowohl die Lieferung der Sache als auch die Bezahlung des Kaufpreises sein.

Beispiele:

- Ein Verkäufer kann die für Ende August zugesagte Küche nicht liefern, da der Liefer-LKW in einen Unfall verwickelt und die Küche dabei stark beschädigt wurde.

- Ein Käufer kann die für Ende August vereinbarte Überweisung des Kaufpreises für seine Küche nicht ausführen, da er wegen eines Unfalls im Krankenhaus liegt.

Verzug ist ein Spezialfall der Verspätung unter den zusätzlichen Voraussetzungen des §286 BGB (vgl. S. 111 ff.). Da sich aber bereits aus der Verspätung an sich Ansprüche aus Pflichtverletzung ergeben, müssen die beiden juristischen Fachbegriffe klar unterschieden werden, auch wenn sie umgangssprachlich in der Regel nicht eindeutig getrennt werden.

Aus der Analyse der für die verspätete Leistung und den Verzug relevanten Paragrafen ergeben sich die nachstehenden allgemeinen und besonderen Rechtsfolgen:

- **Rücktritt vom Vertrag** unter den Voraussetzungen des §323 BGB,

- **Ersatz des Verzögerungsschadens** (Schadensersatz neben der Leistung) unter der zusätzlichen Voraussetzung des Verzugs §§280 I und II, 286 BGB,

- **Schadensersatz statt der (ganzen) Leistung** unter den Voraussetzungen der §§280 I und III, 281 BGB (ggf. alternativ Aufwendungsersatz §284 BGB),

- **Verzugszinsen** für Geldschulden gemäß §288 BGB (eigenständiger Anspruch unabhängig von §280 I BGB) unter den zusätzlichen Voraussetzungen des Verzugs,

- **erweiterte Haftung** während des Verzugs gemäß §287 BGB.

Ergänzt man die Rechtsfolgen im allgemeinen Prüfschema (vgl. M 41 auf S. 97), erhält man folgendes Schema für die verspätete Leistung, das bei den Tatbestandsmerkmalen zusätzlich die Bedingung des Verzugs enthält und bei den Rechtsfolgen die Verzugszinsen und die erweiterte Haftung.

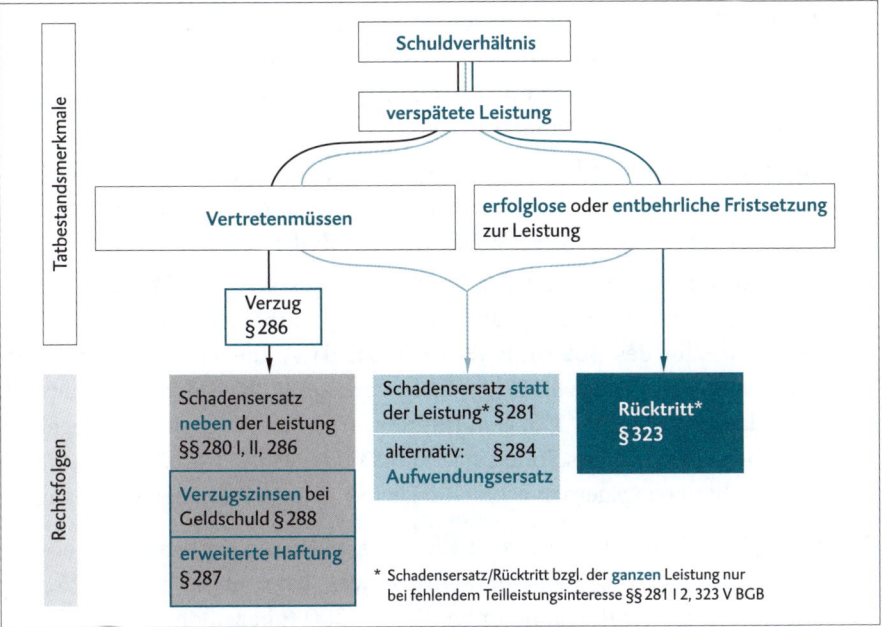

M 45: Ansprüche bei verspäteter Leistung

2.1 Rücktritt vom Vertrag bei verspäteter Leistung

Der Rücktritt vom Vertrag erfolgt bei verspäteter Leistung ganz regulär über § 323 BGB, d. h., es ist kein Vertretenmüssen und auch kein Verzug nötig, sondern nur eine erfolglose oder entbehrliche Fristsetzung zur Leistung.

FALLBEISPIEL

A verkauft B sein Mountainbike für 400 €. Sie einigen sich nach einer Anzahlung von 100 € darauf, dass A das Rad noch eine Weile fahren kann, und vereinbaren, dass er das Rad am 1. 8. morgens bei B abliefert, da dieser am 3. 8. zu seiner gebuchten Radwandertour nach Schottland abreisen muss. Am 1. 8. wartet B vergeblich auf A. Am Abend des 1. 8. geht er kurzentschlossen zum Fahrradverleih F und beschafft sich dort ein Rad. A wirft er eine Nachricht in den Briefkasten, dass sich das Geschäft erledigt hat. Prüfen Sie, ob B das Rad abnehmen und an A den vereinbarten Restkaufpreis von 300 € bezahlen muss, wenn A das Rad am 2. 8. morgens vorbeibringt.

Lösung anhand des allgemeinen Lösungsschemas über § 323 BGB: B könnte die Abnahme des Rads und die Bezahlung verweigern, wenn er vom Vertrag zurücktreten kann, d. h., wenn die Bedingungen des § 323 BGB erfüllt sind.

- **Schuldverhältnis:** A und B haben einen wirksamen Kaufvertrag über das Rad geschlossen (§§ 145, 147, 433 BGB). A muss aufgrund des Vertrags das Rad mangelfrei an B liefern und übereignen, B muss den vereinbarten Kaufpreis zahlen und das Rad abnehmen.
- **Pflichtverletzung:** Es liegt eine verspätete Leistung vor, da A die Leistung nicht erbringt, obwohl diese möglich und aufgrund des vereinbarten Zeitpunkts am 1. 8. auch fällig ist (§§ 323 I, 271 II BGB).
- **Fristsetzung:** Eine Fristsetzung durch B gemäß § 323 I BGB ist nicht erfolgt, daher ist zu prüfen, ob die Fristsetzung entbehrlich war: Keiner der relevanten Fälle des § 323 II BGB trifft zu, da A die Leistung nicht verweigert und kein relatives Fixgeschäft vorliegt (B hat nicht ausdrücklich betont, dass er nach dem 1. 8. kein Interesse mehr am Rad hat); die Regelung zu den besonderen Umständen nach § 323 II Nr. 3 BGB greift nicht, da sie nur für nicht vertragsgemäß erbrachte Leistungen gilt, d. h. bei Sachmangel.

Ergebnis: Da B dem A keine zweite Chance zur Leistungserbringung gegeben hat und die Fristsetzung nicht entbehrlich war, kann er nicht vom Vertrag zurücktreten, muss das Rad abnehmen und die 300 € bezahlen.

Variante 1: Wie oben, aber B ruft A am 1. 8. mittags an und fordert ihn auf, das Rad noch am gleichen Tag bis 16.00 Uhr vorbeizubringen.

- **Schuldverhältnis und Pflichtverletzung:** wie oben.
- **Fristsetzung:** B hat A eine Frist zur Leistung gemäß § 323 I BGB gesetzt, die in diesem Fall auch angemessen ist. A leistet auch innerhalb der Frist nicht, da er das Rad erst am 2. 8. bringt, sodass die Fristsetzung erfolglos ist.

Ergebnis: Damit sind alle Voraussetzungen für den Rücktritt nach § 323 BGB erfüllt. Mit der Nachricht im Briefkasten des A erklärt B dem A den Rücktritt (§ 349 BGB). (Die Rücktrittserklärung ist zugegangen, da sie in den Machtbereich des Empfängers gelangt ist und mit einer Kenntnisnahme gerechnet werden kann.) Die Pflicht zur Abnahme des Rads und Bezahlung des Kaufpreises entfällt damit; im Gegenzug muss B das Rad nicht mehr liefern, aber die 100 € Anzahlung erstatten.

Variante 2: Wie oben, aber B weist schon vor Vertragsabschluss ausdrücklich darauf hin, dass A das Rad unter allen Umständen am 1. 8. bringen muss und das Geschäft damit steht und fällt. A bringt das Rad erst am 2. 8. abends zu B. Da er ihn nicht antrifft, stellt A das Rad in die unverschlossene Garage des B. Muss B, der das Rad eine Stunde später vorfindet, es abnehmen und die 300 € Restkaufpreis zahlen?

- **Schuldverhältnis und Pflichtverletzung:** wie oben.
- **Fristsetzung:** B hat keine Frist gemäß § 323 I BGB gesetzt. Die Frist ist hier aber nach § 323 II Nr. 2 BGB entbehrlich, da A und B durch die ausdrückliche Vereinbarung ein relatives Fixgeschäft abgeschlossen hatten und B trotzdem nicht rechtzeitig liefert.

Ergebnis: wie bei Variante 1.

2.2 Schadensersatz statt der Leistung bei verspäteter Leistung

Wenn dem Gläubiger ein Schaden entstanden ist und er an der Leistung kein Interesse mehr hat oder vom Vertrag zurückgetreten ist, kann er unter den Voraussetzungen des § 281 BGB Schadensersatz **statt** der Leistung verlangen. Die **Höhe des Schadensersatzes** ergibt sich aus §§ 249 ff. BGB, d. h., der Schuldner muss den Gläubiger so stellen, als hätte er ordnungsgemäß geleistet. Daher umfasst dieser Schadensersatz neben Aufwendungen durch die Verspätung ggf. auch entgangenen Gewinn und die Kosten eines Deckungsgeschäfts.

Die folgenden Beispiele zeigen, dass abgesehen vom Vertretenmüssen die Lösungen nahezu identisch mit den Lösungen beim Rücktritt sind.

FALLBEISPIEL

A verkauft B sein Mountainbike für 400 €. Sie einigen sich nach einer Anzahlung von 100 € darauf, dass A das Rad noch eine Weile fahren kann, und vereinbaren, dass er das Rad am 1. 8. morgens bei B abliefert, da dieser am 3. 8. zu seiner gebuchten Radwandertour nach Schottland abreisen muss. Am 1. 8. wartet B vergeblich auf A, der das Rad aus Bequemlichkeit erst am 2. 8. bringt. B ist so verärgert, dass er das Rad von A gar nicht mehr will und sich mittlerweile ein gleichwertiges Ersatzfahrrad für 450 € gekauft hat. Prüfen Sie, ob B von A den Ersatz seiner Zusatzkosten für das Ersatzfahrrad verlangen kann.

Da B das Fahrrad von A nicht mehr haben will, will er Schadensersatz statt der ganzen Leistung.[13] B könnte gemäß §§ 280 I, III BGB Schadensersatz statt der Leistung verlangen, wenn die Voraussetzungen des § 281 BGB erfüllt sind.

- **Schuldverhältnis:** A und B haben einen wirksamen Kaufvertrag über das Rad geschlossen (§§ 145, 147, 433 BGB). A muss aufgrund des Vertrags das Rad mangelfrei an B liefern und übereignen, B muss den vereinbarten Kaufpreis zahlen und das Rad abnehmen.

---

13 Da das Fahrrad nicht in Teilleistungen zerlegbar ist, sind hier Schadensersatz statt der Leistung und statt der ganzen Leistung identisch.

- **Pflichtverletzung:** Es liegt eine verspätete Leistung vor, da A die Leistung nicht erbringt, obwohl diese möglich und aufgrund des vereinbarten Zeitpunkts am 1. 8. auch fällig ist (§ 271 II BGB).
- **Vertretenmüssen:** A handelt **vorsätzlich gemäß § 276 I BGB**, da er das Rad aus Bequemlichkeit absichtlich erst am 2. 8. bringt.
- **Fristsetzung:** Eine Fristsetzung durch B gemäß § 281 I BGB ist nicht erfolgt, daher muss geprüft werden, ob die Fristsetzung entbehrlich war. Keiner der Fälle des § 281 II BGB trifft zu, da A die Leistung nicht verweigert und auch keine besonderen Umstände nach § 281 II BGB vorliegen, die die sofortige Geltendmachung eines Schadensersatzanspruchs rechtfertigen würden, da B das Rad am Morgen des 2. 8. ja noch bequem einpacken könnte.

Ergebnis: Da B dem A keine zweite Chance zur Leistungserbringung gegeben hat und die Fristsetzung nicht entbehrlich war, kann er keinen Schadensersatz statt der Leistung verlangen.

Hinweis: Der wesentliche Unterschied bei der Fristsetzung ist, dass es beim Schadensersatz – anders als beim Rücktritt – keine Sonderregelung für relative Fixgeschäfte gibt.

Variante 1: Wie oben, aber B ruft A am 1. 8. mittags an und fordert ihn auf, das Rad noch am gleichen Tag bis 16.00 Uhr vorbeizubringen. A kommt erst am 2. 8. Kann B den Ersatz seiner Kosten von A verlangen?

- **Schuldverhältnis, Pflichtverletzung und Vertretenmüssen:** wie oben.
- **Fristsetzung:** B hat A eine Frist zur Leistung gemäß § 281 I BGB gesetzt, die in diesem Fall auch angemessen ist. A leistet auch innerhalb der Frist nicht, da er erst am 2. 8. kommt, sodass die Fristsetzung erfolglos ist.

Ergebnis: Damit sind alle Voraussetzungen für den Schadensersatzanspruch nach §§ 280 I, III, 281 BGB erfüllt. B kann von A Schadensersatz statt der Leistung verlangen. Gemäß §§ 249 ff. BGB muss A den B wirtschaftlich so stellen, wie er bei ordnungsgemäßer Erfüllung stehen würde, d. h., er muss dem A die 100 € Anzahlung zuzüglich 50 € Aufpreis für das Deckungsgeschäft erstatten.

Variante 2: Wie Ausgangsfall, aber A ruft bei B am 1. 8. nachmittags an und hinterlässt ihm auf dem Anrufbeantworter die Nachricht, dass er das Rad erst am 5. 8. bringen wird, weil er es für einen Kurztrip doch noch selbst braucht. A kauft sich daraufhin ein anderes Rad. Überraschend bringt A das Rad dann doch am 2. 8. morgens zu B, also eigentlich noch rechtzeitig für die Reise. Kann B trotzdem den Ersatz seiner Kosten für das Ersatzfahrrad von A verlangen?

- **Schuldverhältnis, Pflichtverletzung und Vertretenmüssen:** wie oben.
- **Fristsetzung:** B hat A keine Frist gemäß § 281 I BGB gesetzt. Die Frist ist hier aber nach § 281 II BGB aufgrund der besonderen Umstände entbehrlich, da B wegen des Anrufs von A davon ausgehen musste, dass A das Fahrrad nicht rechtzeitig für den vertragsgemäßen Gebrauch bringen würde. Wägt man die beiderseitigen Interessen ab, ist dem Interesse des B stattzugeben, da nur die Verspätung und der Anruf des A Ursache für das Problem mit dem Ersatzfahrrad waren. So sind alle Voraussetzungen für den Schadensersatz nach § 281 BGB erfüllt.

Ergebnis: Wie bei Variante 1: A kann Schadensersatz fordern.

Anstelle des Schadensersatzes statt der (ganzen) Leistung könnte B in den Fällen, in denen er einen Anspruch auf Schadensersatz statt der Leistung hat, theoretisch auch **Aufwendungsersatz** gemäß § 284 BGB verlangen. Das käme z. B. infrage, wenn B speziell für das Rad des A eine Halterung für seinen Autodachträger gekauft hätte, die für ein anderes Rad nicht verwendet werden kann. Dies macht allerdings nur Sinn, wenn der Preis für die Halterung höher ist als die Zusatzkosten für das Ersatzfahrrad, da nur einer der beiden Schadensersatzansprüche geltend gemacht werden kann.

2.3 Schadensersatz neben der Leistung: Ersatz des Verzögerungsschadens

Will der Gläubiger am Vertrag festhalten, kann er ggf. dennoch den durch die Verspätung entstandenen Schaden geltend machen. Für den Ersatz des sogenannten **Verzögerungsschadens** müssen nach § 280 II BGB die zusätzlichen Voraussetzungen des § 286 BGB, d. h. **Verzug**, vorliegen. Aus § 286 BGB kann man folgenden Merksatz ableiten: „Verzug liegt vor bei zu vertretender (1) Nichtleistung trotz Möglichkeit (2), Fälligkeit (3) und ggf. Mahnung (4)." Die vier Elemente dieses Merksatzes lassen sich folgendermaßen erläutern:

(1) **Vertretenmüssen** ist erforderlich nach § 286 IV BGB; vgl. § 276 BGB (vgl. S. 100 f.).

(2) **Nichtleistung trotz Möglichkeit** bedeutet, dass die Leistung nicht erbracht wurde, es prinzipiell aber noch möglich ist.

(3) Die **Fälligkeit** ist in § 271 BGB geregelt (vgl. S. 96, 145).

(4) Eine **Mahnung** ist eine ausdrückliche **Aufforderung zur Leistung** an den Schuldner. Diese Funktion kann z. B. auch die Fristsetzung nach §§ 281 I oder 323 I BGB erfüllen.

Eine Mahnung kann gemäß § 286 II BGB allerdings **entbehrlich** sein, wenn

- ein Termingeschäft vereinbart ist, d. h., die Leistungszeit ist nach dem Kalender bestimmt. Das ist bei Datumsangaben wie z. B. 15. 7. der Fall, aber auch bei Angaben wie „Ende Mai" oder „im ersten Quartal", solange mithilfe der Auslegungsregeln der §§ 187–193 BGB ein Termin nach dem Kalender feststellbar ist.

- ein relativer Termin vereinbart wurde, d. h., der Termin kann ab einem vorherzusehenden Ereignis nach dem Kalender berechnet werden, z. B. „10 Tage ab Rechnungsdatum", „drei Wochen ab Auftragsbestätigung".

- der Schuldner die Leistung ernsthaft und endgültig verweigert (analoge Regelung zu §§ 281 II und 323 II BGB).

- aus besonderen Gründen unter Abwägung der beiderseitigen Interessen der sofortige Eintritt des Verzugs gerechtfertigt ist (analoge Regelung zu § 281 II).

- es sich um eine Entgeltforderung handelt, die 30 Tage nach Leistung und Erhalt einer Rechnung oder einer Zahlungsaufstellung noch offen ist (§ 286 III BGB; Sonderregelung für Verbraucher beachten, vgl. S. 116).

Sofern diese Voraussetzungen des Verzugs aus § 286 BGB gegeben sind, kann der Gläubiger gemäß §§ 280 I und II, 286 BGB Schadensersatz neben der Leistung verlangen, dessen Höhe sich aus §§ 249 ff. BGB ergibt.

FALLBEISPIEL

A verkauft B am 1. 10. ein gebrauchtes Laptop. Sie einigen sich darauf, dass A das Gerät am 1. 11. liefern soll, da A es bis dahin noch für seine Seminararbeit braucht und B danach einen fest vereinbarten Terminauftrag bearbeiten muss, für den er das Laptop benötigt. Als A am 1. 11. nicht erscheint, ruft B ihn an und fragt nach dem Laptop. A weigert sich, das Laptop zu liefern, da seine Seminararbeit noch nicht fertig ist. Er sagt, dass er B das Laptop schnellstmöglich nach Abgabeschluss seiner Arbeit am 8. 11. überlassen werde. B mietet daraufhin beim Computerhändler C ein Laptop für eine Woche und muss dafür 100 € bezahlen. Prüfen Sie, ob B von A die Miete für das Ersatzgerät verlangen kann.

Lösung anhand des allgemeinen Lösungsschemas über §§ 280 I, II, 286 BGB: B will das Laptop noch haben, also kommt nur Schadensersatz neben der Leistung in Betracht (Ersatz des Verzögerungsschadens).

- **Schuldverhältnis:** A und B haben einen wirksamen Kaufvertrag über das Laptop geschlossen (§§ 145, 147, 433 BGB). A ist daraus zur Übergabe und Übereignung des Laptops verpflichtet.

- **Pflichtverletzung:** Verspätete Leistung, hier Verzug: Es liegt Verzug (§ 286 BGB) vor, da A vorsätzlich (§§ 286 IV, 276 I BGB) die mögliche Leistung nicht erbringt, obwohl sie laut Vereinbarung am 1. 11. fällig ist (§ 271 II BGB). Eine Mahnung ist nach § 286 II Nr. 1 BGB nicht erforderlich, da es sich aufgrund des nach dem Kalender vereinbarten Liefertermins um ein Termingeschäft handelt.
- **Vertretenmüssen:** Vorsatz liegt vor, da A das Laptop absichtlich behält.

Ergebnis: A befindet sich ab dem 1. 11. in Verzug und muss B den durch den Verzug entstandenen Schaden ersetzen, d. h. auch die Kosten für das Mietgerät in Höhe von 100 € (§§ 249 ff. BGB).

Variante 1: Wie oben, aber B kann kein Ersatzgerät auftreiben. Daher kann er den fest vereinbarten Auftrag nicht ausführen und verliert die bereits vertraglich vereinbarte Vergütung von 500 €. Prüfen Sie, ob B von A Ersatz für die entgangene Vergütung verlangen kann.

Schuldverhältnis, Pflichtverletzung und Vertretenmüssen: wie oben.

Ergebnis: A befindet sich ab dem 1. 11. in Verzug und muss B den durch den Verzug entstandenen Schaden ersetzen, d. h. auch den entgangenen Gewinn in Höhe von 500 € (§ 252 BGB).

Variante 2: A und B schließen am 1. 8. einen Kaufvertrag über das Laptop, vereinbaren aber keinen festen Liefertermin, sondern nur, dass A das Laptop in nächster Zeit liefern solle. Zwei Monate später hat A das Laptop noch immer nicht geliefert, da er den Zeitaufwand für seine Seminararbeit unterschätzt hat. Weil es B zu lange dauert, mietet er sich kurzerhand ein Ersatzgerät. Prüfen Sie, ob B von A den Ersatz der Kosten für das Mietgerät verlangen kann.

- **Schuldverhältnis:** wie oben.
- **Pflichtverletzung:** Verspätete Leistung, aber kein Verzug: A erbringt zwar die mangels Termin nach § 271 I BGB sofort fällige Leistung vorsätzlich nicht, da er das Laptop absichtlich behält, es liegt aber kein Verzug vor, da B den A nicht gemahnt hat (§ 286 I BGB) und auch keine der Ausnahmen aus § 286 II BGB zutrifft.
- **Vertretenmüssen:** Vorsatz, siehe Prüfung Pflichtverletzung.

Ergebnis: Es liegt zwar eine verspätete Leistung vor, also eine Pflichtverletzung, aber kein Verzug gemäß § 286 BGB. Daher kann B von A den Ersatz der Kosten für das Mietgerät nicht verlangen. (Auch Schadensersatz statt der Leistung kommt nicht infrage, da weder eine erfolglose noch eine entbehrliche Fristsetzung vorliegt.)

Variante 3: B kauft von A am 1. 12. ein gebrauchtes Laptop für 500 € für private Zwecke. Sie vereinbaren, dass B den Kaufpreis am nächsten Tag bar vorbeibringen soll. B, der viel zu tun hat, vergisst den Termin. A, der fest mit der Zahlung gerechnet hat, muss deshalb sein Konto überziehen. Prüfen Sie, ob B dem A die Überziehungszinsen ersetzen muss.

- **Schuldverhältnis:** wie oben.
- **Pflichtverletzung:** Verspätete Leistung: Hier liegt Verzug (§ 286 BGB) vor, da B aus Vergesslichkeit, also fahrlässig (§§ 286 IV, 276 I BGB) den Kaufpreis nicht bezahlt, der laut Vereinbarung am 2. 12. fällig ist (§ 271 II BGB). Eine Mahnung ist nach § 286 II BGB nicht nötig, da es sich um ein Termingeschäft handelt.
- **Vertretenmüssen:** Fahrlässigkeit, siehe Prüfung Verzug.

Ergebnis: B befindet sich ab dem 2. 12. in Zahlungsverzug und muss A den durch den Verzug entstandenen Schaden ersetzen, d. h. auch die Überziehungszinsen (§§ 249 ff. BGB).

Variante 4: Wie Variante 3, aber A und B vereinbaren keinen konkreten Zahlungstermin. A schickt B am 5. 12. eine Rechnung mit einem 30-Tage-Hinweis gemäß § 286 III BGB. Wie ist die Rechtslage, wenn B am 15. 1. noch nicht gezahlt hat?

- **Schuldverhältnis:** wie oben.
- **Pflichtverletzung:** Verspätete Leistung, hier Verzug: Es liegt Verzug (§ 286 BGB) vor, da B aus Vergesslichkeit, also fahrlässig (§§ 286 IV, 276 I BGB) den mangels Termin sofort fälligen (§ 271 I BGB) Kaufpreis nicht zahlt. A hat ihn zwar nicht gemahnt, B kommt aber gemäß § 286 III BGB ohne Mahnung in Zahlungsverzug, da er 30 Tage nach Zugang der Rechnung das Entgelt für das Laptop noch nicht bezahlt hat und als Verbraucher (§ 13 BGB) in der Rechnung ausdrücklich auf die Folgen hingewiesen wurde (§ 286 III 1, 2. Teilsatz BGB).
- **Vertretenmüssen:** Fahrlässigkeit, siehe Prüfung Verzug.

Ergebnis: B befindet sich ab dem 30. Tag nach Zugang der Rechnung (5. 12.) in Zahlungsverzug, also ab dem 5. 1., und muss A ab diesem Zeitpunkt den durch den Verzug entstandenen Schaden ersetzen, d. h. z. B. auch Überziehungszinsen (§ 249 BGB).

2.4 Besondere Rechtsfolgen bei Verzug

Falls Verzug gemäß § 286 BGB vorliegt, kommen folgende besonderen Rechtsfolgen infrage:

- § 287 BGB, **erweiterte Haftung:** Während des Verzugs haftet der Schuldner auch für Zufall, das bedeutet, dass er auch ohne Verschulden dafür haftet, wenn die Sache beschädigt oder zerstört wird. **Beispiel:** Das Laptop aus dem Ausgangsfall wird während des Verzugs des A durch einen Kurzschluss in der Hauselektrik irreparabel beschädigt. Da A im Verzug war, muss er B, obwohl er den Kurzschluss nicht zu vertreten hat, Schadensersatz für das Laptop leisten (Schadensersatz statt der Leistung), also ein gleichwertiges Laptop beschaffen (§ 249 I BGB) oder den Wert ersetzen (§ 251 I BGB).

- § 288 BGB, **Verzugszinsen:** Eine Geldschuld ist während des Verzugs zu verzinsen. Der Zinssatz ergibt sich aus §§ 288, 247 BGB.

2.5 Sonderfall verspätete Teilleistung

Wenn nur ein Teil einer Leistung verspätet erbracht wird, sind sowohl der Rücktritt vom **gesamten** Vertrag als auch der Schadensersatz statt der **ganzen** Leistung nur unter der besonderen Bedingung möglich, dass der Gläubiger an der verbleibenden **Teilleistung kein Interesse** hat. Dies ergibt sich für den Rücktritt aus § 323 V BGB, für den Schadensersatz aus § 281 I 2 BGB.

FALLBEISPIEL

A verkauft B eine Computeranlage mit PC, Monitor, Drucker und Scanner. Bei der Übergabe am vereinbarten Termin fehlt der Drucker, da A vergessen hat, ihn zu bestellen. Auch nach Ablauf einer von B gesetzten angemessenen Frist kann A nicht liefern. Erläutern Sie, ob B ggf. Anspruch auf Rücktritt vom Vertrag oder Schadensersatz statt der ganzen Leistung hat.

Ergebnis: Unabhängig davon, ob B Rücktritt oder Schadensersatz möchte, kann er dies bezüglich der **ganzen** Anlage nur geltend machen, wenn die Anlage nur im kompletten Zustand von Interesse wäre und er an den restlichen Teilen kein Interesse hätte (§§ 281 I 2, 323 V BGB). Da ein Drucker in der Regel beliebig austauschbar ist, wird dies im vorliegenden Fall kaum zutreffen, d. h., B kann nur bezüglich des Druckers Schadensersatz statt der Leistung oder Rücktritt vom Geschäft verlangen (§§ 281 I 1, 323 V Umkehrschluss BGB).

M 46 (vgl. S. 117) fasst die gesamten Regelungen zum Schuldnerverzug in einer Übersicht zusammen.

2.6 Rechtssicherheit und Interessenausgleich bei den Regelungen zur verspäteten Leistung

Die Regelungen zur verspäteten Leistung fördern in mehrfacher Hinsicht die Rechtssicherheit und den Interessenausgleich. Einige **Beispiele:** Die Rechtssicherheit wird etwa dadurch gefördert, dass zur Herbeiführung des Verzugs in der Regel eine **Mahnung** erforderlich ist, d. h., der Schuldner erhält einen ausdrücklichen Hinweis darauf, dass er in eine Situation gerät, die rechtliche Konsequenzen nach sich ziehen kann. Andererseits ist dieser Schritt nicht erforderlich, wenn vonseiten des Gläubigers schon besondere Maßnahmen mit Blick auf eine rechtzeitige Lieferung ergriffen wurden, z. B. Vereinbarung eines Termingeschäfts oder relativen Fixgeschäfts.

Auch der erforderliche schriftliche **Hinweis für Verbraucher zur 30-Tage-Regelung** beim Zahlungsverzug dient der Rechtssicherheit, hat aber auch den Interessenausgleich im Blick: Dem Schuldner soll einerseits eine angemessene Frist zur Zahlung gewährleistet werden, der Gläubiger soll andererseits ohne weiteren bürokratischen Aufwand nach Ablauf der Frist eine stärkere Rechtsposition mit weitergehenden Ansprüchen (z. B. auf Verzugszinsen) erhalten.

Explizit ist der Interessenausgleich in § 281 II BGB fixiert, nach denen zwischen den **beiderseitigen Interessen** abgewogen werden muss, um zu entscheiden, ob eine Fristsetzung entbehrlich ist oder nicht.

Ganz explizite Rechtssicherheit entsteht auch durch die eindeutige Festlegung der Berechnung der Verzugszinsen in § 288 BGB.

Annahmeverzug

Nicht nur der Schuldner, sondern auch der **Gläubiger** kann **in Verzug** kommen, indem er die ihm angebotene Leistung nicht annimmt (§ 293 BGB). Der Annahmeverzug hat als wesentliche Rechtsfolge zur Konsequenz, dass der Schuldner währenddessen nur Vorsatz und grobe Fahrlässigkeit zu vertreten hat (§ 300 I BGB). **Beispiel:** Wird eine Kaufsache während des Annahmeverzugs leicht fahrlässig vom Schuldner beschädigt oder zerstört, dann haftet er dem Gläubiger dafür nicht. Des Weiteren muss der Gläubiger dem Schuldner alle Aufwendungen ersetzen, die ihm z. B. für vergebliche Anfahrt oder Aufbewahrung der Sache entstanden sind (§ 304 BGB).

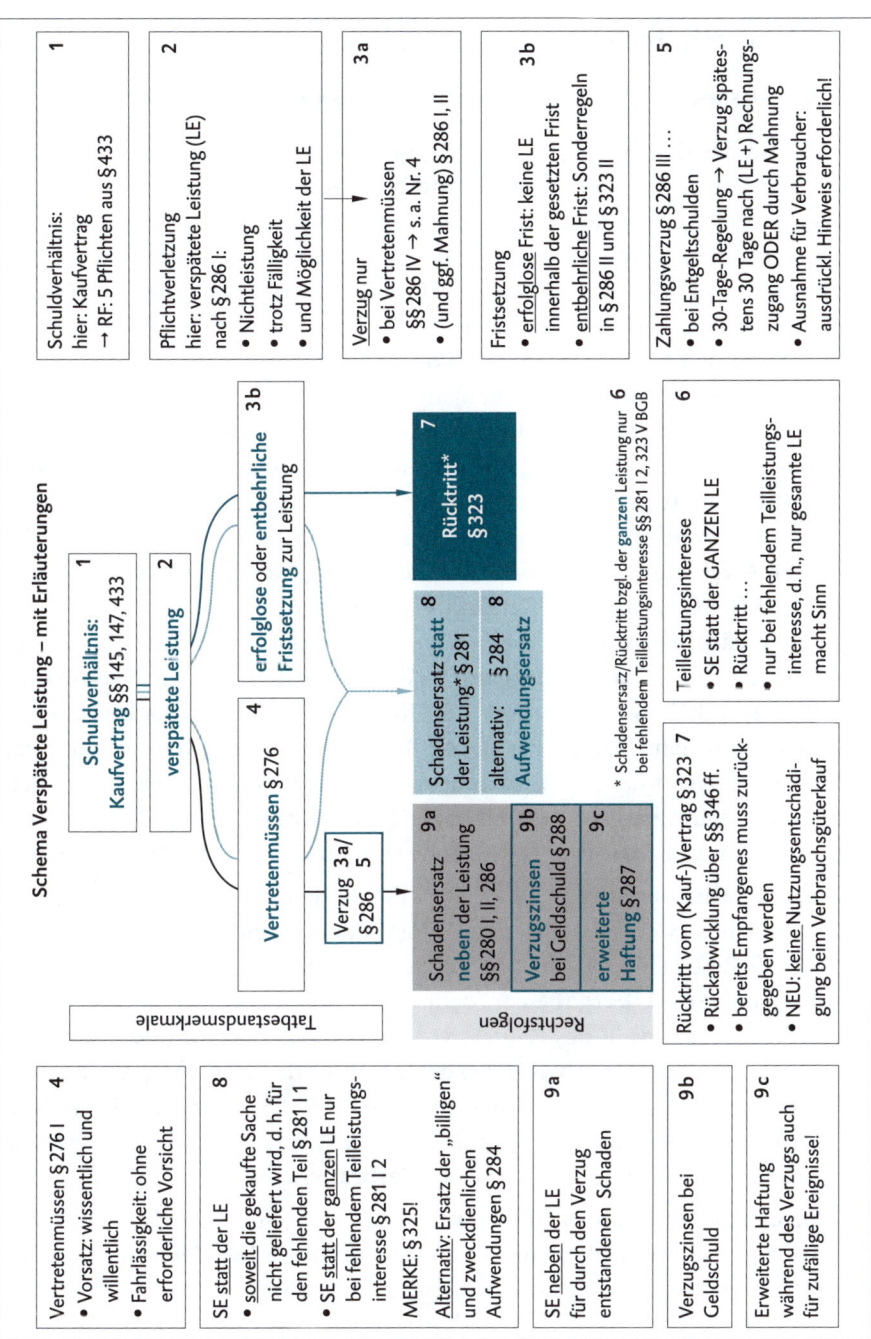

M 46: Schema: Verspätete Leistung – mit Erläuterungen

3 Mangelhafte Leistung beim Kauf

3.1 Voraussetzungen für das Vorliegen eines Sachmangels

Speziell für das Kaufrecht gelten die Regelungen für Sach- und Rechtsmängel. Man spricht auch von „**Gewährleistung beim Kauf**". Da es beim Tausch- und Werklieferungsvertrag auch um die Lieferung beweglicher Sachen geht, die ggf. erst herzustellen oder zu erzeugen sind, wird bei Mängeln analog das Kaufrecht angewandt (§§480, 650 BGB). Für alle anderen Schuldverhältnisse, in denen Sachen veräußert oder überlassen werden (insbesondere Schenkung (§§523, 524 BGB), Miete (§§536–536d BGB), Leihe (§600 BGB), Werkvertrag (§§633–639 BGB)), gelten bei Mängeln eigenständige Regelungen.

Die Pflicht des Verkäufers, die Sache frei von Sach- und Rechtsmängeln zu liefern, ist eine **Primärleistungspflicht** aus dem Kaufvertrag (§433 I 2 BGB).

Ein **Rechtsmangel** (§435 BGB) liegt vor, wenn die verkaufte Sache mit Rechten Dritter belastet ist, die der Käufer im Vertrag nicht übernommen hat. **Beispiel:** A verkauft an B ein wertvolles Gemälde, für das C ein Vorkaufsrecht hat (§§463 ff. BGB), von dem B nichts wissen kann.

Die **Gewährleistung** für Sachmängel beim Kauf greift dann, wenn eine Sache bereits bei **Gefahrübergang** (§§446, 447 BGB) einen **Sachmangel** gemäß §434 BGB aufweist und der Käufer bei Vertragsabschluss **keine Kenntnis** von dem Mangel hat (§442 BGB). Man kann daher den Merksatz formulieren: Ansprüche aus Sachmangel bestehen dann, wenn die Sache bereits bei Gefahrübergang (1) und ohne Kenntnis des Käufers (2) einen Sachmangel (3) aufweist. Die drei Tatbestände sind im Gesetz inhaltlich definiert.

(1) Der **Gefahrübergang** ist der Zeitpunkt, zu dem die Gefahr des zufälligen Untergangs (= Zerstörung oder Verlust) oder der zufälligen Verschlechterung (= Beschädigung) auf den Käufer übergeht. Dieser Zeitpunkt ist normalerweise die **Übergabe** der Sache an den Käufer (§446 BGB). Wird eine Sache auf Verlangen des Käufers vom Verkäufer versandt **(Versendungskauf)**, geht die Gefahr bereits bei der Übergabe der Sache vom Verkäufer an den Transporteur auf den Käufer über (§447 BGB). Da dies in vielen Fällen zu unkontrollierbaren Unwägbarkeiten für den Käufer führen würde, gilt diese Norm nur eingeschränkt beim **Verbrauchsgüterkauf** (vgl. S. 135 f.).

(2) **Kenntnis des Käufers:** Rechte aufgrund von Sachmangel kann ein Käufer nicht geltend machen, wenn er den Mangel bereits **bei Vertragsabschluss** kennt oder aufgrund grober Fahrlässigkeit nicht kennt (§442 BGB). Das heißt umgekehrt, dass es unerheblich ist, wenn er zwischen Abschluss des Kaufvertrags und Übergabe der Sache von dem Sachmangel Kenntnis er-

langt bzw. wenn der Mangel erst in diesem Zeitraum entsteht. Ist dem Käufer infolge grober Fahrlässigkeit ein Mangel unbekannt geblieben, kann er Gewährleistungsansprüche nur geltend machen, wenn der Verkäufer den Mangel arglistig verschwiegen hat. Beispiele für grob fahrlässige Unkenntnis sind der Kauf eines auffällig günstigen Gebrauchtwagens per Zeitungsannonce, ohne das Fahrzeug anzuschauen, oder der Kauf einer verpackten zerbrechlichen Ware, trotz deutlicher Beschädigung der Verpackung.

(3) Der Begriff **Sachmangel** beschreibt grundsätzlich den Umstand, dass die **Ist-Beschaffenheit** einer Sache von der **Soll-Beschaffenheit** negativ abweicht. Der Sachmangelbegriff wird in § 434 BGB in verschiedene Tatbestände aufgegliedert, die sich wie in M 47 systematisieren lassen.

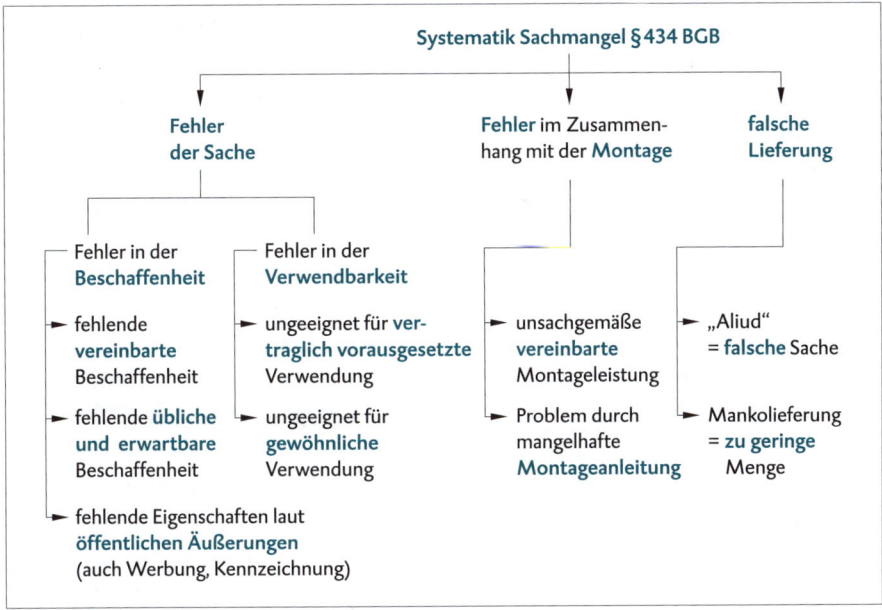

M 47: Sachmangel-Systematik nach § 434 BGB

Neben **Fehlern in der Beschaffenheit oder Verwendbarkeit der Sache** an sich (§ 434 I 1 und 2 BGB), denen z. B. auch nicht zutreffende Werbeaussagen gleichgestellt sind (§ 434 I 3 BGB), können auch **Montagefehler** (§ 434 II BGB) oder **Falschlieferungen** (§ 434 III BGB) Ansprüche aus Sachmangel nach sich ziehen. Die Abgrenzung von Beschaffenheit und Verwendbarkeit ist nicht immer eindeutig möglich. Da die Rechtsfolgen identisch sind, ist dies aber unproblematisch. Ob z. B. ein nicht wasserdichter Gummistiefel nicht die übliche Beschaffenheit hat oder sich nicht für die gewöhnliche Verwendung eignet, lässt sich nicht exakt trennen. Im Prinzip trifft hier beides zu.

Wichtig ist, dass der **subjektive Fehlerbegriff** (Abweichung von **vereinbarter** Beschaffenheit oder Verwendbarkeit) immer Vorrang vor dem **objektiven Fehlerbegriff** (fehlende **übliche** Beschaffenheit bzw. **gewöhnliche** Verwendbarkeit) hat. Das hat zur Folge, dass ein Verkäufer sich z. B. nicht darauf berufen kann, dass eine Sache die übliche Beschaffenheit aufweist, wenn eine vertraglich vereinbarte Beschaffenheit nicht gegeben ist (dies gilt für die Verwendbarkeit analog). **Beispiel:** Wenn beim Kauf eines Seils eine Belastbarkeit von 300 kg vereinbart wird, kann sich der Verkäufer später nicht darauf berufen, dass Seile dieser Dicke üblicherweise nur bis 100 kg belastbar sind.

Ein weiterer, für die Ansprüche aus Gewährleistung wesentlicher Aspekt beim Sachmangel ist, ob die Pflichtverletzung erheblich ist. **Erheblichkeit** liegt z. B. vor, wenn der Wert oder die Verwendbarkeit einer Sache erheblich gemindert ist oder eine vom Verkäufer zugesicherte Eigenschaft (Beschaffenheitsgarantie) fehlt.

Entscheidend für die Ansprüche bei Sachmangel ist die Frage, ob der Mangel behoben werden kann. Ein **nicht behebbarer Sachmangel** liegt immer dann vor, wenn eine ordnungsgemäße Erfüllung des Vertrags **unmöglich** ist, weil der Mangel nicht beseitigt werden kann und auch die Ersatzlieferung einer mangelfreien Sache unmöglich ist. Das ist z. B. der Fall, wenn alle Exemplare, d. h. die ganze Gattung der Sache, den gleichen Mangel aufweisen oder wenn es sich um einen **Stückkauf** handelt. Dieser liegt vor, wenn ein Einzelstück oder ein ganz individuelles Exemplar aus einer Gattung gekauft wurde. Gebrauchte Sachen zählen aufgrund der Tatsache, dass jedes Stück eine andere „Gebrauchsgeschichte" hat, zum Stückkauf. **Beispiele** für Stückkauf: Ein maßgefertigter Anzug, ein mit Initialen besticktes Handtuch, ein gebrauchtes Fahrrad oder die letzte vorrätige Jacke einer auslaufenden Serie, auch wenn theoretisch die Möglichkeit besteht, dass ein anderer Händler noch ein Exemplar davon hat.

Nachdem eine Mangelbeseitigung beim nicht behebbaren Sachmangel unmöglich ist, wird sie hier ausgeklammert, da die Unmöglichkeit kein Gegenstand des Lehrplans im G8 ist. In der Realität treten derartige Fälle allerdings regelmäßig auf, z. B. beim Kauf eines Gebrauchtwagens, der sich als Unfallwagen herausstellt, oder einer gebrauchten Uhr, deren Werk irreparabel beschädigt ist und auch nicht ersetzt werden kann.

Immer dann, wenn eine ordnungsgemäße Vertragserfüllung durch **Nacherfüllung** noch **möglich** ist, spricht man dagegen von einem **behebbaren Sachmangel**.

3.2 Ansprüche bei behebbarem Sachmangel

Die Rechte des Käufers bei Sachmangel ergeben sich aus §437 BGB, der selbst keine Rechtsgrundlage ist, sondern eine Rechtsgrundverweisung, d.h. ein „**Merkzettel**", der die als Anspruchsgrundlagen infrage kommenden Rechtsnormen auflistet. Die Ziffern 1–3 verweisen auf **Nacherfüllung**, **Rücktritt**, **Minderung** und **Schadensersatz** und stehen scheinbar gleichberechtigt nebeneinander. Wegen des Grundsatzes *pacta sunt servanda* hat aber der Anspruch auf Nacherfüllung in Nr. 1 absoluten Vorrang. Das bedeutet, dass der Schuldner zuerst eine zweite Chance zur ordnungsgemäßen Lieferung erhält, entweder durch Beseitigung des Mangels oder durch Ersatzlieferung einer mangelfreien Ware (§439 I BGB). Dies verdeutlichen auch die allgemeinen Regelungen zu Rücktritt und Schadensersatz, da sie in der Regel eine Fristsetzung zur Nacherfüllung voraussetzen (§§281 I 1, 323 I BGB). Wie bei der verspäteten Leistung ist allerdings auch beim Sachmangel in bestimmten Fällen die Fristsetzung und damit die Möglichkeit zur Nacherfüllung entbehrlich (§§281 II, 323 II, 440 BGB) (vgl. S. 99).

Für die **Fristsetzung zur Nacherfüllung** ergeben sich folgende Möglichkeiten:

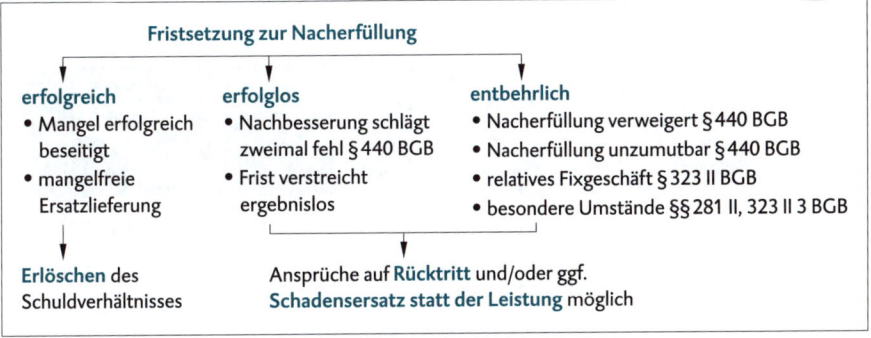

M 48: Rechtsfolgen der Fristsetzung zur Nacherfüllung

Da sich die Nacherfüllung ausschließlich auf die Leistung bezieht, ist auch beim Sachmangel der **Schadensersatz neben der Leistung** unabhängig von der Nacherfüllung bei jedem vom Schuldner zu vertretenden Schaden im Umfeld der Leistung möglich. Es handelt sich neben **Schäden aus Schutzpflichtverletzungen** um sogenannte **Mangelfolgeschäden**, also Schäden, die aufgrund eines Sachmangels entstehen. **Beispiele:** Durch einen fahrlässig verursachten Fehler eines Elektrogeräts kommt es zu einem Zimmerbrand. Durch eine wegen falscher Verarbeitung mit Motten befallene Packung Nüsse wird ein ganzer Lebensmittelvorrat unbrauchbar. Durch das Unterschreiten der garantierten Nutzlast eines Flaschenzugs stürzt ein damit angehobenes Klavier aus dem ersten Stock. Wegen der schlampigen Reparatur eines Computers kann ein Auftrag nicht erfüllt werden und die Vergütung geht verloren.

Aus dem bisher Gesagten, den allgemeinen Regelungen zu Pflichtverletzungen und §437 BGB ergibt sich für die Ansprüche bei behebbaren Sachmängeln folgendes Schema:

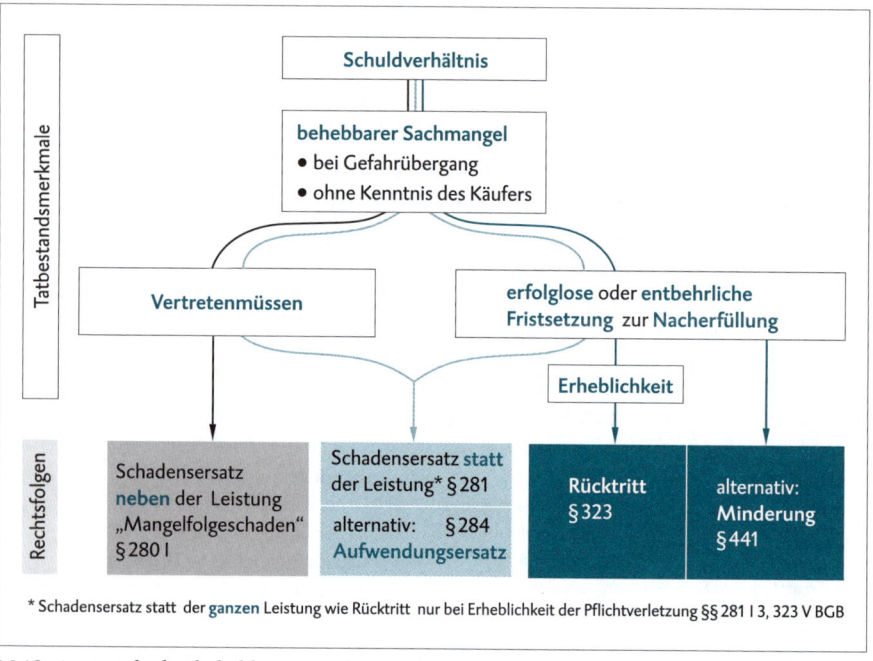

M 49: Ansprüche bei behebbarem Sachmangel

Wie im Gesetz ergibt sich der Vorrang der Nacherfüllung in diesem Schema daraus, dass die Fristsetzung zur Nacherfüllung die Vorbedingung für alle weiteren Ansprüche außer Schadensersatz neben der Leistung ist. Die einzelnen Rechtsfolgen werden in den folgenden Beispielen erläutert.

FALLBEISPIEL

Student A kauft sich wegen des Platzmangels in seiner Studentenbude beim Möbelladen B ein Hochbett. Sie vereinbaren, dass B das Bett auch liefert und montiert. Als A zum ersten Mal in sein neues Bett klettern will, stürzt er aus fast zwei Metern Höhe von der Leiter und bricht sich kompliziert den Arm, weil B trotz eines Warnhinweises in der Montageanleitung die Leiter falsch montiert hat. B bietet A an, die Leiter in Ordnung zu bringen.

- Prüfen Sie, ob A, der die Nase von Hochbetten voll hat, das Bett zurückgeben kann.
- Falls nein, stellen Sie fest, welche Ansprüche A bezüglich des Betts hat.
- Prüfen Sie die Ansprüche des A im Hinblick auf den gebrochenen Arm.

Rückgabe des Betts – Rücktritt vom Vertrag: Lösung nach Schema über §§ 433, 434, 437, 323 BGB: A könnte das Bett zurückgeben, wenn er vom Vertrag zurücktreten kann, d. h., wenn die Voraussetzungen des § 323 BGB erfüllt sind.

- **Schuldverhältnis:** A und B haben einen wirksamen Kaufvertrag über das Hochbett mit den vertraglich vereinbarten Nebenleistungen Lieferung und Montage (§§ 145, 147, 433 BGB) geschlossen. Aus dem Kaufvertrag ist B u. a. verpflichtet, A das Bett frei von Sachmängeln zu liefern.
- **Pflichtverletzung:** Es liegt ein Sachmangel vor, da die vereinbarte Montage des Betts bzw. der Leiter unsachgemäß erfolgte (§ 434 II 1 BGB) und dies bereits bei Gefahrübergang so war (§ 446 BGB), da die Leiter noch nie richtig montiert war. A wusste bei Vertragsabschluss nichts von dem Mangel, da die Montage erst danach erfolgte (§ 442 BGB).
- **Fristsetzung:** Eine Frist wurde von A nicht gesetzt, daher muss geprüft werden, ob die Fristsetzung entbehrlich ist: Beim Rücktritt wegen behebbaren Sachmangels sind dazu §§ 323 II und 440 BGB zu prüfen (vgl. „Merkzettel" in § 437 Nr. 2 BGB). § 323 II BGB trifft nicht zu, da B die Leistung nicht verweigert, kein relatives Fixgeschäft und auch keine besonderen Umstände vorliegen, die einen sofortigen Rücktritt rechtfertigen. Auch § 440 BGB trifft nicht zu, da B die Nacherfüllung nicht verweigert (er will die Leiter in Ordnung bringen), keine fehlgeschlagene Nachbesserung vorliegt und sowohl eine Reparatur als auch das Auswechseln der Leiter für A zumutbar wären.
- **Erheblichkeit:** Die defekte Leiter beeinträchtigt die Benutzung des Hochbetts erheblich (§ 323 V 2 BGB).

Ergebnis: Da A dem B noch keine zweite Chance zur ordnungsgemäßen Lieferung in Form einer Fristsetzung zur Nacherfüllung (§§ 323 I, 439 BGB) gegeben hat und diese auch nicht entbehrlich ist (§§ 323 II, 440 BGB), kann er (noch) nicht vom Vertrag zurücktreten und muss das Bett (vorerst) behalten.

Andere Ansprüche bezüglich des Betts – Nacherfüllung: Wie eben festgestellt, muss A dem B die Möglichkeit zur Nacherfüllung gemäß §439 BGB geben („Merkzettel" §437 Nr. 1 BGB). A hat als Käufer dabei die Wahl zwischen **Beseitigung des Mangels** (Reparatur der Leiter) und **Lieferung einer mangelfreien Ware** (§439 I BGB). B kann die von A gewählte Form der Nacherfüllung zugunsten der anderen ablehnen, wenn sie für ihn mit unverhältnismäßigen Kosten verbunden ist und A aus der anderen Art der Nacherfüllung keine erheblichen Nachteile entstehen (§439 IV BGB). Für A ist es im Ergebnis egal, ob seine Leiter korrekt montiert wird oder ob er eine neue Leiter bekommt. B wird also wahrscheinlich die Leiter korrekt montieren und damit den Mangel beseitigen. Im Zusammenhang mit der Nacherfüllung **erforderliche Kosten** (z. B. für Transport, An- und Abfahrt, Material und Arbeitszeit) muss B vollständig tragen (§439 II BGB). Verursacht A allerdings nicht erforderliche Kosten, indem er die Leiter beispielsweise mit dem Taxi zu B bringen lässt, muss B nicht dafür aufkommen.

Ansprüche wegen des gebrochenen Armes – Schadensersatz neben der Leistung: Lösung nach Schema über §§433, 434, 437, 280 I BGB: A könnte Schadensersatzansprüche gegen B haben. Da sich der Ersatzanspruch auf das Umfeld der Leistung bezieht (Mangelfolgeschaden), handelt es sich um Schadensersatz neben der Leistung.

- **Schuldverhältnis** und **Pflichtverletzung:** wie oben.
- **Vertretenmüssen:** B handelt fahrlässig, da er den Warnhinweis in der Montageanleitung nicht beachtet (§276 I, II BGB).
- Schaden mit **Kausalzusammenhang**, da die defekte Leiter zum Armbruch führt.

Ergebnis: A kann von B Schadensersatz neben der Leistung verlangen (§280 I BGB). Die Höhe ergibt sich aus §§249 ff. BGB und umfasst neben den Behandlungs- und Krankenhauskosten (§249 II BGB) ggf. auch Schmerzensgeld (§253 II BGB).

Fallvariante

Fall wie oben, aber eine der folgenden Alternativen:

1. B weigert sich kategorisch, wegen der Leiter etwas zu unternehmen (§323 II BGB).
2. Der Versuch, die Leiter korrekt zu montieren, schlägt zweimal fehl (§440 BGB).
3. Als Nacherfüllung wird Ersatzlieferung gewählt und innerhalb einer von A gesetzten angemessenen Frist liefert B keine Ersatzleiter (§440 BGB).

Da die Nacherfüllung durch B nicht zustande kommt, lässt A die Leiter von einem Möbelschreiner in einen funktionstüchtigen Zustand bringen. Für Material und Arbeitszeit zahlt er 100 €. Untersuchen Sie, ob A das Bett zurückgeben kann und ob es alternative bzw. zusätzliche Ansprüche dazu gibt.

Rücktritt vom Vertrag – Minderung

- **Schuldverhältnis** und **Pflichtverletzung:** wie im Ausgangsfall.
- **Fristsetzung:** In den beschriebenen Varianten liegt jeweils eine erfolglose Fristsetzung vor (B tut nichts, oder schafft es nicht, den Mangel zu beseitigen) oder ein Grund für eine entbehrliche Fristsetzung (B verweigert die Nacherfüllung endgültig) (§§ 323 II, 440 BGB).
- **Erheblichkeit:** wie im Ausgangsfall (§ 323 V 2 BGB).

Ergebnis: Da alle nach §§ 433, 434, 437, 439, 323 BGB erforderlichen Voraussetzungen erfüllt sind, kann A vom Vertrag zurücktreten. Der Rücktritt erfolgt über §§ 346 ff. BGB, d. h., B müsste das Bett bei A abholen und diesem den Kaufpreis zurückerstatten.

Alternative oder zusätzliche Ansprüche könnten Minderung, Schadensersatz neben der Leistung und Schadensersatz statt der Leistung sein.

Alternativ zum Rücktritt könnte A auch **Minderung** verlangen (§ 441 I 1 BGB). Dies wäre sogar bei einer **unerheblichen Pflichtverletzung** möglich (§ 441 I 2 BGB), wenn z. B. die Leiter zwar richtig montiert, aber an einigen schwer zu sehenden Stellen deutlich verkratzt ist.

Schadensersatz statt der Leistung: Da A für den Möbelschreiner Kosten im Zusammenhang mit der Leistung selbst entstanden sind, könnte er Schadensersatz statt der Leistung verlangen, „soweit" das Bett mangelhaft ist.

- **Schuldverhältnis:** Kaufvertrag (Prüfung siehe Ausgangsfall)
- **Pflichtverletzung:** Mangelhafte Leistung wegen des Sachmangels (Prüfung siehe Ausgangsfall)
- **Vertretenmüssen:** B handelt fahrlässig (Prüfung siehe Ausgangsfall)
- **Fristsetzung:** erfolglos oder entbehrlich (siehe Fallvariante oben)
- Schaden mit **Kausalzusammenhang:** Die Reparaturkosten entstehen aufgrund des Sachmangels und der fehlgeschlagenen Nacherfüllung.

Ergebnis: A könnte gemäß §§ 433, 434, 437, 280 I, III, 281 I BGB von B Schadensersatz statt der Leistung verlangen, „soweit" die Leistung mangelhaft ist („Merkzettel" § 437 Nr. 3 BGB), also die 100 € für die Leiterreparatur (§ 249 ff. BGB).

Schadensersatz statt der ganzen Leistung: Schadensersatz statt der ganzen Leistung kann A von B nur unter der zusätzlichen Voraussetzung des § 281 I 3 BGB verlangen, d. h., wenn die Pflichtverletzung **erheblich** ist (vgl. analoge Regelung beim Rücktritt). Erheblichkeit ist gegeben, da die defekte Leiter die Benutzung des Hochbetts erheblich beeinträchtigt (§ 281 I 3 BGB).

Ergebnis: Bei erfolgloser oder entbehrlicher Nacherfüllung kann A, da der von B zu vertretende Mangel erheblich ist, auch Schadensersatz statt der ganzen Leistung verlangen. Das Bett wäre dann zurückzugeben (§ 281 V BGB) und B müsste A Schadensersatz leisten. B müsste A so stellen, als wäre der Mangel nicht aufgetreten (§§ 249 ff. BGB), d. h., er müsste alle Kosten im direkten Zusammenhang mit dem Bett, insbesondere auch höhere Kosten eines Deckungsgeschäfts, ersetzen, falls A ein vergleichbares Bett woanders nur zu einem höheren Preis kaufen könnte.

Aufwendungsersatz: Anstelle des Schadensersatzes statt der Leistung könnte A auch einen Aufwendungsersatz verlangen, wenn ihm im Vertrauen auf den Erhalt der Leistung Aufwendungen entstanden sind, beispielsweise Kosten für das Ausräumen und Abtransportieren seiner alten Möbel (§ 284 BGB).

Schadensersatz neben der Leistung: Zusätzlich zu den beschriebenen Ansprüchen kann A, genau wie im Ausgangsfall, grundsätzlich auch **Schadensersatz neben der Leistung** für alle **Schäden im Umfeld der Leistung** verlangen, sofern ein Kausalzusammenhang mit dem fahrlässig verursachten Montagefehler an der Leiter besteht, also z. B. für die Schäden im Zusammenhang mit dem gebrochenen Arm wie Behandlungskosten, Schmerzensgeld oder Verdienstausfall.

Das Schaubild M 50 fasst die gesamten Regelungen zum Sachmangel in einer Übersicht zusammen und kann als Lösungsschablone verwendet werden.

Schema Sachmangel – mit Erläuterungen

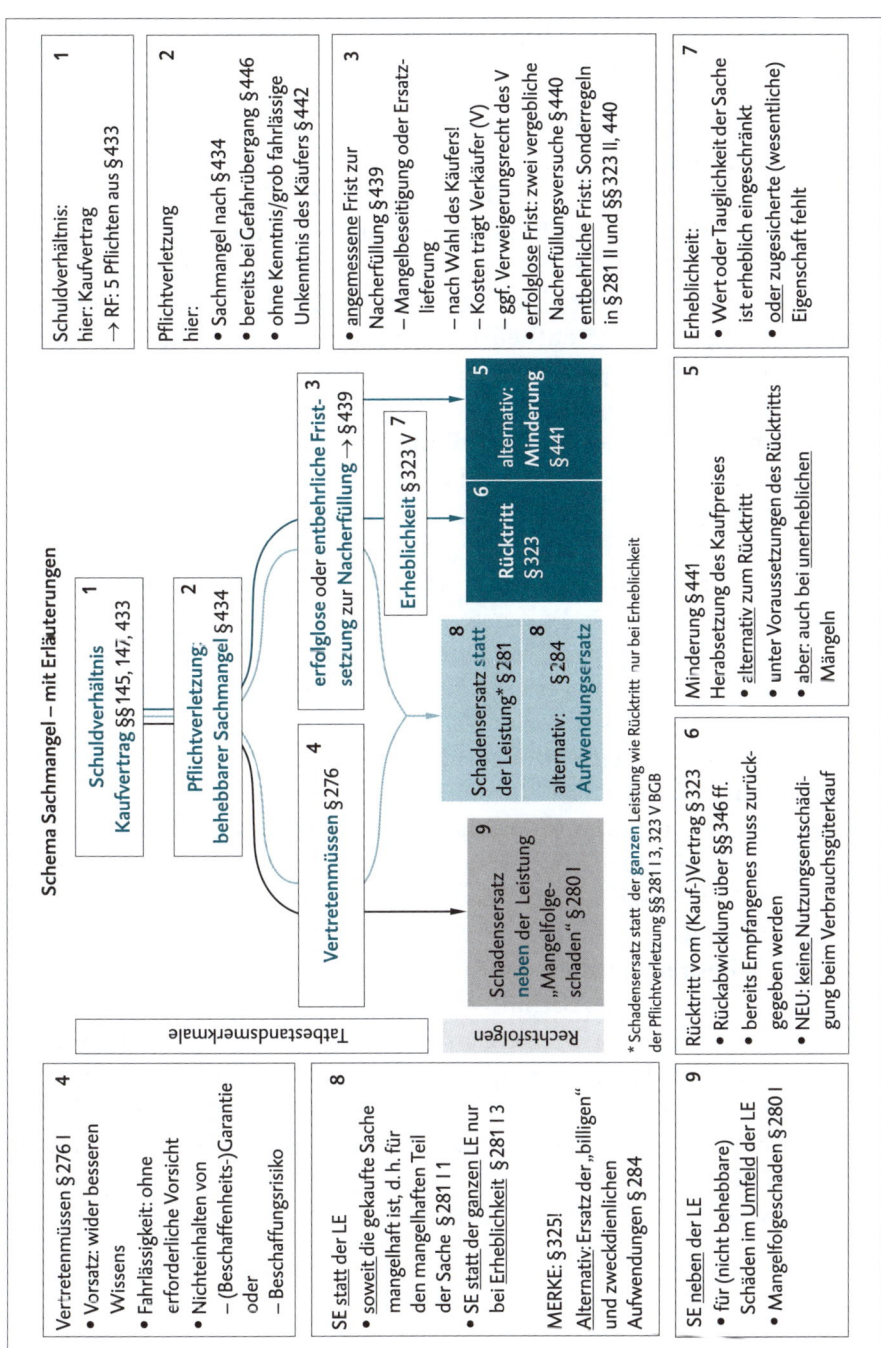

Tatbestandsmerkmale

1
Schuldverhältnis:
hier: Kaufvertrag
→ RF: 5 Pflichten aus § 433

Schuldverhältnis
Kaufvertrag §§ 145, 147, 433 **1**

4
Vertretenmüssen § 276 I
• Vorsatz: wider besseren Wissens
• Fahrlässigkeit: ohne erforderliche Vorsicht
• Nichteinhalten von
  – (Beschaffenheits-)Garantie oder
  – Beschaffungsrisiko

2
Pflichtverletzung
hier:
• Sachmangel nach § 434
• bereits bei Gefahrübergang § 446
• ohne Kenntnis/grob fahrlässige Unkenntnis des Käufers § 442

Pflichtverletzung:
behebbarer Sachmangel § 434 2

Vertretenmüssen § 276 4

3
• angemessene Frist zur Nacherfüllung § 439
  – Mangelbeseitigung oder Ersatzlieferung
  – nach Wahl des Käufers!
  – Kosten trägt Verkäufer (V)
  – ggf. Verweigerungsrecht des V
  • erfolglose Frist: zwei vergebliche Nacherfüllungsversuche § 440
  • entbehrliche Frist: Sonderregeln in § 281 II und §§ 323 II, 440

erfolglose oder entbehrliche Fristsetzung zur Nacherfüllung → § 439 3

Erheblichkeit § 323 V 7

7
Erheblichkeit:
• Wert oder Tauglichkeit der Sache ist erheblich eingeschränkt
• oder zugesicherte (wesentliche) Eigenschaft fehlt

Rechtsfolgen

9
Schadensersatz
neben der Leistung
„Mangelfolge-
schaden" § 280 I

8
Schadensersatz statt
der Leistung* § 281

8
alternativ:
Aufwendungsersatz
§ 284

5
alternativ:
Minderung
§ 441

6
Rücktritt
§ 323

8
SE statt der LE
• soweit die gekaufte Sache mangelhaft ist, d. h. für den mangelhaften Teil der Sache § 281 I 1
• SE statt der ganzen LE nur bei Erheblichkeit § 281 I 3

MERKE: § 325!

Alternativ: Ersatz der „billigen" und zweckdienlichen Aufwendungen § 284

9
SE neben der LE
• für (nicht behebbare) Schäden im Umfeld der LE
• Mangelfolgeschaden § 280 I

6
Rücktritt vom (Kauf-)Vertrag § 323
• Rückabwicklung über §§ 346 ff.
• bereits Empfangenes muss zurückgegeben werden
• NEU: keine Nutzungsentschädigung beim Verbrauchsgüterkauf

5
Minderung § 441
Herabsetzung des Kaufpreises
• alternativ zum Rücktritt
• unter Voraussetzungen des Rücktritts
• aber: auch bei unerheblichen Mängeln

* Schadensersatz statt der **ganzen** Leistung wie Rücktritt nur bei Erheblichkeit der Pflichtverletzung §§ 281 I 3, 323 V BGB

M 50: Schema: Sachmangel – mit Erläuterungen

3.3 Rechtssicherheit und Interessenausgleich bei den Regelungen zum Sachmangel

Die Regelungen zum Sachmangel fördern sowohl **Rechtssicherheit** als auch **Interessenausgleich**.

Die Grundregel, dass erst eine **Chance zur Nacherfüllung** gegeben werden muss, bevor Rücktritt oder Schadensersatz statt der Leistung gefordert werden können (§§ 437, 439, 281, 323 BGB), schützt die wirtschaftlichen Interessen der Verkäufer. Die Tatsache, dass in bestimmten Fällen die **Fristsetzung zur Nacherfüllung** allerdings **entbehrlich** ist (§§ 281 II, 323 II BGB), schützt in erster Linie die Interessen der Käufer bei mangelhaften Lieferungen, sodass diese sich nicht weiter mit dem Verkäufer abgeben müssen.

Das **Wahlrecht bei der Nacherfüllung** für den Käufer schützt in erster Linie dessen Leistungsinteresse (§ 439 I BGB). Die Tatsache, dass der Verkäufer bei unverhältnismäßigen Kosten den Käufer auf die **andere Art der Nacherfüllung** verweisen kann, schützt dagegen den Verkäufer (§ 439 IV 1 BGB). Dies ist allerdings nur möglich, wenn dem Käufer dadurch **keine erheblichen Nachteile** entstehen (§ 439 IV 2 erster Teil BGB), sodass wiederum seine Interessen berücksichtigt werden. Letztendlich kann der Verkäufer aber sogar beide Formen der Nacherfüllung verweigern, wenn sie **unverhältnismäßige Kosten** verursachen (§ 439 IV 3 zweiter Teil BGB).

Dem Interessenausgleich dient auch, dass der Käufer zwar sogar bei **kleineren Mängeln** auf jeden Fall Ansprüche geltend machen kann (z. B. Nacherfüllung, Minderung), dass weitreichende Ansprüche wie Rücktritt vom ganzen Vertrag oder Schadensersatz statt der ganzen Leistung aber nur unter der besonderen Bedingung möglich sind, dass es sich um einen **erheblichen Sachmangel** handelt.

Rechtssicherheit schaffen die Regelungen zum Sachmangel, z. B. indem alle möglichen Formen des Sachmangels ausführlich in § 434 BGB beschrieben sind, indem in § 439 II BGB eine ganze Reihe typischer Kosten der Nacherfüllung, die vom Verkäufer zu tragen sind, explizit aufgelistet werden und indem in § 440 2 BGB genau erklärt wird, wann eine Nachbesserung als fehlgeschlagen betrachtet werden kann. Auch die eindeutige Festlegung, wann die Gefahr auf den Käufer übergeht, in §§ 446, 447 BGB (anders allerdings beim Verbrauchsgüterkauf, vgl. § 475 II BGB), dient der Rechtssicherheit.

4 Schutzpflichtverletzungen

Neben den vertraglichen Haupt- und Nebenleistungspflichten können für beide Vertragsparteien Schutzpflichten gemäß §241 II BGB gegenüber der anderen Vertragspartei entstehen (vgl. S. 50, 94 f.). Diese Schutzpflichten können z. B. Informations-, Beratungs-, Sorgfalts- und Obhutspflichten sein.

Für den Rücktritt und den Schadensersatz statt der Leistung gibt es bei der Schutzpflichtverletzung eigene Rechtsnormen (§§282 und 324 BGB). Anstelle des Tatbestandsmerkmals der Fristsetzung findet sich hier das Kriterium der **Unzumutbarkeit**.

Für die Verletzung von Schutzpflichten ergibt sich folgendes Schema M 51, das bis auf die Unzumutbarkeit praktisch mit dem allgemeinen Schema übereinstimmt, sodass eine Falllösung mit Hinweis auf die §§282, 324 BGB gut möglich ist, auch wenn sie nicht explizit im Lehrplan vorgesehen ist. Im täglichen Leben sind Schutzpflichtverletzungen so relevant, dass sie 2002 neu in das BGB aufgenommen wurden.

M 51: Ansprüche bei Schutzpflichtverletzungen

FALLBEISPIEL

Der überzeugte Vegetarier A kauft direkt beim Hersteller B einen großen Vorrat vegetarischer Tiefkühlgerichte und Zutaten. Aus der Presse erfährt er, dass bei diesem Lieferanten nachweislich und mit Wissen des B Fleischprodukte in einigen als „vegetarisch" ausgewiesenen Gerichten verarbeitet wurden. Obwohl nicht alle Gerichte getestet wurden, kann nicht ausgeschlossen werden, dass auch der Rest des vegetarischen Sortiments betroffen ist. Auch wenn die von A bestellten Produkte nicht zu den untersuchten Gerichten zählen, vertraut er dem Lieferanten nicht mehr und möchte die Ware nicht mehr haben. Beim Kontrollieren der Vorräte in seiner Kühltruhe stellt A außerdem fest, dass er einiges schon mit anderen Lebensmitteln verkocht hat, sodass er nicht nur die Lebensmittel von B, sondern noch einiges mehr entsorgen muss.

- Stellen Sie fest, ob A gekaufte Ware zurückgeben kann.
- Erläutern Sie, ob A auch wegen der anderen Lebensmittel Ansprüche geltend machen kann.

Rückgabe der Ware: A kann die Ware zurückgeben, wenn er vom Vertrag zurücktreten kann, d. h. wenn die Voraussetzungen des § 324 BGB erfüllt sind.

- **Schuldverhältnis:** A und B haben einen Kaufvertrag über vegetarische Gerichte geschlossen (§§ 145, 147, 433 BGB).

- **Pflichtverletzung:** B verkauft Gerichte als vegetarisch, die nachweislich Fleischprodukte enthalten, verletzt dadurch die Interessen des A, der aus Überzeugung keinerlei Fleischprodukte kaufen oder essen möchte, und verstößt damit gegen § 241 II BGB.

- **Unzumutbarkeit:** Das Festhalten am Kaufvertrag ist für A unzumutbar, da er bei keinem Gericht sicher sein kann, ob nicht doch Fleisch darin enthalten ist.

Ergebnis: Da alle erforderlichen Tatbestandsmerkmale gegeben sind, kann A vom Vertrag mit B zurücktreten.

Ansprüche andere Lebensmittel: Im vorliegenden Fall ist nicht nur die Unzumutbarkeit gegeben, sondern auch das **Vertretenmüssen:** Das Handeln des B erfolgte vorsätzlich (§ 276 BGB), da er von der Fleischbeimengung wusste.

Ergebnis: Da B die Pflichtverletzung zu vertreten hat, kann A theoretisch auch Schadensersatz verlangen. Dies kann Schadensersatz neben der Leistung sein, z. B. die Kosten für die anderen mit den Zutaten von B verkochten Lebensmittel, oder Schadensersatz statt der Leistung, z. B. die Kosten für die Entsorgung und gleichwertigen Ersatz der bisher gekauften und noch vorrätigen Gerichte.

5 Vertragsfreiheit und Verbraucherschutz

5.1 Vertragsfreiheit in der sozialen Marktwirtschaft

Vertragliche Schuldverhältnisse, also Verträge, bilden die Grundlage des Geld-, Güter- und Dienstleistungsverkehrs in unserer Wirtschaft, d. h., dieser Teil des BGB spielt eine zentrale Rolle im täglichen wirtschaftlichen Leben. Da die soziale Marktwirtschaft grundsätzlich marktwirtschaftlich ausgerichtet ist, gilt der Grundsatz der Vertragsfreiheit, d. h., das Gesetz bildet für den Fall, dass die Vertragsparteien keine speziellen Vereinbarungen treffen, einen Rahmen, der die wesentlichen schuldrechtlichen Beziehungen regelt. Dieser Rahmen stellt aber in weiten Bereichen **dispositives Recht** dar, d. h., die Vertragsparteien können in beiderseitigem Einvernehmen Vertragsbedingungen auch anders gestalten.

Die Vertragsfreiheit ist die rechtliche Manifestation des Grundsatzes der **Privatautonomie** der sozialen Marktwirtschaft (Art. 2 GG freie Entfaltung der Persönlichkeit) und bedeutet, dass die einzelnen Rechtssubjekte ihre Rechtsbeziehungen eigenverantwortlich nach ihren Vorstellungen gestalten können, solange sie sich im Rahmen unserer Rechtsordnung bewegen. Für die soziale Marktwirtschaft ist die Vertragsfreiheit im Rahmen der Privatautonomie ein konstituierendes und unverzichtbares Element, da sie die Grundlage für den Markt- und Preisbildungsprozess über das Verhältnis zwischen Angebot und Nachfrage bildet. In Bereichen, in denen keine Vertragsfreiheit herrscht (z. B. Abnahmeverpflichtungen auf dem Agrarmarkt), ist in der Regel keine marktgerechte Preisbildung möglich. Uneingeschränkte Vertragsfreiheit kann aber bei ungleich starken Vertragspartnern auch zu **unbilligen Benachteiligungen** der schwächeren Vertragspartei führen. Daher hat der Gesetzgeber in bestimmten Fällen **Grenzen der Vertragsfreiheit** festgelegt.

Die Vertragsfreiheit beinhaltet drei Elemente: Abschluss-, Gestaltungs- und Formfreiheit. Im Rahmen der **Abschlussfreiheit** besitzt jeder die Freiheit zu entscheiden, ob und mit wem er einen Vertrag abschließt. Das bedeutet z. B., dass ein Verkäufer beliebig zwischen Kaufinteressenten wählen kann oder – sofern er noch nicht an einen Antrag gebunden ist – seine Entscheidung etwas zu verkaufen wieder ändern kann. Ein Käufer kann frei entscheiden, bei wem er etwas kaufen möchte, und solange er noch nicht an einen Antrag oder eine Annahme gebunden ist, kann er seine Kaufentscheidung wieder revidieren. Die gleichen Regelungen gelten auch für alle anderen Vertragsarten im BGB.

Allerdings gibt es **Ausnahmen** von der Abschlussfreiheit, wenn die Versorgung mit bestimmten lebenswichtigen Gütern oder Dienstleistungen zur „Daseinsvorsorge" aufgrund der Marktsituation bei Abschlussfreiheit nicht gewährleistet ist, d. h., es gibt keine (zumutbare) anderweitige Versorgungsmöglichkeit. In diesen Fällen besteht **Kontrahierungszwang**, d. h., der Anbieter ist per Gesetz verpflichtet, Vertragsangebote anzunehmen.

Dies kann entweder durch eine spezielle Rechtsnorm begründet sein (unmittelbarer Kontrahierungszwang) oder dadurch, dass es eine unerlaubte Handlung in Form einer sittenwidrigen Schädigung (§ 826 BGB) wäre, einen Antrag nicht anzunehmen, da der Anbieter eine rechtliche oder tatsächliche Monopolstellung hat (mittelbarer Kontrahierungszwang). So müssen z. B. öffentliche Verkehrsbetriebe im Rahmen ihrer Tarifbedingungen jeden befördern, Apotheken ärztlich verschriebene Medikamente liefern (§ 17 IV Apothekenbetriebsordnung), Sparkassen aufgrund ihres öffentlichen Auftrags jedem Antragsteller ein Girokonto zur Verfügung stellen, selbst wenn dieser überschuldet ist („Jedermann-Konto"), und die GEMA allen Musiknutzern entsprechende Lizenzverträge gewähren, da sie sonst ihre marktbeherrschende Stellung ausnutzen würde (§§ 19, 20 GWB). Umgekehrt besteht im öffentlichen Versorgungsbereich für Kunden wie z. B. Hausbesitzer bei Wasserversorgung, Kanalisation oder Straßenbau keine freie Anbieterwahl. Beim mittelbaren Kontrahierungszwang kann zwar kein Vertrag erzwungen werden, aber Schadensersatz bei Ablehnung des Vertrags (§ 826 BGB).

Die **Gestaltungsfreiheit** (auch: **Inhaltsfreiheit**) zielt in erster Linie auf das Schuldrecht ab und beinhaltet, dass Vertragsinhalte grundsätzlich frei vereinbart werden können, d. h., theoretisch kann man über jeden beliebigen Inhalt einen Vertrag abschließen (§ 311 I BGB). Tatsächlich hat diese Freiheit aber dann Grenzen, wenn der Inhalt von Verträgen gegen elementare Grundsätze der Rechtsordnung verstößt. Daher bestehen folgende **Ausnahmen:**

- Verstoß gegen ein **gesetzliches Verbot** (§ 134 BGB): So ist es z. B. in Deutschland verboten, mit jemandem vertraglich aktive Sterbehilfe zu vereinbaren (§ 216 StGB); ebenso verstoßen Verträge von Hehlern über Diebesgut gegen das Gesetz (§ 259 StGB).

- Verstoß gegen die **guten Sitten** (§ 138 BGB): Zahlreiche Klauseln in Mietverträgen sind als sittenwidrig einzustufen, z. B. das vollständige Verbot von Haustieren oder das Übernachtungsverbot für Besucher des Mieters; ebenfalls sittenwidrig wäre ein Vertrag, in dem gegen Entgelt die Religionszugehörigkeit gewechselt oder in eine Scheidung eingewilligt wird, sowie Kreditverträge, die mehr als das Doppelte der marktüblichen Zinsen beinhalten (Wucher).

- Verstoß gegen bestimmte **Verbraucherschutzgesetze:** Wenn Vertragsparteien aufeinandertreffen, die „ungleiche Partner" sind, greift der Gesetzgeber ein, indem er die schwächere Vertragspartei schützt. Verbraucherschutzgesetze wie die umfassenden Regelungen zu den Allgemeinen Geschäftsbedingungen (§§ 305 ff. BGB; vgl. S. 134 f.) oder zu Widerrufsrechten bei Besonderen Vertriebsformen (§§ 312 ff., 355 BGB; vgl. S. 137 f.) oder zum Verbrauchsgüterkauf (§§ 474 ff. BGB; vgl. S. 135 f.) schränken die Vertragsfreiheit zugunsten von Verbrauchern regelmäßig ein.

Die grundsätzliche **Formfreiheit** im BGB, die in der Literatur z. T. als Unterpunkt der Gestaltungsfreiheit abgehandelt wird, erlaubt es, Willenserklärungen grundsätzlich in jeder beliebigen Form (z. B. schriftlich § 126 BGB, mündlich, durch konkludentes Handeln, elektronisch § 126 a BGB, in Textform § 126 b BGB) abzugeben. Nur in bestimmten Fällen gibt es **Ausnahmen:**

- **Gesetzliche Formvorschriften:** Bei bestimmten Verträgen verlangt das Gesetz die Einhaltung von Formvorschriften, so z. B. die notarielle Beurkundung (§ 128 BGB) beim Immobilienkauf (§ 311 b BGB) oder die Schriftform (§ 126 BGB) bei der Kündigung von Arbeitsverhältnissen (§ 623 BGB).

- **Vertragliche Formvorschriften:** Außerdem kann die Form auch per Vertrag durch die Vertragspartner festgelegt werden. So ist es sinnvoll, solche Verträge schriftlich abzuschließen und auch für Vertragsänderungen und -ergänzungen die Schriftform zu vereinbaren, bei denen ggf. die Dokumentar- und Beweisfunktion der Schriftform genutzt werden soll, z. B. wenn es zu Unstimmigkeiten kommt. Gewährleistungsansprüche des Käufers und Haftungsausschlüsse des Verkäufers sollten immer schriftlich fixiert werden, beispielsweise beim Gebrauchtwagenkauf.

Vertragsfreiheit
Grundsätzliches Recht, im Rahmen der Privatautonomie seine Rechtsbeziehungen eigenverantwortlich nach den eigenen Vorstellungen zu gestalten.

Abschlussfreiheit	Gestaltungsfreiheit	Formfreiheit
Entscheidungsfreiheit, ob und mit wem man einen Vertrag abschließt	Entscheidungsfreiheit über den Inhalt von Verträgen	Entscheidungsfreiheit über die Form des Vertragsabschlusses
Ausnahme: Kontrahierungszwang z. B. bei marktbeherrschender Position und v. a. im Bereich der Daseinsvorsorge	**Ausnahmen:** Verstoß gegen • gesetzliches Verbot § 134 BGB • die guten Sitten § 138 BGB • Verbraucherschutzregelungen	**Ausnahmen:** • gesetzliche Formvorschriften • vertragliche Formvorschriften
z. B. öffentliche Verkehrsbetriebe, Stromanbieter	z. B. Hehlerei, aktive Sterbehilfe, Wucherkredite, unzulässige AGB	z. B. notarielle Beurkundung beim Immobilienkauf, vertragliche Schriftform beim Gebrauchtwagenkauf

M 52: Übersicht über die Vertragsfreiheit und ihre Grenzen

5.2 Verbraucherschutz: Allgemeine Geschäftsbedingungen

Der Gesetzgeber geht davon aus, dass im Geschäftsleben Unternehmer gegenüber Verbrauchern eine stärkere Ausgangsposition haben, da sie vielfach über einen Informations- und Erfahrungsvorsprung verfügen. Unter Verbraucherschutz subsumiert man eine Vielzahl rechtlicher Regelungen, die in der sozialen Marktwirtschaft als Regulativ der Privatautonomie fungieren, indem sie den Verbraucher vor unbilligen Benachteiligungen aufgrund seiner im Vergleich zu Unternehmen schwächeren Position schützen. In § 310 III BGB ist der Begriff des sogenannten Verbrauchervertrags definiert: Es handelt sich um Verträge zwischen einem Unternehmer (§ 14 BGB) und einem Verbraucher (§ 13 BGB).

Der Grundsatz der Vertragsfreiheit erlaubt es, vertragliche Vereinbarungen zu treffen, die von den gesetzlichen Regelungen abweichen. Prinzipiell bestehen für derartige vertragliche Vereinbarungen zwei Möglichkeiten:

- **Individualabrede**, d. h., die Vertragspartner handeln die Vertragsbedingungen im Einzelnen aus (§§ 305 I 3, 305 b BGB).

- **Allgemeine Geschäftsbedingungen** (AGB), d. h., eine Vertragspartei stellt der anderen Vertragspartei bei Vertragsabschluss Vertragsbedingungen, die für eine Vielzahl von Verträgen vorformuliert sind (§ 305 I 1 BGB).

Bei Verbraucherverträgen gelten allerdings auch für einen einzelnen Vertrag bestimmte Bedingungen als AGB, wenn sie vorformuliert sind und vom Verbraucher nicht beeinflusst werden konnten (§ 310 III Nr. 2 BGB). AGB werden in der Umgangssprache auch das „Kleingedruckte" genannt, die äußere Form dieser Vertragsbedingungen spielt allerdings keine Rolle (§ 305 I 2 BGB). In der Regel verfolgen AGB primär den **Zweck**, die **rechtliche Position des Verwenders** zu verbessern, indem dieser beispielsweise seine Haftung begrenzt oder Rechte der anderen Vertragspartei einschränkt. Darüber hinaus dienen AGB der **Rationalisierung des Geschäftsbetriebs** durch vorgedruckte einheitliche Vertragsbedingungen (Zeit- und Arbeitsersparnis), der Regelung **branchenspezifischer Besonderheiten** und der Erhöhung der **Rechtssicherheit** durch Schriftform.

Bereits in den 1970er-Jahren sah der Gesetzgeber zunehmend die Notwendigkeit, die AGB gesetzlich zu regulieren, da die Verwender der AGB ihre Position missbrauchten, die Haftung gemäß BGB oft zu stark einschränkten, durch unklare Formulierungen und leserunfreundliches Druckbild eine Kenntnisnahme der AGB zum Teil gezielt erschwerten und so Verbraucher unangemessen benachteiligt wurden. Als Konsequenz wurde 1976 das Gesetz zur Regelung der Allgemeinen Geschäftsbedingungen (AGBG) erlassen, das 2002 fast unverändert als §§ 305–310 ins BGB integriert wurde. Neben der **Definition** der AGB wird dort in erster Linie geregelt, unter welchen Bedingungen AGB wirksam in einen Vertrag aufgenommen werden und ob ihr Inhalt zulässig ist. Das heißt, eine AGB kann aufgrund ihres Inhalts unwirksam sein, obwohl sie formal korrekt Vertragsbestandteil geworden ist.

AGB werden wirksam **Vertragsbestandteil**, wenn

- ausdrücklich oder durch deutlich sichtbaren Aushang auf sie hingewiesen wird (§ 305 II Nr. 1 BGB),
- die Möglichkeit besteht, in zumutbarer Weise von ihnen Kenntnis zu nehmen (§ 305 II Nr. 2 BGB),
- beide Vertragsparteien einverstanden sind (§ 305 II BGB),
- die Klausel nicht so ungewöhnlich ist, dass nach den Umständen des Vertrags nicht mit ihr gerechnet werden muss (§ 305 c I BGB).

Die **Unwirksamkeit** von AGB wird in den §§ 307–309 BGB mit abnehmender Auslegbarkeit geregelt: Während § 307 BGB so allgemein formuliert ist, dass er im Prinzip auf jede Art von AGB angewandt werden kann und deshalb auch „**Generalklausel**" genannt wird, geht es in § 308 BGB **(Klauselverbote mit Wertungsmöglichkeit)** bereits um konkrete AGB, bei denen jedoch die betreffende Bedingung noch auslegbar ist (z. B. Angemessenheit einer Frist). § 309 BGB **(Klauselverbote ohne Wertungsmöglichkeit)** listet schließlich mehr als 20 AGB auf, die so genau beschrieben sind, dass eindeutig geregelt ist, ob eine derartige AGB unwirksam ist (z. B. Ausschluss der Kosten der Nacherfüllung bei neuen Sachen § 309 Nr. 8 b) cc) BGB).

Werden einzelne AGB nicht Vertragsbestandteil bzw. sind sie unwirksam, bleibt der übrige Vertrag in der Regel trotzdem wirksam (§ 306 BGB).

5.3 Verbraucherschutz: Sonderregelungen beim Verbrauchsgüterkauf

Von einem **Verbrauchsgüterkauf** (= gesondert geregelte Art eines Verbrauchervertrags) spricht man bei

- einem **Kauf** zwischen
- einem **Unternehmer** (§ 14 BGB) als Verkäufer und
- einem **Verbraucher** (§ 13 BGB) als Käufer.

Aufgrund der EG-Verbrauchsgüterkaufrichtlinie musste das Kaufrecht für diese Verträge grundlegend geändert werden. Der Verbrauchsgüterkauf stellt dabei keine eigene Vertragsform dar, sondern einen regulären Kaufvertrag unter den **zusätzlichen Bedingungen der §§ 474–479 BGB**. Im Folgenden sind die wesentlichen Regelungen im Überblick aufgelistet.

- Entgegen der Regelung des § 439 V i. V. m. § 346 BGB müssen beim Verbrauchsgüterkauf im Fall der Nacherfüllung durch Lieferung einer neuen Ware **Nutzungen** nicht herausgegeben oder durch ihren Wert ersetzt werden (§ 475 III 1 BGB). So ist beispielsweise bei der Lieferung eines neuen Laserdruckers als Nacherfüllung für ein defektes Gerät kein Wertersatz für die bereits damit gedruckten Seiten zu bezahlen.

- Der **Gefahrübergang** beim **Versendungskauf** ist entgegen § 447 BGB erst zum Zeitpunkt der Übergabe der Sache an den Verbraucher (§ 475 II BGB), es sei denn, der Käufer hat den Transporteur ausgewählt und beauftragt. Das macht Sinn, da der Käufer in den meisten Fällen keinerlei Einfluss auf die Wahl des Transporteurs, die Sorgfalt bei der Verpackung, die Versicherung des Pakets o. Ä. hat und es daher unbillig wäre, bereits bei der Übergabe an den Transporteur die Gefahr der Verschlechterung (Beschädigung) oder des Untergangs (Verlust) der Sache auf den Verbraucher zu übertragen.

- Eine vertragliche Einschränkung der gesetzlichen **Gewährleistungsrechte** ist beim Verbrauchsgüterkauf kaum noch möglich (§ 476 BGB). Es kann von vornherein – wenn überhaupt – nur der Anspruch auf Schadensersatz ausgeschlossen werden, und die Gewährleistungsfrist kann nur bei gebrauchten Sachen verkürzt werden, aber selbst da nur bis zu einer Mindestfrist von einem Jahr, also auf die Hälfte der regulären Gewährleistungsfrist. Für neue Sachen ist keine Verkürzung möglich.

- Eine ganz zentrale Regelung ist die **Beweislastumkehr** beim Sachmangel: Innerhalb der ersten sechs Monate ab Gefahrübergang wird prinzipiell vermutet, dass ein Mangel bereits bei Gefahrübergang vorhanden war, es sei denn, dies ist mit der Art der Sache oder des Fehlers nicht vereinbar (§ 477 BGB). **Beispiele:** Bei verdorbenem Fleisch oder bei einem CD-Player, der eindeutig Beschädigungen durch schlechte Behandlung aufweist, ist eine Beweislastumkehr schon kurz nach der Lieferung ausgeschlossen. Löst sich die Sohle eines Schuhs dagegen nach fünf Monaten, kommt beim Verbrauchsgüterkauf die Beweislastumkehr zum Tragen, d. h., der Verkäufer muss nachweisen, dass der Fehler bei Gefahrübergang noch nicht vorlag. Da ein derartiger Nachweis für den Käufer als Laien praktisch unmöglich wäre, erfüllt diese Regelung eine klare Schutzfunktion für den Verbraucher.

- Allerdings ist auch der Verkäufer im Gegensatz zum Hersteller häufig nicht in der Lage, einen derartigen Beweis zu führen. Daher gilt, dass ein Unternehmer, der gegenüber einem Verbraucher zu Leistungen wegen Sachmangels verpflichtet ist, diese ggf. an seinen Lieferanten weitergeben kann (**Unternehmerrückgriff** §§478 BGB).

Bei **Falllösungen im Kaufrecht** (z. B. zum Sachmangel, vgl. S. 118 ff.) muss grundsätzlich auch geprüft werden, ob ein Verbrauchsgüterkauf vorliegt und demzufolge entsprechende Regelungen greifen.

5.4 Verbraucherschutz: Besondere Vertriebsformen

Die §§312 ff. BGB regeln neben den Verbraucherverträgen auch die sogenannten Besonderen Vertriebsformen im BGB: **außerhalb von Geschäftsräumen geschlossene Verträge** (früher auch Haustürgeschäft genannt), **Fernabsatzgeschäfte** und als Unterkategorie zu den Fernabsatzgeschäften die Verträge im elektronischen Geschäftsverkehr, kurz **E-Commerce** genannt. Diese Vertriebsformen sind keine eigenständigen Vertragsarten wie z. B. Kauf oder Werkvertrag, sondern lediglich besondere Vertragsabschlussformen für die bekannten Vertragstypen. Sie haben unter §312 BGB mit zahlreichen Unterbuchstaben einen eigenen Abschnitt im BGB erhalten, da sie einige Gemeinsamkeiten aufweisen:

- Die Geschäfte werden zwischen **Unternehmern** (§14 BGB) und **Verbrauchern** (§13 BGB) als deren Kunden geschlossen.
- Die Geschäfte werden **außerhalb von Geschäftsräumen** des Unternehmers angebahnt oder geschlossen.
- Wegen der Besonderheit der Vertragsanbahnung und/oder des Vertragsabschlusses besteht ein **besonderer Schutzbedarf** für die beteiligten Verbraucher.

Aus diesen Gemeinsamkeiten ergibt sich für alle drei Vertragsabschlussformen auch eine gemeinsame Schutzregelung, nämlich **ein Widerrufsrecht** des Verbrauchers für den Vertrag.

Während die §§312 und 312a BGB den Anwendungsbereich und die Allgemeinen Pflichten bei Verbraucherverträgen regeln, behandeln die §§312b bis f die Untergruppe der außerhalb von Geschäftsräumen geschlossenen Verträge inkl. Fernabsatzverträge und die §§312i und j die Verträge im elektronischen Geschäftsverkehr.

Außerhalb von Geschäftsräumen geschlossene Verträge

Als „außerhalb von Geschäftsräumen geschlossene Verträge" (früher „Haustürgeschäfte") bezeichnet man gemäß § 312 b BGB jeden Vertrag, der

- bei gleichzeitiger körperlicher Anwesenheit zwischen einem Unternehmer und einem Verbraucher
- an einem Ort geschlossen wird, der **kein Geschäftsraum** des Unternehmers ist,
- oder in den Geschäftsräumen bzw. per Fernkommunikationsmittel, aber im unmittelbaren Anschluss an ein **persönliches und individuelles Ansprechen** des Verbrauchers durch den Unternehmer selbst oder einen seiner Beauftragten
- oder auf einer vom Unternehmer als **Ausflug** organisierten Werbe- bzw. Verkaufsveranstaltung geschlossen wird.

Es handelt sich also um Verträge, die in folgenden Situationen entstehen:

- Überraschende Vertreterbesuche, z. B. am Arbeitsplatz oder im privaten Umfeld,
- sogenannte Kaffeefahrten, d. h. Ausflüge oder Veranstaltungen nach Gewinnmitteilungen, bei denen eine Verkaufsveranstaltung stattfindet,
- direktes und individuelles Ansprechen in der Öffentlichkeit mit unmittelbar anschließendem Vertragsabschluss.

M 53: Kundenfang mit Schnäppchen bei Kaffeefahrten als organisierten Verkaufsveranstaltungen

Alle diese Situationen haben einen gewissen Überrumpelungseffekt, d. h., der Verbraucher hat wenig Zeit, den Erwerb einer Sache oder Dienstleistung zu überdenken, sodass die Wahrscheinlichkeit einer Fehlentscheidung größer ist als bei einem regulären Vertragsabschluss. Darüber hinaus werden die Angebote häufig als extrem günstig, aber zeitlich begrenzt dargestellt, sodass der Verbraucher zusätzlich in einen gewissen Zugzwang kommt.

Als Reaktion auf den missbräuchlichen Einsatz derartiger Vertragsabschlusssituationen hat der Gesetzgeber bereits 1986 das Haustürgeschäfte-Widerruf-Gesetz erlassen, das seit 2002 im BGB bei den Besonderen Vertriebsformen integriert ist (vgl. S. 142, Frist, Form und Folgen des Widerrufs bei Besonderen Vertriebsformen).

Fernabsatzgeschäfte, E-Commerce Trotz großer Zuwachsraten nahm der Online-Handel 2013 nur ca. 7,6 % des gesamten Einzelhandelsumsatzes ein. Immerhin hat sich nicht nur sein Volumen, sondern auch sein Anteil am Gesamtumsatz von 2000–2013 mehr als verzehnfacht. Der Online-Handel stellt den überwiegenden Anteil am sogenannten Interaktiven Handel dar, zu dem noch Versandhandel per Katalog, Teleshopping und Telefonmarketing dazukommen.

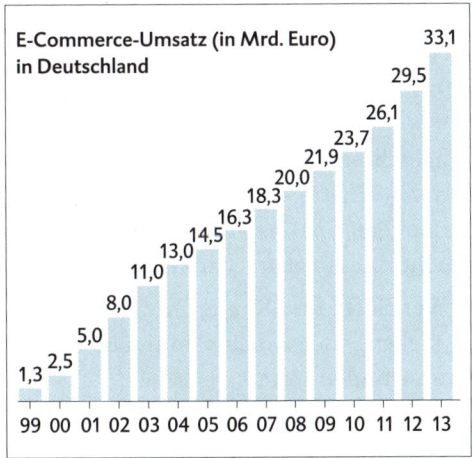

M 54: Umsatz im Online-Handel

Der gesamte Interaktive Handel, also das, was im BGB unter dem Titel **Fernabsatzgeschäfte** einzuordnen ist, erzielte mit ca. 48,3 Mrd. € im Jahr 2013 einen Anteil am gesamten Einzelhandelsumsatz von ca. 11,2 %.[14]

---

[14] http://www.bevh.org/presse/pressemitteilungen/details/datum/2014/februar/artikel/ ergebnisse-der-bvh-b2c-studie-2013-liegen-vor-interaktiver-handel-2013-massive-umsatzsteigerungen/

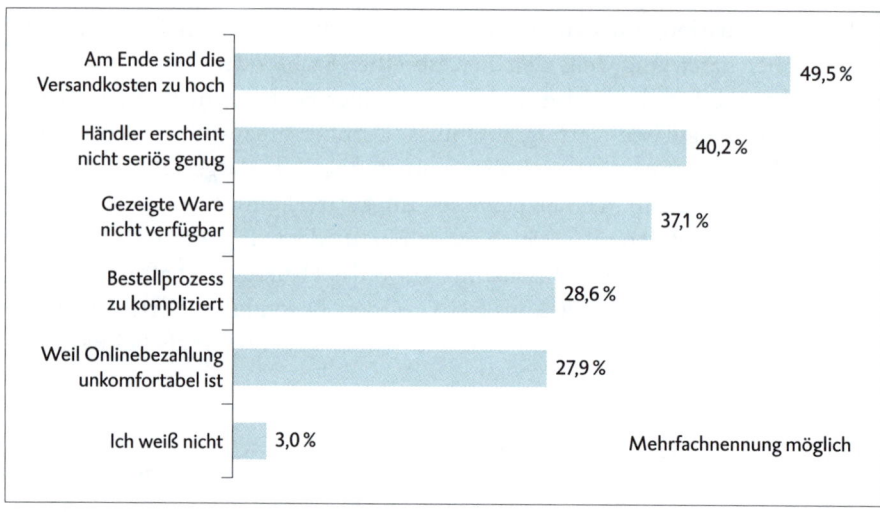

M 55: Gründe für Kaufabbruch im Online-Handel

Ungeachtet des relativ geringen Marktanteils von etwas über 10 % sind Fernabsatzgeschäfte – egal ob elektronisch oder eher traditionell abgewickelt – eine besondere Spezies, die auch spezielle rechtliche Regelungen erforderlich macht. Dies liegt v. a. daran, dass

● Verkäufer und Käufer in der Regel nicht in direktem Kontakt miteinander stehen, sodass keine individuelle Kaufberatung oder Kundeninformation stattfinden kann,

● die Vertrauenswürdigkeit und Professionalität des Verkäufers für den Kunden nicht direkt einschätzbar ist (außer ggf. über Qualitätssiegel und Kundenbewertungen, deren Authentizität aber auch nicht überprüfbar ist),

● die Ware nur über Abbildungen oder Filmaufnahmen vom Käufer eingeschätzt werden kann, sodass wichtige Produkteigenschaften wie Farbe, Form, Größe, Funktion und Qualität von den Vorstellungen des Käufers abweichen können,

● unter Umständen technische Hilfsmittel für den Vertragsabschluss eingesetzt werden, die zu Komplikationen führen können.

Dass dies immer wieder zu Problemen führt, zeigen die Abbildungen M 55 und M 56.

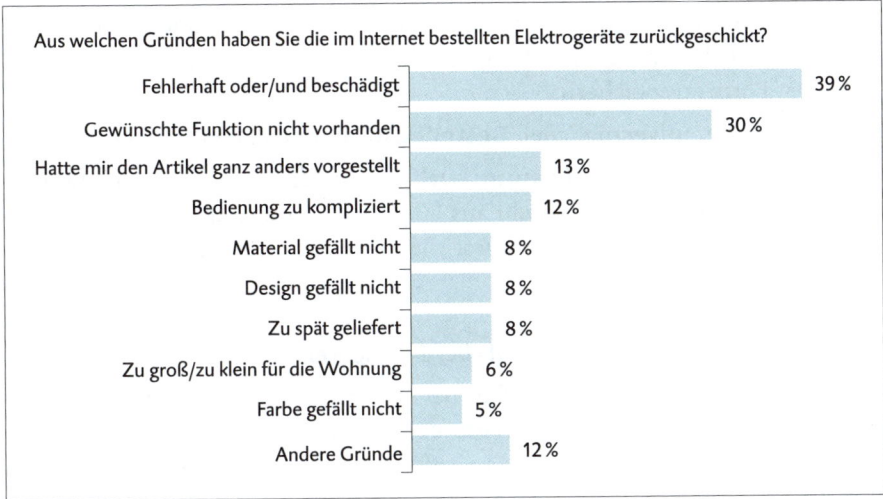

M 56: Rücksendungsgründe im Online-Handel

Da der Kunde im Fernabsatz die Ware erst nach Zusendung prüfen kann, gibt es folgende grundsätzliche **Verbraucherschutzregelungen:**

- Der Unternehmer muss auch hier umfassende **Informationspflichten** erfüllen (§ 312 a und d BGB).

- Genau wie bei den anderen außerhalb von Geschäftsräumen geschlossenen Verträgen hat der Käufer ein Widerrufsrecht (§§ 312 g, 355, 356 BGB). Allerdings gelten auch die gleichen Ausnahmen für eine Reihe von Verträgen bzw. Vertragsgegenständen, die im Gesetz (§§ 312 II und 312 g II BGB) einzeln aufgelistet werden (vgl. S. 143).

Besonderheiten im E-Commerce

Für den **elektronischen Geschäftsverkehr**, also Verträge über Waren oder Dienstleistungen, die mithilfe sogenannter **Telemedien** (z. B. elektronische Kommunikationsdienste im Internet) im Fernabsatz abgeschlossen werden, kommen weitere Regeln aus § 312 i und j BGB dazu, insbesondere:

- die Existenz angemessener, wirksamer und zugänglicher technischer Mittel, mit deren Hilfe der Kunde **Eingabefehler** vor Abgabe seiner Bestellung erkennen und berichtigen kann,

- erweiterte **Informationspflichten**,

- die Erfordernis, dem Kunden zu ermöglichen, die **Vertragsbestimmungen** einschließlich der AGB bei Vertragsschluss abzurufen und in wiedergabefähiger Form zu speichern,
- die Pflicht zur unverzüglichen **Bestellbestätigung** an den Kunden,
- die sogenannte **Button-Lösung**, nach der für die Gestaltung des Bestell-Buttons die besonderen Regeln aus § 312 j III BGB einzuhalten sind, insbesondere ein eindeutiger und ausschließlicher Hinweis darauf, dass „zahlungspflichtig bestellt" wird.

Frist, Form und Folgen des Widerrufs bei Besonderen Vertriebsformen

§ 312 g BGB sichert dem Verbraucher bei Geschäften im Rahmen von Besonderen Vertriebsformen ein **Widerrufsrecht** gemäß §§ 355, 356, 357 BGB zu. Die **Widerrufsfrist** beträgt **14 Tage**, sofern nichts anderes geregelt ist (§§ 355 II BGB).

Die **Frist beginnt** bei Verträgen unter Anwesenden mit dem **Vertragsabschluss** (§ 355 II 2 BGB) oder bei Fernabsatzverträgen **mit dem Erhalt der Ware** bzw. bei wiederkehrenden Lieferungen (Abonnements) mit der ersten vollständigen Teillieferung, **jedoch frühestens** ab dem Zeitpunkt, zu dem der Unternehmer den Verbraucher über sein **Widerrufsrecht informiert** hat (§ 356 II, III BGB). Sie endet auch ohne Widerrufsbelehrung spätestens 12 Monate und 14 Tage nach dem im Gesetz geregelten Beginn (§ 356 III 2 BGB). Für die **Widerrufsbelehrung** gibt es, im Gegensatz zu zahlreichen anderen Informationspflichten des Unternehmers, **keine Formvorschrift**.

Der Widerruf muss durch eine Erklärung des Verbrauchers erfolgen. Aus der **Widerrufserklärung** muss der Entschluss des Verbrauchers zum Widerruf des Vertrags eindeutig hervorgehen, er muss aber keine Begründung enthalten. Zur **Fristwahrung** genügt die rechtzeitige Absendung des Widerrufs. Es gibt keine gesetzlich vorgeschriebene Form. Um den Widerruf beweisen zu können, sollte er dennoch zumindest in Textform erfolgen.

Die **Folgen des Widerrufs** sind in den §§ 355 bis 357 BGB geregelt.

- Beide Vertragsparteien sind nicht mehr an ihre Willenserklärungen gebunden (§ 355 I BGB).
- Die empfangenen Leistungen sind unverzüglich, aber spätestens nach 14 Tagen zurückzugewähren, d. h. die Ware zurückzugeben bzw. -schicken und ein bereits bezahlter Kaufpreis zu erstatten (§§ 355 III, 357 I BGB).

- Im Fall der vollständigen Rücksendung der Ware muss der Verkäufer dem Käufer nicht nur den
Kaufpreis, sondern auch die Ver-
sandkosten der Hinsendung[15] erstatten (§ 357 II BGB). Die Rücksendekosten trägt der Verbraucher, wenn er darüber bei der
Bestellung unterrichtet wurde
(§ 357 VI BGB).

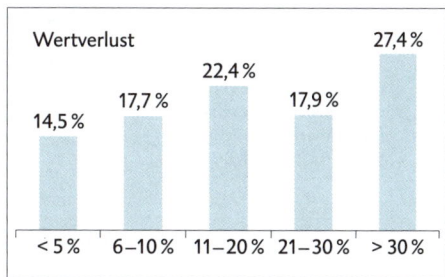

M 57: Durchschnittlicher Wertverlust der Waren

- Für eine Verschlechterung oder Abnutzung der Ware, die im Rahmen der
üblichen Prüfung der Eigenschaften und der Funktionsweise liegt, ist im
Falle einer Rücksendung kein Wertersatz an den Verkäufer zu leisten, selbst
wenn er die Retouren-Ware nur noch billiger verkaufen kann (§ 357 VII BGB).

- Für einen **Wertverlust**, der darüber hinausgeht, weil er nicht durch die erlaubte Prüfung entstanden ist, ist nur dann Ersatz zu leisten, wenn der Verbraucher vorschriftsgemäß über sein Widerrufsrecht unterrichtet wurde
(§ 357 VII BGB).

Es gibt allerdings auch Ausnahmen vom **Widerrufsrecht** bei besonderen
Vertriebsformen, geregelt in §§ 312 II und 312 g II BGB. Für die dort genannten
Fälle sind die Vorschriften der §§ 312 ff. entweder gar nicht anwendbar (§ 312
II BGB) oder es gibt zumindest kein Widerrufsrecht (§ 312 g II BGB), z. B.
wenn

- der Wert der Ware oder Leistung 40 € nicht übersteigt und sofort erbracht
und bezahlt wurde (sogenannte Bagatellklausel; z. B. Kauf einer Decke für
39,90 €),
- ein Notar den Vertrag beurkundet hat,
- die Art der Ware einen Widerruf unbillig macht, z. B. leicht verderbliche,
individuell angefertigte oder aus Hygienegründen versiegelte Ware, bei der
das Siegel geöffnet wurde.

Zusammenfassung der Verbraucherschutzregelungen bei Besonderen Vertriebsformen

Aufgrund ihrer besonderen Rahmenbedingungen erfordern die Besonderen
Vertriebsformen auch besondere Verbraucherschutzregelungen, die inhaltlich
weitgehend durch Europäische Richtlinien bestimmt sind.

---

15 BGH, Urteil des VIII. Zivilsenats vom 7. 7. 2010 – VIII ZR 268/07

Besondere Vertriebsformen		
Außerhalb von Geschäftsräumen geschlossene Verträge ohne Fernabsatzgeschäfte/ E-Commerce („Haustürgeschäfte") § 312b BGB	Fernabsatzgeschäfte § 312c BGB	E-Commerce § 312i BGB
Vertrag zwischen Unternehmer und Verbraucher (Verbrauchervertrag gem. § 310 III BGB)		
über eine entgeltliche Leistung des Unternehmers (§ 312 I BGB)		
• bei oder nach gleichzeitiger körperlicher Anwesenheit beider Vertragsparteien • außerhalb der Geschäftsräume des Unternehmers oder unmittelbar nach einer persönlichen und individuellen Ansprache außerhalb der Geschäftsräume • oder auf einem als Werbe-/ Verkaufsveranstaltung organisierten Ausflug • geregelt in § 312b BGB	• im Rahmen eines für den Fernabsatz organisierten Vertriebs- oder Dienstleistungssystems (§ 312c I BGB) • ohne gleichzeitige Anwesenheit der Vertragsparteien (§ 312c II BGB)	
	ausschließlich über Fernkommunikationsmedien (§ 312c BGB)	ausschließlich über Telemedien (Vertrag im elektronischen Geschäftsverkehr, § 312i BGB)
Vertreterbesuch, Kaffeefahrt, Direktmarketing	Katalogversand, Tele-Shopping, Telefonmarketing	Online-Shopping im Internet oder über Social Media
• keine bzw. nur eingeschränkte Anwendbarkeit auf bestimmte Vertragsformen, geregelt in § 312 BGB • umfassende **allgemeine Pflichten und Grundsätze**, geregelt in § 312a BGB		
umfassende Informationspflichten (§ 312d BGB)		
		• noch weitergehende Informationspflichten gemäß §§ 312i und j BGB • Zurverfügungstellen der technischen Möglichkeit zur Kontrolle und Korrektur der Bestellung (§ 312i I Nr. 1 BGB) • Pflicht zur unverzüglichen Bestellbestätigung (§ 312i I Nr. 3 BGB) • eindeutig gekennzeichneter Bestell-Button (§ 312j III BGB)
• Widerrufsrecht des Verbrauchers (§§ 312g, 355 I, 356 I BGB) • Widerrufsfrist mindestens 14 Tage bei rechtzeitiger Information (§§ 312d, 312g II, 355 II, 356 II, III BGB) • Widerrufsfrist max. 12 Monate und 14 Tage bei Nichterfüllung der Informationspflichten durch den Unternehmer (§ 356 III 2 BGB) • Fristbeginn bei Waren grundsätzlich erst mit der Lieferung, sonst bei Vertragsabschluss (§ 356 II BGB) • Ausnahmen vom Widerrufsrecht bei bestimmten Vertragsgegenständen, geregelt in § 312g II BGB		

Row labels (left column, rotated): Voraussetzungen · z. B. · Regelungen

	• Rückgewähr der erhaltenen Leistungen innerhalb von 14 Tagen ab Widerruf. • Erstattung des Kaufpreises und der Hinsendekosten an den Verbraucher (§ 357 II BGB) • Rücksendekosten trägt der Verbraucher, wenn er darüber vor Vertragsabschluss informiert wurde (§ 357 VI BGB)	
	• **kein Wertersatz** für Verschlechterung oder Abnutzung im Rahmen der regulären Prüfung der Ware (§ 357 VII Nr. 1 BGB) • **Wertersatz** für darüber hinausgehende Verschlechterung **nur bei rechtzeitiger Information** über das Widerrufsrecht (§ 357 VII Nr. 2 BGB)	
Ziele der Regelungen	• Schutz vor übereiltem bzw. unüberlegtem Vertragsabschluss • Schutz vor Belastung durch Wertersatz im Rahmen der regulären Warenprüfung • Schutz vor unerwarteten Kosten des Widerrufs durch Erstattung der Rücksendekosten bei fehlender Information über Kosten der Rücksendung	
		• Schutz vor vertraglicher Bindung an räumlich entfernten Vertragspartner • Schutz vor Bindung an den Kauf von Waren, die nicht den Vorstellungen / Angaben im Telemedium entsprechen
		Schutz vor ungewolltem Vertrags-schluss oder unerwünschter Vertragsgestaltung online

M 58: Verbraucherschutzregelungen bei Besonderen Vertriebsformen

5.5 Termine, Fristen und Verjährung beim Kauf

Das Rechtsinstitut der **Verjährung** stellt sicher, dass Ansprüche nicht unendlich lange bestehen, sondern nach dem Ablauf gesetzlich festgelegter Fristen nicht mehr geltend gemacht werden können. Außerdem gibt es beim Kauf einige andere **Fristen** bzw. **Termine** mit rechtlicher Relevanz.

Für den Kauf gelten folgende wesentliche Termin-, Frist- und Verjährungsregeln:

• Die **Annahme** des Antrags kann unter Anwesenden nur sofort erfolgen, unter Abwesenden unverzüglich ab Zugang des Antrags, es sei denn, es wurde eine Frist vereinbart (§§ 147, 148 BGB).

• Die **Fälligkeit** der Leistung, die für die meisten Ansprüche aus Pflichtverletzungen Voraussetzung ist, bestimmt sich danach, ob ein Leistungstermin vereinbart wurde oder nicht. Ohne Leistungstermin ist die Leistung sofort fällig (§ 271 I BGB); mit Termin erst ab dem vereinbarten Zeitpunkt (§ 271 II BGB). Bezeichnungen wie z. B. „Mitte des Monats" oder „innerhalb einer Woche" sowie Beginn und Ende der Fristberechnung sind in §§ 187 ff. BGB geregelt (vgl. S. 96).

- Die **Beweislastumkehr** bei Verbrauchsgüterkauf greift innerhalb der ersten sechs Monate ab Gefahrübergang (§477 BGB) (vgl. S. 135 f.).

- Die regelmäßige **Verjährungsfrist für Primärleistungsansprüche** aus Kaufverträgen – also Lieferung der Sache bzw. Bezahlung des Kaufpreises – ist drei Jahre und beginnt mit dem Ende des Kalenderjahres, in dem der Anspruch entstanden ist, d. h. in dem die Fälligkeit für Lieferung bzw. Zahlung liegt (§§195, 199 BGB). Danach kann die Leistung nicht mehr verlangt werden. Diese Verjährungsfrist gilt also auch in allen Fällen der verspäteten Leistung bzw. des Verzugs.

- Für **Ansprüche aus Sachmangel** bei beweglichen Sachen ist die Verjährungsfrist zwei Jahre (§438 I Nr. 3 BGB) und beginnt bereits mit der „Ablieferung", d. h. in der Regel mit der Übergabe der Sache (§438 II BGB).

- Theoretisch kann man beim Kauf die Gewährleistung vertraglich auch komplett ausschließen oder die Gewährleistungsfrist verkürzen. Beim **Verbrauchsgüterkauf** geht dies für alle Ansprüche außer Schadensersatz nur begrenzt: Bei neuen Sachen muss die Frist die vollen zwei Jahre gemäß §438 BGB betragen, bei gebrauchten Sachen kann sie maximal auf ein Jahr verkürzt werden (§§474, 476 II BGB, vgl. S. 136 f.).

- Für **Schadensersatzansprüche** kann die Verjährung allerdings auch anders geregelt werden (§476 III BGB).

Aufgaben

1 B kauft sich bei A im Rahmen einer Sonderaktion einen neuen Satz Winterreifen inklusive Felgen und Montage für sein auf 300 PS getuntes Auto. Als er sein Auto nach Ladenschluss mit dem Zweitschlüssel abholt, stellt B anhand des Aufklebers neben dem Lenkrad fest, dass die Reifen nur bis 190 km/h zugelassen sind. Im Verkaufsgespräch war davon keine Rede, obwohl ausgiebig über das getunte Fahrzeug „gefachsimpelt" wurde. Außerdem entdeckt B im Lack über dem Radlauf mehrere tiefe Kratzer, die eindeutig bei der Montage der Reifen entstanden sind. Da er wegen der späten Uhrzeit A nicht mehr erreichen kann, fährt B mit dem Auto nach Hause. Auf der Heimfahrt stellt er fest, dass die Räder einwandfrei laufen.

Grenzen Sie am vorliegenden Beispiel begründet zwischen Hauptleistungspflicht, leistungsbezogener Nebenpflicht und leistungsbegleitender Schutzpflicht ab und stellen Sie fest, ob diese erfüllt wurden.

2 Erläutern Sie den Unterschied zwischen verspäteter Leistung und Verzug und begründen Sie, warum die Unterscheidung der beiden Tatbestände wichtig ist.

3 Geben Sie einen Überblick, welche Ansprüche bei verspäteter Leistung bzw. Verzug theoretisch möglich sind, und erläutern Sie diese kurz mithilfe selbst gewählter Beispiele.

4 Der 20-jährige Anton (A) gewinnt bei einem Preisausschreiben für Mitte August einen Traumurlaub in der Karibik. Um in diesem einmaligen Urlaub die Erlebnisse über und unter Wasser festhalten zu können, sieht sich A eine Digitalkamera der Serie *Waterproof* beim Fachhändler Billig (B) für 599 € an. Nach einem längeren Beratungsgespräch entscheidet sich A am 3. Juli 2009 schließlich für die Kamera. B hat allerdings nur das Vorführgerät vorrätig und bietet A an, die Kamera zu bestellen. A ist unschlüssig. Nachdem B ihm versichert, dass die Kamera zuverlässig noch im Juli kommen wird, willigt A schließlich ein und leistet eine Anzahlung von 60 €. Von dem Urlaub erzählt A allerdings nichts.

Als A am 2. August die Kamera abholen will, ist B völlig zerknirscht. Die Lieferung sei wegen eines Streiks im Herstellerwerk noch nicht eingetroffen und er könne das auch nicht ändern. Die Vorführkamera könne er ihm auch nicht mitgeben, da sie defekt sei. Verärgert verlässt A den Laden, ohne noch etwas zu sagen, geht direkt zum nächsten Fotoladen und findet dort die Kamera. Er leiht sie dort zum Preis von 150 € für drei Wochen aus.

Erst vier Wochen später, nach seinem Urlaub, geht A wieder zu B. Die bestellte Kamera ist wegen des Streiks noch immer nicht da. A reicht es jetzt. Er sagt B, dass für ihn die Sache damit endgültig erledigt sei, und will seine Anzahlung zurück. B entgegnet, dass das nicht so einfach geht. Schließlich habe A für die Kamera eine verbindliche Bestellung unterschrieben.

a) Prüfen Sie im Gutachtenstil, ob A im Recht ist.

b) Erläutern Sie (keine Prüfung!), ob A die 150 € Leihgebühr von B verlangen könnte.

c) Gehen Sie davon aus, dass A dem B eine letzte Frist von einer Woche zur Lieferung setzt, die Kamera von B aber auch in diesem Zeitraum nicht beschafft werden kann. A bekommt sie ohne Probleme beim Fachgeschäft F, wo sie jedoch 100 € mehr kostet. Prüfen Sie im Gutachtenstil, ob A von B die Kaufpreisdifferenz verlangen kann.

d) Gehen Sie davon aus, dass B innerhalb der von A gesetzten Frist zwar die Kamera, aber nicht die mitbestellte Fototasche liefern kann. Außerdem hat A die Kamera mittlerweile bei der Konkurrenz um 50 € billiger entdeckt. Stellen Sie fest, ob A sich aus dem gesamten Kamerageschäft mit B lösen kann.

5 Der Student Sigmar Soll (S) muss nach einem Hochwasserschaden seine Wohnung renovieren lassen. Unter anderem braucht er eine neue Küche. Drei Tage nach Abschluss der Arbeiten und Einbau der Küche am 15. 3. erhält S die Rechnung des Einrichtungshauses Elegant (E) in Höhe von 2 000 € für die Küche. Die Rechnung enthält den Vermerk, dass die Zahlung spätestens 14 Tage nach Rechnungsdatum (13. 3.) zu erfolgen hat. S begleicht die Rechnung nicht, da er noch auf die Zahlung der Versicherung wartet und keinen Kredit aufnehmen möchte. Sein Konto ist ohnehin schon überzogen. Am 15. 4. erhält S ein Schreiben von E, in dem außer der Zahlung der 2 000 € auch noch Bearbeitungsgebühren für den erneuten Schriftverkehr in Höhe von 5 € und Verzugszinsen gefordert werden.

a) Erläutern Sie, ob die Forderungen von E rechtmäßig sind und ab welchem Zeitpunkt S ggf. Verzugszinsen zahlen muss.

b) Widerlegen Sie die Behauptung, dass ohne den 14-Tage-Vermerk in der Rechnung S spätestens 30 Tage nach Leistung und Rechnungszugang im Verzug ist.

6 Geben Sie einen Überblick, welche Ansprüche bei Sachmängeln theoretisch möglich sind, und erläutern Sie diese kurz mithilfe selbst gewählter Beispiele.

7 Der 20-jährige Anton (A) gewinnt bei einem Preisausschreiben einen Traumurlaub in der Karibik. Um in diesem einmaligen Urlaub die Erlebnisse über und unter Wasser festhalten zu können, sieht sich A eine Digitalkamera der Serie *Waterproof* beim Fachhändler Billig (B) für 599 € an.

Nach den Angaben des Herstellers im Werbe- und Prospektmaterial, das B dem A zur Information gibt, ist die Kamera auch für den Unterwassereinsatz geeignet. Nach einem längeren Beratungsgespräch entscheidet sich A am 3. Juli schließlich für die Kamera, bezahlt sie und nimmt ein originalverpacktes Exemplar mit nach Hause.

Ein Woche später im Urlaub in der Karibik stellt A nach einem ersten Test-Tauchgang im Swimmingpool fest, dass in die Kamera Wasser eingedrungen ist und die Speicherkarte zerstört hat. Sein Reisebegleiter Schlau (S) weist A darauf hin, dass er eine baugleiche Kamera mit dem gleichen Problem ebenfalls bei B ausgeliehen hatte und diesen auf die Undichtigkeit hingewiesen hatte. Auch würde in einschlägigen Internetforen für Spezialisten diskutiert, dass einige Baureihen der Kamera genau dieses Problem hätten.

Um seine Tauchgänge trotzdem dokumentieren zu können, kauft sich A kurzerhand bei einem Fachgeschäft am Ferienort eine andere Kamera für umgerechnet 700 € und eine neue Speicherkarte.

a) Erstellen Sie eine Systematik über die verschiedenen Arten des Sachmangels und ordnen Sie den obigen Fall in Ihre Systematik ein.

b) Prüfen Sie, ob und ggf. welche Schadensersatzansprüche A gegen B geltend machen könnte.

8 Diskutieren Sie anhand der obigen Fallbeispiele aus den Aufgaben 4, 5 und 7 den Interessenausgleich bei Ansprüchen aus verspäteter Leistung, Verzug und Sachmangel.

9 Entwickeln Sie ein Fallbeispiel, das möglichst viele Elemente und Grenzen der Vertragsfreiheit sowie deren Bedeutung für eine funktionierende Wirtschaft enthält.

10 Zeigen Sie mithilfe der Regelungen zum Verbrauchsgüterkauf (§§ 474 ff. BGB), dass der Gesetzgeber die Vertragsfreiheit hier deutlich einschränkt.

11 Geben Sie einen Überblick über Verbraucherschutzregelungen im Zusammenhang mit dem Verbrauchsgüterkauf und bei Besonderen Vertriebsformen.

12 Begründen Sie die Notwendigkeit von Verbraucherschutzregelungen.

13 A kauft sich beim Fachhändler B vor Ort eine neue Computeranlage mit Bildschirm und Drucker. Als er sie zu Hause aufbaut und in Betrieb nimmt, stellt er fest, dass der Monitor mitten im Bild einen hell leuchtenden Pixelfehler hat, obwohl auf der Verpackung steht „Fehlerklasse I". Als er bei B reklamiert, verweist dieser ihn auf die Norm EN ISO 9241-307, nach der in Fehlerklasse I je ein schwarzer und ein hell leuchtender Pixel pro Million Pixel erlaubt sind, und verweigert den Austausch des Monitors.

Als A die ärgerliche Geschichte seinem Freund F erzählt, meint dieser: „Siehst Du, deshalb kaufe ich meine Bildschirme immer im Internet."

a) Erklären Sie, auf welche Verbraucherschutzregelung sich F mit seiner Bemerkung bezieht.

b) Diskutieren Sie aus Verbrauchersicht weitere Vor- und Nachteile des Kaufs im Internet und zeigen Sie an ausgewählten Aspekten, wie der Gesetzgeber versucht, einen Interessenausgleich zwischen Anbietern und Kunden über entsprechende gesetzliche Regelungen zu erreichen.

14 Entwickeln Sie aus Verbrauchersicht eine alternative Regelung zu §357 VI 1 und 2 BGB.

15 Interpretieren Sie die folgende Karikatur vor dem Hintergrund der Regelungen zum Fernabsatzgesetz.

"This is one of the pitfalls of shopping online..."

M 59: „Das ist einer der Haken am Onlineshopping"

Lösungen

Strategien und Hinweise zum Lösen von Prüfungsaufgaben

Alle §§-Angaben beziehen sich – soweit nicht anders vermerkt – auf das BGB.

1 Geeignete Paragrafen wären z. B.
   - Konkret: §§ 2, 104 Nr. 1, 105 I, 132 I, 910, 960, 964, 1297, 2077
   - Abstrakt: §§ 138 I, 157, 159, 242, 249 I, 307 I, 986 I
   Vor- und Nachteile: vgl. S. 14 f.

2 *(Hinweis: die eher stichpunktartige Lösung unten kann und sollte ggf. in einen geschlossenen Text eingearbeitet werden):*

Meike kann dann Schadensersatz verlangen, wenn die Tatbestandsmerkmale des § 1 ProdHaftG erfüllt sind.

Satz 1:
   - Fehler eines Produkts: trifft zu, in Form eines Materialfehlers der Rolle
   - Sachen beschädigt: trifft zu, da Jacke, Lieferwagen und ggf. die Skates beschädigt wurden
   - Schaden mit Kausalzusammenhang: trifft zu, da ohne die defekte Rolle die Schäden nicht entstanden wären

Zwischenergebnis: Nach Satz 1 des § 1 ProdHaftG besteht Schadensersatzpflicht des Herstellers an Meike und die Bäckerei, deren Höhe gemäß §§ 249 ff. ermittelt werden kann.

Satz 2:
   - Sachbeschädigung: trifft für Jacke, Lieferwagen und ggf. die Skates zu
   - andere Sache als das fehlerhafte Produkt: trifft nur für Jacke und Lieferwagen zu, nicht für die Skates
   - der Art nach gewöhnlich für den privaten Ge- oder Verbrauch bestimmt: trifft nur für die Jacke zu, nicht für Lieferwagen, da dieser im Gewerbe der Bäckerei eingesetzt ist
   - hierzu vom Geschädigten hauptsächlich verwendet: trifft nur für die Jacke zu, da es eine Sportjacke ist, nicht für Lieferwagen, da er zu Auslieferung der Backwaren eingesetzt wird.

Ergebnis: Der Hersteller ist aus § 1 ProdHaftG nur für die Jacke schadensersatzpflichtig, nicht aber für die Skates, da sie das fehlerhafte Produkt sind, und auch nicht für den Lieferwagen, da er gewerblich genutzt wird.

3 V kann Anspruch auf Schadensersatz gegen A geltend machen, wenn dieser eine unerlaubte Handlung begangen hat, d. h., wenn die folgenden Tatbestandsmerkmale des § 823 I erfüllt sind:

- „Wer": trifft zu, da A handelt
- Rechtsgutverletzung trifft zu, da A das Tor des V durch seinen Fußtritt beschädigt (Beule im Tor)
- Verschulden durch Vorsatz oder Fahrlässigkeit liegt vor, da A absichtlich gegen das Tor tritt und damit zumindest fahrlässig in Kauf nimmt, dass es beschädigt wird, selbst wenn der Schaden nicht seine Absicht war.
- Widerrechtlichkeit liegt vor, da A für sein Verhalten keinen Rechtfertigungsgrund wie z. B. Notwehr (§ 227) hat.
- Schaden mit Kausalzusammenhang liegt vor, da der Fußtritt die Beule im Tor verursacht

Ergebnis: Gemäß § 823 I ist A dem V zum Ersatz des entstandenen Schadens verpflichtet. Dieser ergibt sich aus §§ 249 ff., d. h., A muss das Tor reparieren (lassen) oder den erforderlichen Geldbetrag dafür bezahlen.

Da A 17 Jahre alt ist, ist allerdings zu prüfen, inwieweit er aufgrund seines Alters für den Schaden verantwortlich ist (Deliktsfähigkeit § 828).

A ist als 17-Jähriger beschränkt deliktsfähig und haftet gemäß § 828 III nur dann, wenn er die erforderliche Einsicht in seine schädigende Handlung hat. Bei einem 17-Jährigen ist davon auszugehen, dass er weiß, dass ein Fußtritt „mit voller Wucht" ein Garagentor beschädigt.

Ergebnis: A ist für den Schaden verantwortlich und muss den Schadensersatz gemäß § 823 leisten.

Grundlagen unserer Rechtsordnung

Alle §§-Angaben beziehen sich – soweit nicht anders vermerkt – auf das BGB.

1 Anders als Sitten und Bräuche oder Moralvorstellungen sind rechtliche Vorschriften kodifiziert, d. h. schriftlich in Gesetzbüchern festgehalten. Ihre Einhaltung ist verbindlich, Verstöße werden durch die staatlichen Organe sanktioniert. Ein Verstoß gegen sittliche und/oder moralische Vorstellungen hingegen wird höchstens durch gesellschaftliche Ausgrenzung oder „göttliche Bestrafung" geahndet. Auch ist bei rechtlichen Vorschriften der räumliche Geltungsbereich klar definiert (z. B. innerhalb der Landesgrenzen oder einer Kommune), während Vorschriften aus dem Bereich Sitte und Brauchtum häufig nur sehr kleinräumig und mit fließenden Übergängen Anwendung finden.

2 Ordnungsfunktion: Rechtliche Vorschriften regeln das Zusammenleben der Menschen. Konflikte können und sollen so vermieden bzw. „gerecht" gelöst werden (z. B. Straßenverkehrsordnung).

Schutzfunktion: Recht schützt die Interessen des Einzelnen und der Gemeinschaft (vgl. geschützte Rechtsgüter im Bürgerlichen Recht). Ein Verstoß wird sanktioniert und/oder muss zumindest ausgeglichen werden (vgl. § 242 StGB Diebstahl und § 823 Rechtsgutverletzung „Eigentum").

Straffunktion: Verstöße gegen geltende Rechtsvorschriften werden durch das Recht sanktioniert (z. B. Strafrecht, Ordnungswidrigkeiten).

Ausgleichsfunktion: Rechtsvorschriften regeln den Ausgleich eines Schadens, z. B. wenn im Rahmen einer unerlaubten Handlung fremdes Eigentum beschädigt wurde (vgl. § 823).

Erziehungsfunktion: Der Gesetzgeber berücksichtigt, dass bei Kindern und Jugendlichen die geistig-moralische Entwicklung noch nicht abgeschlossen ist, und gesteht ihnen daher gewisse Übergangszeiträume zu, innerhalb derer sie sich auf ihre Rechte und Pflichten als Erwachsene vorbereiten können (z. B. § 19 StGB, Schuldunfähigkeit des Kindes, Regelungen zur beschränkten Deliktsfähigkeit von Jugendlichen § 828 BGB).

3 Hierbei wird vor allem auf die Schutz- und Erziehungsfunktion des Rechts abgezielt: Das beschädigte Rechtsgut Eigentum (Sachschaden) soll durch den Minderjährigen durch eigene Arbeitsleistung wiederhergestellt werden (Schutzfunktion). Der Richter verzichtet auf eine Strafe im engeren Sinn, indem er nur eine Auflage erteilt und somit dem Jugendlichen die Chance

gewährt, den begangenen Fehler im Rahmen der Arbeitsleistung wiedergutzu-
machen und über sein Verhalten nachzudenken (Erziehungsfunktion).

4 Das Zitat umfasst den zentralen Aspekt der Gleichheit. Gesetze gelten für alle
Bürger gleichermaßen und sind einzuhalten. Wer dies beachtet, handelt nach
Aristoteles' Aussage „gerecht". Ungerecht hingegen handelt der, der versucht,
quasi eine Sonderstellung über dem Gesetz zu erlangen.
  Die Dimensionen der Billigkeit und Rechtssicherheit spielen in dem Zitat
keine Rolle.

5 Damit Gesetze eingehalten werden (können), muss gewährleistet sein, dass
jedermann von ihnen Kenntnis erlangen kann und sie dauerhaft Bestand haben. Daher werden Rechtsnormen schriftlich festgehalten und nach Möglichkeit nur in zeitlich größeren Abständen geändert. Ebenso müssen sie für alle
Bürger gleichermaßen gelten und dürfen nicht situativ angepasst werden. Ein
negatives Beispiel stellt in diesem Zusammenhang die Ära Berlusconi in Italien
dar, wo durch den Ministerpräsidenten Gesetze neu geschaffen oder so abgeändert wurden, dass bestimmte Vergehen nachträglich legalisiert wurden.

6 Nach Auffassung des Rechtspositivismus sind Gesetze strikt einzuhalten, egal
ob sie Unrecht beinhalten oder nicht. Folglich hat z. B. ein Aufseher eines
Konzentrationslagers korrekt gehandelt, wenn er entsprechend seinen Anwei-
sungen unschuldige Zivilisten in den Tod geschickt hat, auch wenn dies einen
fundamentalen Verstoß gegen die Menschenrechte darstellt.
  Nach Auffassung der Naturrechtslehre muss aber jedes Gesetz mit dem
übergeordneten Normenkatalog der Menschenrechte konform sein. Ist dies
nicht der Fall, muss gegen derartige Normen verstoßen und Widerstand geleistet werden. Um künftig solche Fälle zu vermeiden, wird nach dem Grundgesetz den Bürgern sogar ein „Recht zum Widerstand" gewährt, wenn „andere
Abhilfe" nicht möglich ist (vgl. Art. 20 IV GG).

7 Die grundlegenden Menschenrechte finden sich in den Art. 1 bis 19 GG und
sind explizit geschützt (vgl. Art. 79 III GG). Dazu gehören z. B. der Schutz der
Würde des Menschen (Art. 1 GG) sowie das Recht auf freie Entfaltung der
Person (Art. 2 GG).

8 Gemäß Art. 20 GG geht alle staatliche Gewalt vom Volk aus und ist an Recht
und Gesetz gebunden. In einem demokratischen Prozess geben sich die Bürger
Gesetzesvorschriften und ermächtigen bestimmte staatliche Organe, deren

Einhaltung zu überwachen sowie ggf. bei Bedarf auch Gewalt anzuwenden. Die jeweiligen Grenzen sind dabei ebenfalls in den Rechtsnormen festgelegt. So regelt z. B. das Strafgesetz, welches Verhalten seitens des Staates sanktioniert wird und welche Strafe bei einem Verstoß vorgesehen ist.

9   Gewohnheitsrechte sind in der Regel nicht schriftlich festgehalten, gelten meist nur für eine bestimmte Gruppe oder einen räumlich begrenzten Bereich (z. B. Wegerechte in einem Dorf) und ergeben sich durch langjährige Anwendung. Damit wird auch die Problematik klar. Zieht z. B. eine Person von außen in ein Dorf, sind ihr diese Rechte nicht bekannt und es kann zu Streitigkeiten kommen, wenn sie bemerkt, dass die Dorfbewohner regelmäßig ihr Grundstück überqueren bzw. sie den Durchgang durch einen Zaun verwehrt.

10 Bei dem Unfall wird Eigentum (zwei Pkw) beschädigt (privates Recht, BGB). Das Telefonat mit dem Mobiltelefon stellt ggf. einen Verstoß gegen die Straßenverkehrsordnung und eine Ordnungswidrigkeit dar, wenn keine Freisprecheinrichtung verwendet wurde (Öffentliches Recht, StVO). Der entstandene Personenschaden (geschütztes Rechtsgut Körper/Gesundheit, privates Recht, BGB) führt zu einem Arbeitsausfall (Arbeitsrecht, z. B. Regelungen zur Lohnfortzahlung im Krankheitsfall) und zur Berufsunfähigkeit (öffentliches Recht, Sozialgesetzbuch).

11 Zum Beispiel:
- Seit dem Jahr 2000 haben auch Frauen die Möglichkeit, bei der Bundeswehr „Dienst an der Waffe" zu leisten.
- Menschen mit einem Handicap (einer Behinderung) muss der Zugang zum Regelschulsystem möglich sein. Dafür hat der Sachaufwandsträger (Staat, Kommune) entsprechende Vorkehrungen zu treffen (z. B. Rampen für Rollstuhlfahrer).

Strafrecht

1 Das deutsche Rechtssystem gliedert sich in öffentliches und privates Recht. Beim Strafrecht handelt es sich um einen Teil des öffentlichen Rechts. Es gilt hier das Prinzip der Über- und Unterordnung, da im Strafrecht die Beziehung des Einzelnen zum Staat geregelt wird. Der Staat nimmt dabei die stärkere Position ein. Die strafrechtlichen Vorschriften sind zwingend, können also nicht durch Verhandlungen der Vertragsparteien abgeändert werden.

2 Beim materiellen Strafrecht handelt es sich überwiegend um die Regelungen im Strafgesetzbuch. D. h., es werden einzelne strafbare Tatbestände und die damit verbundenen Sanktionen definiert. Das formelle Strafrecht hingegen umfasst Formvorschriften, z. B. wie das Strafrecht anzuwenden ist (Ablauf eines Strafprozesses sowie des Strafvollzugs).

3 Das Strafrecht legt fest, welche Verhaltensweisen seitens der Gesellschaft nicht akzeptiert werden und daher unter Strafe stehen. Jedem Bürger ist es möglich, diese im Strafgesetz nachzulesen und sein Verhalten entsprechend anzupassen. Zugleich können die festgelegten Sanktionen auch auf den Einzelnen abschreckend wirken und somit dazu beitragen, Verstöße vorab zu verhindern.

4 Es wird zwischen Rechtsgütern der Gemeinschaft und des Einzelnen unterschieden. Der Aufbau des Strafgesetzbuchs folgt dieser Zweiteilung. Zunächst werden im StGB Verstöße gegen Rechtsgüter der Gemeinschaft aufgeführt, die unter Strafe gestellt sind (z. B. Gefährdung des Friedens, Abschaffung der Demokratie). Anschließend folgen die Rechtsgüter des Einzelnen (z. B. Mord → Leben, Sachbeschädigung → Eigentum).

5 Vgl. M 15, S. 38

6 Die Todesstrafe findet nur noch in wenigen Ländern der Welt Anwendung. Entsprechend der absoluten Theorie und dem biblischen Grundsatz „Auge um Auge" wird sie meist nur bei schweren Straftaten, z. B. gegen das menschliche Leben (Mord), angewendet. Gleiches wird mit Gleichem vergolten. Die Todesstrafe ignoriert dabei den zentralen Gedanken der relativen Straftheorie, wonach selbst einem Mörder die Möglichkeit gegeben werden sollte, das Unrecht seiner Tat einzusehen und die Möglichkeit zur Besserung sowie einer Reintegration in die Gesellschaft zu erhalten.

7 Die Jugendlichen haben fremdes Eigentum beschädigt. Diese Tat soll nicht un-
gesühnt bleiben. Daher wird seitens des Richters die Auflage von „10 Sozialstunden" erteilt. Das entspricht dem Gedanken der Buße und Sühne nach der
absoluten Theorie. Zugleich müssen die Jugendlichen den Schaden beseitigen
sowie zusätzlich eine Grünanlage reinigen. Dadurch soll ihnen bewusst werden, welches Unrecht sie begangen haben und wie groß der entstandene Schaden ist. Außerdem sollen sie einen Dienst an der Gemeinschaft leisten. Dies
entspricht dem Gedanken der relativen Straftheorie (positive Spezialprävention).

8 Voraussetzungen für das Vorliegen einer Straftat sind die Tatbestandsmäßig-
keit und Rechtswidrigkeit der Handlung sowie die Schuld des Täters. Mit der
Frage nach dem Motiv gehen Staatsanwaltschaft und Polizei dem subjektiven
Tatbestand nach. Dies ist wichtig, um zu verstehen, aus welchen Gründen
heraus der Täter eine Straftat begangen hat und somit ob überhaupt eine
Straftat vorliegt.

9

Tatbestandsmäßigkeit		Rechtswidrigkeit	Schuld
objektiv: Anna hat Bernd mit einem Kissen erstickt. Durch das Kissen wurde die Luftzufuhr unterbrochen, woran Bernd gestorben ist.	subjektiv: Annas Wille war es nicht, Bernd zu töten, sondern das Schnarchen „abzu-stellen". Eine Tötungs-absicht lag nicht vor (vgl. § 211 StGB).	Es liegt kein Rechtfer-ti-gungsgrund für die Tat vor.	Anna ist erwachsen und voll schuldfähig. Sie handelt fahrlässig, da sie das Erstickungs-risiko durch das Kissen unterschätzt hat.

Folglich liegen die Voraussetzungen für einen Totschlag vor, insbesondere, da
Anna keine Tötungsabsicht hatte.

10 Zum Beispiel:
- fehlende Strafmündigkeit des Täters (jünger als 14 Jahre)
- fehlende Schuldfähigkeit aufgrund einer geistigen Störung
- die Handlung ist zu rechtfertigen (z. B. Notwehrsituation)
- der subjektive Tatbestand fehlt (z. B. Schreckreaktion, Reflex)

11 Die Grundsätze der Strafzumessung berücksichtigen Aspekte wie z. B. das Vor-
leben des Täters, sein Verhalten nach der Tat, das Bemühen, den Schaden wie-
dergutzumachen. Auch sind die Wirkungen der Strafe für das künftige Leben
des Täters und die Gesellschaft zu berücksichtigen. All diese Aspekte zeigen,
dass es nicht um reine Sühne im Sinn der absoluten Theorie geht, sondern

nach Möglichkeit eine Reintegration des Täters in die Gesellschaft angestrebt wird. Dies entspricht dem Gedanken der relativen Straftheorie.

12 Da es sich um Jugendliche handelt, muss z. B. das Alter berücksichtigt werden. Sofern sie unter 18 Jahre alt sind, gelten die Regelungen des Jugendstrafrechts. Von 18–21 Jahren kann noch das Jugend-, ansonsten muss das Erwachsenen-strafrecht angewendet werden. Ebenso ist das Verhalten der Täter nach der Tat zu berücksichtigen. Sofern sie ihre Tat aufrichtig bereuen, kann ggf. ein milderes Strafmaß angesetzt werden. Entscheidend ist auch, ob es sich um Erst- oder Wiederholungstäter handelt. In der Regel wird ein Richter bei der erstmaligen Begehung einer Straftat ein milderes Strafmaß ansetzen, sofern die Täter ihre Handlung auch bereuen.

13 Vgl. M 19, S. 44

14 Der wichtigste Grundsatz im deutschen Strafrecht lautet, dass ein Angeklagter nur dann verurteilt werden darf, wenn ihm zweifelsfrei die Tat nachgewiesen werden kann. Ansonsten ist er freizusprechen (Grundsatz *in dubio pro reo*). Dabei gilt, dass die Normen des Strafrechts auch nicht auf ähnliche Tatbestände angewendet werden dürfen (Analogieverbot). Es muss immer exakt der objektive Tatbestand erfüllt sein. Ferner kann man nur für das bestraft werden, was zum Zeitpunkt der Tat als Straftat gilt (Rückwirkungsverbot).

Schuldverhältnisse, Kaufhandlung und Abstraktionsprinzip

Alle §§-Angaben beziehen sich – soweit nicht anders vermerkt – auf das BGB.

1a (1) Das Aufstellen des Automaten und der Infotafel ist eine *invitatio ad offerendum,* da der Münzkopierer sich an die Allgemeinheit richtet, nicht an eine bestimmte Person(engruppe), und hat daher keine unmittelbare rechtliche Wirkung im Hinblick auf einen Vertragsabschluss.

(2) Antrag (§ 145) auf Abschluss eines Vertrags über die Erstellung der Kopien für 1 € durch das Einwerfen der Münze und Drücken der Taste, d. h. durch schlüssiges Handeln; es handelt sich um eine (empfangsbedürftige) Willenserklärung, die zugegangen und daher verbindlich ist, aber sonst noch keine weitere rechtliche Folge hat.

(3) Ablehnung des Antrags von S durch „schlüssiges Handeln" des Münzkopierers, d. h., der Antrag von S ist erloschen (§ 146).

1 b   Es gilt der Grundsatz *pacta sunt servanda*, d. h., S muss die Kopien abnehmen und bezahlen, da zwischen S und T durch Antrag und Annahme (§§ 145, 147) ein rechtswirksamer Vertrag über die Erstellung der Kopien zustande kam, aus dem S die Pflicht zur Abnahme der Kopien und zur Bezahlung des Kaufpreises hat (§ 433 II ggf. i. V. m. § 650).

1 c   **Systematik des BGB:** Das BGB ist nach dem Prinzip vom Allgemeinen zum Speziellen aufgebaut, wobei die Technik des Vor-die-Klammer-Ziehens zur Anwendung kommt, die dazu führt, dass der erste Teil des BGB, der sogenannte Allgemeine Teil (erstes Buch des BGB), Regelungen enthält, die grundsätzlich für alle weiteren Teile des BGB gelten können. Die übrigen Regelungen im BGB sind so angeordnet, dass inhaltlich zusammengehörige Rechtsnormen jeweils in Kapiteln (Bücher 2 bis 5 des BGB) zusammengefasst sind.

Im vorliegenden Fall sind als Bücher des BGB der Allgemeine Teil, das Schuldrecht und das Sachenrecht relevant, während Familienrecht und Erbrecht keine Rolle spielen.

So sind beispielsweise die jeweiligen Anträge und Annahmen für die drei Rechtsgeschäfte im Rahmen der Kaufhandlung (Verpflichtungsgeschäft, Erfüllungsgeschäft bezüglich Geld und Erfüllungsgeschäft bezüglich Kopien) im Allgemeinen Teil des BGB in §§ 145 ff. geregelt, da es für den Abschluss eines Vertrags unerheblich ist, ob es sich um einen schuldrechtlichen Vertrag (Abschluss des Kaufvertrags § 433) oder einen sachenrechtlichen Vertrag (Einigung im Rahmen der Übereignung § 929) handelt.

Abstraktionsprinzip: Das Abstraktionsprinzip kann man im vorliegenden Fall beispielsweise daran erkennen, dass das Verpflichtungsgeschäft über die Erstellung der Kopien voll rechtswirksam ist, obwohl die Erfüllungsgeschäfte noch gar nicht stattgefunden haben und die vertragsrelevante Sache (die Kopien) zum Zeitpunkt des Verpflichtungsgeschäfts noch gar nicht existiert. Die drei Rechtsgeschäfte führen ein rechtliches Eigenleben, sodass sie zeitlich, räumlich und in ihrer Wirksamkeit unabhängig voneinander sind.

2 a   Die Frage des A ist ein Antrag (§ 145), da sie ausdrücklich, auf Vertragsabschluss und direkt an B gerichtet sowie zugegangen ist. Das Mitnehmen der CD und das Versprechen zu bezahlen sind eine schlüssige Annahme (§ 147), da sie ausdrücklich, inhaltlich mit dem Antrag übereinstimmend, rechtzeitig (unter Anwesenden sofort) und zugegangen sind.

Ergebnis: A und B haben durch Antrag und Annahme einen wirksamen Kaufvertrag über die CD geschlossen (§§ 145, 147, 433).

Hinweis: Die Tatsache, dass B noch nicht bezahlt hat, ist aufgrund des Abstraktionsprinzips für das Verpflichtungsgeschäft unerheblich.

2b Die Frage des A ist ein Antrag (§ 145), da sie ausdrücklich, auf Vertragsabschluss und direkt an B gerichtet und zugegangen ist. Die Antwort des B ist zwar ausdrücklich, rechtzeitig und zugegangen, weicht aber vom Antrag des A beim Preis ab. Daher handelt es sich um eine sogenannte abändernde Annahme, die rechtlich als Ablehnung in Verbindung mit einem neuen Antrag zu werten ist (§ 150 II). **Ergebnis:** Zwischen A und B ist bisher kein Vertrag zustande gekommen.

2c Die Nachricht des A auf der Mailbox ist ein Antrag (§ 145), da sie ausdrücklich, auf Vertragsabschluss und direkt an B gerichtet und beim Abhören auch zugegangen ist. Der Wunsch, die CD abzuholen, ist zwar ausdrücklich, inhaltlich mit dem Antrag übereinstimmend und zugegangen, aber nicht rechtzeitig, da A dem B eine Frist bis 17:00 Uhr am Tag des Anrufs gesetzt hat und B erst am nächsten Tag zu A kommt. Der Antrag von A ist daher um 17:01 Uhr erloschen (§§ 148, 146). Deshalb handelt es sich bei dem Wunsch des B nicht um eine Annahme, sondern um einen neuen Antrag (§ 150 I). **Ergebnis:** Zwischen A und B ist bisher kein Vertrag zustande gekommen.

2d Bei dem Zettel handelt es sich nicht um einen Antrag, da er sich nicht an eine spezifische Person oder Personengruppe, sondern an die Allgemeinheit richtet. Es handelt sich um eine sogenannte *invitatio ad offerendum*. **Ergebnis:** Zwischen A und B ist bisher kein Vertrag zustande gekommen.

3 **Kriterium 1:** Entgeltlichkeit: Während die Schenkung unentgeltlich ist, sind Kauf, Tausch und Miete entgeltlich. Allerdings ist beim Kauf und bei der Miete die Gegenleistung Geld, beim Tausch dagegen eine andere Sache. Das Sachdarlehen ist theoretisch ebenfalls entgeltlich (§ 607 I Satz 2), da ein Darlehensentgelt zu zahlen ist, bei dem nicht festgelegt ist, ob es Geld oder Sache ist. In der Realität kann dieses Entgelt aber im Rahmen der Vertragsfreiheit auch auf null gesetzt werden (z. B. im Rahmen der Nachbarschaftshilfe).

Kriterium 2: Eigentumsübertragung bzw. Rückerstattungspflicht der Sache: Während bei Kauf, Tausch, Schenkung und Sachdarlehen sowohl Besitz als auch Eigentum an der jeweiligen Sache auf den Vertragspartner übertragen werden, geht bei der Miete nur der Besitz über. Während bei Kauf, Tausch und Schenkung die Sache grundsätzlich nicht zurückerstattet wird, sind bei der

Miete die Sache selbst und beim Sachdarlehen Sachen gleicher Art, Güte und Menge zurückzuerstatten.

4 **Mixer:** Es handelt sich um eine Leihe (§ 598, ggf. § 604), da M dem A den Gebrauch des Mixers für die Zeit des Kuchenbackens überlässt („den Mixer bringen Sie aber bitte so bald wie möglich wieder vorbei"), ohne dafür ein Entgelt zu verlangen, also unentgeltlich. A muss den Mixer lediglich zurückgeben.

Mehl: Es handelt sich um eine (Hand-)Schenkung (§ 516), da M den A (mit dessen Zustimmung) aus seinem Vermögen um das Mehl bereichert, und zwar unentgeltlich („Das Mehl können Sie behalten").

Eier: Es handelt sich um ein Sachdarlehen (§ 607), da K die Eier A zwar überlässt, aber am nächsten Tag sechs gleichwertige Eier zurückhaben möchte, also eine Rückerstattung von Sachen gleicher Art, Menge und Güte.

Ofen: Es handelt sich um eine Miete (§ 535), da K den Ofen A für die Mietzeit von zwei Tagen zum Gebrauch überlässt und A dafür eine vereinbarte Miete von 10 € zahlen muss.

5 Schuldner ist im Rahmen eines Rechtsgeschäfts derjenige, der zu einer Leistung verpflichtet ist, Gläubiger ist derjenige, der eine Leistung fordern kann.

Bei einer Schenkung gibt es nur einen Schuldner – den Schenker – und einen Gläubiger – den Beschenkten. Daher handelt es sich um ein einseitig verpflichtendes Rechtsgeschäft.

Beim Kauf sind beide Vertragspartner sowohl Gläubiger als auch Schuldner: die jeweiligen Pflichten (Schuldner) entsprechen den jeweiligen Forderungen (Gläubiger) der anderen Vertragspartei, d. h., der Verkäufer ist Schuldner bezüglich der Sache und Gläubiger bezüglich des Kaufpreises, während der Käufer Schuldner bezüglich des Kaufpreises und Gläubiger bezüglich der Sache ist. Da es eine Leistung und eine direkte Gegenleistung gibt, handelt es sich um einen gegenseitigen Vertrag.

6a M ist 17 und damit beschränkt geschäftsfähig (§§ 2, 106). Das bedeutet, dass in der Regel ihre Rechtsgeschäfte ohne Einverständnis der Erziehungsberechtigten schwebend unwirksam und von der Genehmigung durch ihre Eltern abhängig sind (§§ 107, 108 I).

Der Kaufvertrag (§§ 145, 147, 433) zwischen M und T über den E-Bass ist gemäß §§ 107, 108 I zunächst schwebend unwirksam, da die Eltern grundsätzlich nicht zustimmen, weil sie von einer „fixen Idee" ausgehen, außerdem nichts von dem Geschäft wissen und M nicht nur einen rechtlichen Vorteil erlangt, sondern sich auch zur Zahlung des Kaufpreises verpflichtet. Als die Eltern von dem Kauf erfahren, lehnen sie ihn ab.

§ 110 trifft nicht zu, da es sich weder um Geld zur freien Verfügung noch um für das Instrument zweckbestimmte Mittel handelt.

Ergebnis: Der Kaufvertrag ist unwirksam, da die Eltern ihn nicht genehmigen (§ 108 I).

6b Die Übereignung des Geldes (§§ 145, 147, 929, i. V. m. 854) ist analog zum Kaufvertrag erst schwebend unwirksam und nach der Nicht-Genehmigung durch die Eltern unwirksam. **Zwischenergebnis:** M bleibt Eigentümerin, T wird Besitzer des Geldes.

Die Übereignung des E-Basses (§§ 145, 147, 929, i. V. m. 854) ist aufgrund des Abstraktionsprinzips unabhängig von den beiden anderen Rechtsgeschäften voll wirksam, da M dadurch lediglich rechtliche Vorteile, nämlich das Eigentum am E-Bass, erlangt. **Zwischenergebnis:** M wird Eigentümerin und Besitzerin des E-Basses.

Interessenausgleich: Während M (bzw. deren Eltern) noch Eigentümerin der 600 € ist und diese über § 985 von T herausfordern kann, hat T dieses Recht nicht, da das Eigentum am E-Bass auf M übergegangen ist. Allerdings greift § 812 I 1, weil M durch die Leistung des T und auf dessen Kosten den E-Bass erlangt hat, ohne dass es dafür einen wirksamen Rechtsgrund gibt, da der Kaufvertrag letztendlich unwirksam ist. T kann daher den E-Bass von M zurückverlangen.

Ergebnis: Letztendlich wird der Kauf damit komplett rückabgewickelt, sodass die Interessen aller Beteiligten gewahrt sind.

7 Wirksamkeit der Rechtsgeschäfte, Eigentum- und Besitzverhältnisse: V hat den Kaufvertrag (§§ 145, 147, 433) unter Ausbeutung einer Zwangslage mit K geschlossen (Zeitdruck und fehlende Alternativen für K). Da der Kaufpreis „in einem auffälligen Missverhältnis" zum Wert des Laptops steht (mehr als das Zehnfache des Werts), ist der Kaufvertrag bezüglich des Geräts nichtig (§ 138).

Die Übereignung des Laptops erfolgte zwar aufgrund des Kaufvertrags, führt aber ein rechtliches Eigenleben, sodass sie auch ohne den nichtigen Kaufvertrag rechtswirksam ist, d. h., K ist Eigentümer und Besitzer des Laptops.

Das Gleiche gilt für die 1 000 €: Die Übereignung ist rechtlich selbstständig und damit rechtswirksam, sodass V Eigentümer und Besitzer der 1 000 € wird.

Interessenausgleich: Verständlicherweise will K das völlig überteuerte Laptop nicht behalten und sein Geld zurück. Auf Basis des § 812 hat er gegen V einen gesetzlichen Anspruch. Er kann von V sein Geld zurückverlangen, da V

- durch die Leistung eines anderen (nämlich des K),
- auf dessen Kosten (nämlich aus dem Ersparten von K),
- ohne rechtlichen Grund (da der Kaufvertrag nichtig ist),
- etwas erlangt hat (nämlich das Eigentum und den Besitz an den 1 000 €).

V ist gemäß § 812 I 1 zur Herausgabe des Erlangten verpflichtet. Analog dazu kann V aber auch das Laptop von K herausfordern.

Hinweis: § 812 I 2 würde greifen, wenn ein Rechtsgeschäft zunächst wirksam ist, später aber nichtig wird, beispielsweise durch eine wirksame Anfechtung (§ 142 I).

8 A hat
- fahrlässig (§ 276 I: überhöhte Geschwindigkeit, Alkohol am Steuer) und
- widerrechtlich (kein Rechtfertigungsgrund wie z. B. §§ 227 ff.)
- den Körper des B verletzt.

Die Deliktsfähigkeit des A ist gegeben, da er volljährig ist und da § 827 Trunkenheit mit Fahrlässigkeit gleichsetzt, sofern der Delinquent nicht unfreiwillig betrunken gemacht wurde. Da A auf einer Party war, ist davon auszugehen, dass er freiwillig getrunken hat.

Ergebnis: B kann von A Schadensersatz gemäß § 823 I verlangen. Auch gemäß § 823 II könnte B Ansprüche geltend machen, da § 24 a StVG i. V. m. § 315 c StGB Trunkenheit im Straßenverkehr erfasst. Die Höhe des Schadensersatzes ergibt sich aus §§ 249 ff. und würde beispielsweise Behandlungskosten (§ 249 II) und Schmerzensgeld (§ 253 II) beinhalten. Bei unerlaubten Handlungen ergeben sich weitere Ansprüche wie z. B. Verdienstausfall oder Rentenzahlung bei dauerhafter Invalidität aus §§ 842 ff. i. V. m. §§ 249 ff.

9a A kann von B die Uhr zurückverlangen, wenn er einen Anspruch aus ungerechtfertigter Bereicherung hat. Dazu müssen die Voraussetzungen des § 812 erfüllt sein:
B hat
- durch die Leistung des A, nämlich die Übergabe der Uhr,
- und auf dessen Kosten, nämlich aus dem ihm zustehenden Erbvermögen,
- etwas – nämlich die Uhr – erlangt,
- und das ohne rechtlichen Grund, da die Schenkungsurkunde eine Fälschung ist.

Ergebnis: A kann die Uhr zurückfordern, da B gemäß § 812 I 1 zur Herausgabe der Uhr an A verpflichtet ist.

9b Da B die Uhr beim Kartenspielen verloren hat, ist er nicht mehr bereichert, sodass eine Herausgabe gemäß §§ 812, 818 III ausgeschlossen ist.

Da es sich bei der Schenkungsurkunde um eine Fälschung handelt, kommen ggf. Ansprüche aus unerlaubter Handlung infrage. Dazu müssen die Voraussetzungen des § 823 erfüllt sein:

- „wer", also ein Mensch: trifft zu, es handelt sich um B
- vorsätzlich oder fahrlässig: trifft zu, da B willentlich und wissentlich handelt
- Verletzungshandlung: trifft zu, da B das Eigentum des A oder zumindest sein Recht auf das Erbe verletzt
- widerrechtlich: trifft zu, da B keinen Rechtfertigungsgrund für seine Handlung hat

Ergebnis: A kann gegen B einen Anspruch auf Schadensersatz aus § 823 I Satz 1 geltend machen.

Außerdem kommt ein Anspruch aus § 823 II infrage, da B gegen ein Schutzgesetz, nämlich § 267 StGB verstößt. Er begeht Urkundenfälschung, da er

- eine Urkunde erstellt oder zumindest gebraucht hat,
- um A damit im Rechtsverkehr, d. h. bei der Abwicklung des Erbes der Tante, zu täuschen

Er tut dies außerdem vorsätzlich, d. h. mit Verschulden (§ 823 II Satz 2).

Ergebnis: Auch aus § 823 II kann A gegen B Schadensersatzansprüche geltend machen. Die Höhe des Schadensersatzes ergibt sich aus §§ 249 ff. und besteht entweder in der Wiederbeschaffung der Uhr (§ 249 I) oder in einer Entschädigung in Geld für den Wert der Uhr (§ 251).

Eigentumsordnung

Alle §§-Angaben beziehen sich – soweit nicht anders vermerkt – auf das BGB.

1 Der Eigentümer hat die rechtliche Herrschaft über eine Sache, während Besitz nur die tatsächliche Herrschaft umfasst. Eigentum ist daher das umfassendere Recht. Im Falle eines Mietshauses gehören z. B. dem Eigentümer des Hauses alle darin befindlichen Wohnungen, wenngleich verschiedene Mieter diese als Besitzer bewohnen.

2 Gemäß §903 kann der Eigentümer einer Sache nach Belieben darüber verfügen, sofern er z. B. Dritten damit nicht schadet. Da der Künstler rechtmäßiger Eigentümer der Fahrzeuge ist, kann er diese daher auch dem Verfall/der Zerstörung durch die Natur preisgeben.

3 Ursprünglicher Besitzer des Mobiltelefons ist das Online-Versandunternehmen, da dieses das Gerät hat. Durch Übergabe an den Kurierdienst sowie später an den Kunden wird zunächst der Mitarbeiter des Kurierdienstes und später der Kunde unmittelbarer Besitzer des Geräts, wenn diese es jeweils übergeben bekommen. Zugleich ist es möglich, dass der Online-Versand nach der Übergabe des Handys mittelbarer Besitzer ist (z. B. bei Vereinbarung eines Eigentumsvorbehalts und fehlender Zahlung), sodass er das Mobiltelefon noch vom Kurierdienst als auch dem Käufer herausverlangen kann.

4 Diese Regelung findet sich in §903 wieder. Bedroht z. B. der Inhaber einer Waffe wiederholt andere Bürger, obwohl keine Notwehrsituation vorliegt, so kann die Waffe seitens des Staates eingezogen werden, um die Öffentlichkeit zu schützen.

5a Folgende sachenrechtlichen Verträge werden durch Antrag und Annahme (§§145, 147) zwischen dem Kunden und der Verkäuferin geschlossen:
- Übereignung Blumenstrauß (1. Erfüllungsgeschäft, gem. §929)
  Antrag: Verkäuferin übergibt den Strauß an den Kunden.
  Annahme: Der Kunde nimmt den Strauß entgegen.
- Übereignung der 50 € (2. Erfüllungsgeschäft, gem. §929)
  Antrag: Der Kunde legt den 50-€-Schein auf den Tresen.
  Annahme: Die Verkäuferin nimmt den Schein.
- Übereignung des Wechselgelds (3. Erfüllungsgeschäft, gem. §929)
  Antrag: Die Verkäuferin übergibt 30 € an den Kunden.
  Annahme: Der Kunde nimmt das Wechselgeld entgegen.

5b Zum Beispiel: Im Verkaufsraum stehen bereits fertig zusammengestellte Sträuße in Vasen. Der Käufer nimmt sich einen solchen Blumenstrauß und geht damit an die Kasse. Somit entfällt die Übergabe der Sache.

6 Käufer und Verkäufer können z. B. einen Kauf unter Eigentumsvorbehalt vereinbaren. Diese Regelung erlaubt es dem Käufer, das Gerät zu nutzen, auch wenn er noch nicht den vollständigen Kaufpreis aufbringen kann. Die fehlende

Summe kann z. B. in monatlichen Ratenzahlungen abgegolten werden. Für den Verkäufer hat ein Kauf unter Eigentumsvorbehalt zunächst den Vorteil, dass er den Fernseher sofort verkauft und somit seinen Umsatz steigert. Zur Absicherung für den Fall eines Ausbleibens der Ratenzahlungen ist er weiterhin Eigentümer der Sache und kann diese gem. §985 vom Käufer zurückverlangen.

7 Vgl. M 34, S. 85

8a Ursprünglicher Eigentümer des Tisches ist M. C schließt mit ihm lediglich einen Leihvertrag über den Tisch ab, der ihn zwar zum Besitz berechtigt, aber das Eigentum bei M belässt. Durch den Verkauf an den S könnte dieser auch Eigentümer an dem Tisch geworden sein. Ein Eigentumserwerb erfolgt gemäß §§929, 145, 147. Allerdings müsste C dafür Eigentümer des Tisches gewesen sein, was jedoch nicht der Fall ist. Trotzdem könnte S gem. §§929, 932 gutgläubig Eigentümer geworden sein. Für S besteht kein Grund für einen Zweifel, dass C nicht Eigentümer des Tisches ist. Er bringt diesen auf den UNI-Basar mit und agiert, als sei er Eigentümer des Tisches. Der Preis ist mit 20 € für einen gebrauchten Camping-Tisch auch angemessen. Somit ist ein gutgläubiger Eigentumserwerb an dem Tisch durch S möglich. Die Regelungen des §935 schützen M im vorliegenden Sachverhalt nicht, da er freiwillig den Tisch an C herausgegeben hat.

8b Es könnte ein Herausgabeanspruch von M gegen S gem. §985 bestehen. Da dieser aber gutgläubig das Eigentum erworben hat (vgl. Aufgabe 8a), scheitert der Anspruch nach §985.

Ferner könnte ein Herausgabeanspruch gem. §812 bestehen. Da C mit S aber einen gültigen Kaufvertrag gem. §§145, 147, 433 geschlossen hat, liegt ein gültiger Rechtsgrund vor, auch wenn S den Tisch auf Kosten von M erlangt hat.

Als letzte Möglichkeit könnte ein Herausgabeanspruch gem. §816 bestehen. Der nicht zur Übertragung des Eigentums am Tisch berechtigte C hat das Eigentum mittels eines gutgläubigen Erwerbs an S übertragen. Da diese Verfügung gegenüber M, dem ursprünglichen Eigentümer, wirksam ist, besteht ein Herausgabeanspruch von M gegenüber C gem. §818. Zwar kann er nicht den Tisch, aber den Kaufpreis in Höhe von 20 € von C verlangen.

8c Falls M den Tisch nicht freiwillig herausgegeben hat, scheitert der gutgläubige Erwerb durch S an den Regelungen des §935. M wäre dann weiterhin Eigentümer des Tisches und könnte diesen gem. §985 herausverlangen.

8d Variante b: S hat sich rechtlich völlig korrekt verhalten. Es bestand für ihn kein Grund, an der Rechtmäßigkeit des Geschäfts zu zweifeln. Da auch der Preis angemessen war, ist es „gerecht", wenn er den Tisch behalten darf. M hingegen hat insofern einen Fehler begangen, als er C zu leichtfertig vertraut hat, dass dieser ihm den Tisch wieder zurückbringt. Dennoch kann er von C zumindest das „Erlangte" (20 €) herausverlangen. C selbst bleibt somit nichts.

Variante c: Anders als bei Variante b hatte M hier keine Möglichkeit, den Verkauf des Tisches zu verhindern, da ihm die Sache von C einfach entwendet wurde. Daher ist es nur gerecht, wenn er seinen Tisch zurückbekommt. S hingegen kann sich auf den mit C abgeschlossenen Kaufvertrag berufen, der im Fall einer Herausgabe des Tisches nicht erfüllt ist, und ggf. Schadensersatz von C verlangen.

9 Zunächst sollte Max Kontakt mit dem Verkäufer aufnehmen, das Grundstück besichtigen und sich bei Gefallen mit dem Verkäufer über den Kaufpreis einig werden. Im Anschluss an diese mündliche Übereinkunft müssten Käufer und Verkäufer einen Termin bei einem Notar vereinbaren, um den Kauf und die Übereignung der Immobilie rechtskräftig vollziehen zu können (Formvorschrift!). Der Kaufvertrag müsste dann gemäß §§ 145, 147, 433, 311 b, 128 in Anwesenheit beider Vertragsparteien vor dem Notar abgeschlossen werden. Gleiches gilt für die Übereignung der Immobilie gem. §§ 145, 147, 873, 925, 128. Erst mit dem Eintrag von Max' Namen in das Grundbuch durch den Notar würde er Eigentümer seiner Traumimmobilie werden.

10 Die Situation birgt in mehrfacher Hinsicht Probleme. Zum einen findet der „Kauf" ohne schriftliches Beweisstück oder Anwesenheit von Zeugen statt. Sofern es sich einer der beiden Bauern noch anders überlegt, kann der andere ihm nicht nachweisen, wie die ursprüngliche Vereinbarung lautete (Hinweis: Auch mit Zeugen und einem handschriftlichen Vertrag wäre dieser wegen Verstoß gegen die zugehörige Formvorschrift rechtlich nichtig). Ein weiteres Problem ist, dass der potenzielle Käufer nicht weiß, ob sein Vertragspartner auch Eigentümer des Ackers ist. Ggf. ist der Acker nur gepachtet oder gehört einer Erbengemeinschaft. Diese Informationen würde der potenzielle Käufer nur durch einen Blick in das Grundbuch erhalten. Gleiches gilt für mögliche Auflagen und Beschränkungen wie z.B. aufgrund der Lage des Ackers in einem Natur- oder Landschaftsschutzgebiet.

Leistungsstörungen und Verbraucherschutz

Alle §§-Angaben beziehen sich – soweit nicht anders vermerkt – auf das BGB.

1 Die **Hauptleistungspflichten** ergeben sich aus dem Vertragsgegenstand und bestehen gemäß §433 I aus der Lieferung der Reifen inklusive Felgen in mangelfreiem Zustand und aus deren ordnungsgemäßer Montage (§631). Diese Pflichten wurden erfüllt, da die Reifen auf dem Auto „einwandfrei laufen".

   Leistungsbezogene Nebenpflichten sind beispielsweise Informationspflichten im direkten Zusammenhang mit der Leistung, die hier verletzt wurden, da B nicht darüber informiert wurde, dass die Reifen nur bis zu einer für sein Fahrzeug relativ niedrigen Geschwindigkeit eingesetzt werden dürfen.

   Leistungsbegleitende Schutzpflichten sind beispielsweise Sorgfaltspflichten gemäß §241 II, die hier ebenfalls verletzt wurden, da bei der Montage der Reifen der Lack am Fahrzeug durch tiefe Kratzer beschädigt wurde.

2 Verspätete Leistung liegt vor, wenn eine fällige Leistung, die grundsätzlich möglich ist, nicht rechtzeitig erbracht wird. Damit aus einer verspäteten Leistung Verzug wird, sind zwei weitere Tatbestandsmerkmale erforderlich:

   Zum einen das Vertretenmüssen der Verspätung durch den Schuldner (§§286 IV, 276). Zum anderen eine Mahnung gemäß §286 I. Allerdings kann in bestimmten Fällen, die in §286 II aufgelistet sind, die Mahnung entbehrlich sein.

   Eine Unterscheidung der beiden Tatbestände ist wichtig, da eine verspätete Leistung lediglich einen vorrangigen Anspruch auf Nacherfüllung, d. h. auf Erbringung der Leistung, bewirkt und einen nachrangigen Anspruch auf Rücktritt vom Vertrag, für den Fall, dass die Nacherfüllung erfolglos oder entbehrlich ist (§323). Beim Verzug dagegen kann auch der Verzugsschaden geltend gemacht werden, der ggf. den Wert des eigentlichen Vertragsgegenstands sogar übersteigt (§§280 I, II, 286, 249 ff.). Außerdem besteht während des Verzugs auch eine erweiterte Haftung bezüglich des Vertragsgegenstands, im Extremfall sogar für Zufall, d. h. höhere Gewalt (§287). Bei Geldschulden beginnt mit dem Zeitpunkt des Verzugs auch die Zeit, für die Verzugszinsen zu leisten sind (§288).

3 Anspruch auf **Leistung** (Primäranspruch!)

- da der Vertrag weiter besteht, kann die Leistung gefordert werden
- Beispiel: Ein bestellter Computer, der nicht rechtzeitig geliefert wird, muss weiterhin geliefert werden.

Rücktritt vom (Kauf-)Vertrag §323

- Rückabwicklung über §§346 ff.
- bereits Empfangenes muss zurückgegeben werden
- Beispiel: Kommt es bei einem per Vorkasse bezahlten und nicht rechtzeitig gelieferten Computer nach entbehrlicher oder erfolgloser Fristsetzung zum Rücktritt vom Vertrag, ist der Kaufpreis zurückzuerstatten. Wurde der Computer doch noch, aber eben zu spät geliefert, ist beim Rücktritt auch dieser zurückzugeben.

Schadensersatz neben der Leistung (Verzögerungsschaden)

- für Schäden, die durch den Verzug verursacht wurden §§280 I, II, 286
- Beispiel: Entgeht dem Käufer durch einen zu spät gelieferten Computer ein sicherer Auftrag, der nur mit dem Computer ausgeführt werden konnte, hat er Anspruch auf Schadensersatz in Höhe des entgangenen Gewinns, sofern der Verkäufer im Verzug ist (vorhandene oder entbehrliche Mahnung durch den Käufer) und die Verspätung zu vertreten hat (Vorsatz oder Fahrlässigkeit, z. B. Termin vergessen).

Verzugszinsen

- bei Geldschulden §288
- Beispiel: Kommt ein Käufer eines Computers mit der Bezahlung in Verzug, z. B. weil er 30 Tage nach Eingang der Rechnung mit Hinweis gemäß §286 III nicht gezahlt hat, kann der Verkäufer für die Zeit des Verzugs Verzugszinsen verlangen.

Schadensersatz statt der Leistung

- soweit die Leistung nicht erbracht wurde, d. h. für den fehlenden Teil der Sache/Betrag §281 I 1 (ggf. Schadensersatz statt der ganzen Leistung, aber nur bei fehlendem Teilleistungsinteresse §281 I 3)
- Beispiel: Wird bei einem Laptop das Gerät ohne Netzteil ausgeliefert und das Netzteil trotz Mahnung oder bei entbehrlicher Mahnung nicht (rechtzeitig) nachgeliefert und hat der Verkäufer dies zu vertreten, z. B. weil er das Netzteil verloren hat, kann der Käufer Schadensersatz statt der Leistung ver-

langen, soweit nicht geliefert wurde, also z. B. den Preis für den Deckungskauf eines neuen Netzteils bei einem anderen Anbieter. Verweigert der Verkäufer die Lieferung des Netzteils und ist dieses, da es ein antiquarisches
Stück ist, nur schwer zu beschaffen, kann der Käufer auch Schadensersatz
statt der ganzen Leistung verlangen, also das Laptop zurückgeben und alle
kausal verursachten Kosten inklusive Kosten für ein gleichwertiges Laptop
als Deckungskauf geltend machen.

(ggf. Aufwendungsersatz; erweiterte Haftung)

4a A wäre im Recht, wenn er vom Vertrag zurücktreten kann. Dies kann er, wenn
die folgenden Voraussetzungen der §§ 433, 323 erfüllt sind:

- **Schuldverhältnis:** A und B haben einen Kaufvertrag über die Kamera
  durch Antrag und Annahme (§§ 145, 147, 433) geschlossen. Rechtsfolge:
  Pflichten aus § 433, insbesondere rechtzeitige Lieferung der Ware durch B.

- **Pflichtverletzung:** Verspätete Leistung liegt vor,
  - da B die Kamera nicht liefert (Nichtleistung)
  - trotz Fälligkeit: Die Lieferung wird für „noch im Juli" zugesagt, d. h., die
    Leistung ist am 31. Juli fällig (§§ 271 II, 192)
  - und Möglichkeit der Leistung: Da andere Händler die Kamera vorrätig ha-
    ben, ist eine Lieferung möglich.

- **Erfolglose oder entbehrliche Fristsetzung** zur Leistung: A setzt B keine
  Frist; diese ist auch nicht entbehrlich nach § 323 II Nrn. 1 und 2, da kein relatives Fixgeschäft (Nr. 2) und keine Leistungsverweigerung durch B (Nr. 1)
  vorliegen; (Nr. 3 ist nur bei Sachmangel anwendbar). Das heißt, in diesem
  Fall überwiegt das Interesse des B an der Erfüllung des Vertrags.

Ergebnis: A ist nicht im Recht. Für einen Rücktritt muss er B zunächst eine
Frist zur Nacherfüllung setzen, da diese nicht entbehrlich ist. Ohne erfolglose
Fristsetzung zur Leistung muss A den Vertrag erfüllen, da der Grundsatz *pacta
sunt servanda* gilt.

4b A kann die Leihgebühr von B verlangen, wenn er einen Anspruch auf Schadensersatz neben der Leistung hat. Schuldverhältnis und verspätete Leistung
sind gegeben; allerdings ist für den Schadensersatz zusätzlich noch Verzug erforderlich, d. h. Vertretenmüssen und ggf. Mahnung.

- **Vertretenmüssen** (§§ 286 IV, 276) liegt vor, da B die Lieferung im Juli ausdrücklich zugesichert hat und er so das Beschaffungsrisiko übernommen hat

(§ 276 I). B hat daher die Nichtleistung zu vertreten, egal ob er für den Lieferstau etwas kann oder nicht.

- Hinsichtlich der **Mahnung** fordert A den B zwar nicht zur Leistung auf (§ 286 I), die Mahnung ist aber entbehrlich, da es sich um ein Termingeschäft (im Juli) handelt (§§ 286 II Nr. 1, 271 II, 192).

Ergebnis: Daher ist B gemäß § 286 im Verzug und A kann von B Schadensersatz <u>neben</u> der Leistung, d. h. den **Verzögerungsschaden**, verlangen, also auch die Mietkosten für die Leihkamera (§§ 280 I, II, 286).

4c A kann dann die Kaufpreisdifferenz verlangen, wenn er einen Anspruch auf Schadensersatz statt der Leistung hat, d. h., wenn die Voraussetzungen der §§ 433, 280 I, III, 281 erfüllt sind.

- **Schuldverhältnis** in Form des Kaufvertrags und **Pflichtverletzung** in Form von verspäteter Leistung sind gegeben (siehe Teilaufgabe a). B hat die Verspätung **zu vertreten**, da er das Beschaffungsrisiko für eine Lieferung noch „im Juli" übernommen hat. Dass die Verspätung nicht durch ihn, sondern durch den Streik im Herstellerwerk verursacht ist, ist dabei unerheblich.

- A setzt B außerdem eine **Frist zur Leistung** von einer Woche, die erfolglos abläuft, da B die Kamera nicht beschaffen kann.

- Außerdem entsteht A ein **Schaden** von 100 € beim Kauf der Kamera bei F **(Deckungskauf)**, der bei ordnungsgemäßer Abwicklung des Geschäfts durch B nicht entstanden wäre **(Kausalzusammenhang)**.

Ergebnis: A kann von B Schadensersatz statt der Leistung verlangen (§§ 433, 280 I, III, 281), d. h. auch die Mehrkosten des Deckungskaufs bei F. *Hinweis:* A kann entweder vom Kauf zurücktreten, seine Anzahlung aufgrund des Rücktritts zurückverlangen und dann zusätzlich den Schadensersatz in Höhe von 100 € (§ 325). Er kann aber auch Schadensersatz statt der ganzen Leistung verlangen in Höhe der Anzahlung plus Aufpreis, wobei die ursprüngliche Leistung dann ausgeschlossen ist (§ 281 IV). Das Ergebnis ist identisch.

4d A kann vom Vertrag über die Kamera zurücktreten, wenn die Voraussetzungen der §§ 433, 323 erfüllt sind:

- **Schuldverhältnis** und **Pflichtverletzung** sind gegeben (siehe Lösung von Teilaufgabe a).

- Die **Fristsetzung** durch A ist erfolgt, war bezüglich der Kamera erfolgreich, bezüglich der Fototasche allerdings erfolglos.

- Da ein **Teil der Leistung** erbracht wurde, ist § 323 V 1 zu prüfen. Es ist nicht anzunehmen, dass A an der Kamera kein **Interesse** mehr hat, bloß weil die bestellte Fototasche nicht lieferbar ist. Er will sie nur billiger.

Ergebnis: Da davon auszugehen ist, dass A die Kamera noch haben will, kann er nicht vom ganzen Vertrag zurücktreten, sondern nur „soweit" die Leistung nicht erbracht wurde, also bezüglich der Fototasche (§ 323 V).

5a **Forderung der Zahlung der 2 000 €:** S und E haben einen Kaufvertrag über die Küche geschlossen (§§ 145, 147, 433), aus dem die Pflichten aus § 433 entstehen, u. a. Zahlung des Kaufpreises durch S.

Ergebnis: Die Forderung auf Bezahlung der 2 000 € ist rechtmäßig, da die Bezahlung des Kaufpreises eine Primärleistungspflicht aus dem Kaufvertrag ist (§ 433 II).

Forderung der Gebühren: Die Gebühren für den Schriftverkehr stellen einen Schaden neben der Leistung, d. h. Verzögerungsschaden dar, da sie bei ordnungsgemäßer Bezahlung nicht entstanden wären und auch durch die Bezahlung nicht ungeschehen gemacht werden können. Schadensersatz neben der Leistung für den Verzögerungsschaden kann unter den Voraussetzungen der §§ 280 I, II, 286 gefordert werden, d. h., wenn die folgenden Voraussetzungen erfüllt sind:

- **Schuldverhältnis:** Kaufvertrag zwischen E und S (siehe oben)
- **Pflichtverletzung:** Es liegt eine verspätete Leistung in Form eines Zahlungsverzugs (§ 286 III) vor,
  - da es um eine **Nichtleistung** bei Entgeltschuld geht: R zahlt nicht.
  - trotz **Fälligkeit:** Mangels vertraglich vereinbarten Termins ist die Leistung sofort fällig (§ 271 I), spätestens aber 2 Wochen ab Rechnungsdatum, wie in der Rechnung vermerkt.
  - trotz **Möglichkeit** der Leistung: Geld hat man grundsätzlich zu haben oder muss es beschaffen.
  - und entbehrlicher **Mahnung** nach § 286 II Nr. 2, da für die Zahlung ein relativer Termin in der Rechnung angegeben ist.
- **Vertretenmüssen:** Es gilt der Grundsatz „kein Verzug ohne Verschulden", da S aber absichtlich nicht bezahlt, um sein Konto nicht noch weiter zu überziehen, liegt hier Vorsatz (§§ 286 IV, 276) vor.

Ergebnis: Ab dem 14. Tag nach Rechnungsdatum, d. h. ab dem 27. 3., ist S in **Zahlungsverzug**. Daher kann E Schadensersatz neben der Leistung, d. h. den Verzögerungsschaden, verlangen, der auch die Bearbeitungsgebühren umfasst (§§ 280 I, II, 286, 276, 249).

Verzugszinsen: Gemäß § 288 sind Geldschulden **während des Verzugs** zu verzinsen, d. h., ab dem 27. 3. kann E auch Verzugszinsen von S fordern.

5b Die **30-Tage-Regelung** ist in § 286 III enthalten und besagt, dass der Schuldner einer **Entgeltforderung** spätestens 30 Tage nach Erhalt der Rechnung in Verzug gerät. Für **Verbraucher** gilt das allerdings nur, wenn sie in der Rechnung besonders auf diese Frist und ihre Folgen hingewiesen werden. S ist gemäß § 13 ein Verbraucher, da er die Küche für seinen privaten Bedarf kauft. Die Rechnung enthält keinen **Hinweis** auf die 30-Tage-Frist. Daher gilt die 30-Tage-Regelung im vorliegenden Fall nicht. Ohne den 14-Tage-Vermerk in der Rechnung müsste E daher S erst mahnen, um ihn in Verzug zu setzen, da auch kein anderer Grund für eine entbehrliche Mahnung aus § 286 II zutrifft.

6 Theoretische Ansprüche bei Sachmangel sind Nacherfüllung, Rücktritt, Minderung, Schadensersatz neben der Leistung, Schadensersatz statt der (ganzen) Leistung und ggf. alternativ Aufwendungsersatz.

Nacherfüllung § 439
- Mangelbeseitigung oder Ersatzlieferung
- nach Wahl des Käufers
- Kosten trägt der Verkäufer
- aber: ggf. Verweigerungsrecht des Verkäufers für die gewählte Art der Nacherfüllung bei unverhältnismäßigen Kosten (§ 439 IV)

Beispiel: Bei einer defekten Digitaluhr für 19,90 € möchte der Käufer Nacherfüllung in Form von Reparatur vom Versandhändler der Uhr. Der Verkäufer lehnt dies ab, da die Reparatur ca. 50 € kosten würde, und bietet die Ersatzlieferung eines mangelfreien Exemplars der Uhr an. Die Kosten für Hin- und Rücksendung trägt der Verkäufer.

Dabei gilt: Kein Wertersatz für Nutzung im Rahmen der Nacherfüllung beim Verbrauchsgüterkauf (§ 475 III).

Rücktritt vom (Kauf-)Vertrag § 323
- Rückabwicklung über §§ 346 ff.
- bereits Empfangenes muss zurückgegeben werden

Beispiel: Eine defekte Armbanduhr funktioniert auch nach zwei Reparaturversuchen nicht, sondern bleibt regelmäßig stehen. Damit ist gemäß §440 die Nacherfüllung fehlgeschlagen, sodass ein Rücktritt vom Vertrag möglich ist. Dabei ist die Uhr zurückzugeben und im Gegenzug der Kaufpreis zu erstatten.

Minderung §441

Eine Minderung, d. h. Herabsetzung des Kaufpreises, ist möglich:
- alternativ zum Rücktritt
- unter den Voraussetzungen des Rücktritts
- aber: auch bei unerheblichen Mängeln

Beispiel: Eine Armbanduhr funktioniert zwar einwandfrei, weist auf der Rückseite vom Einlegen der Batterie aber deutliche Kratzer am Gehäuse auf, die allerdings weder Wert noch Tauglichkeit der Uhr erheblich beeinträchtigen. In diesem Fall kann der Käufer dennoch eine Minderung wegen der Kratzer verlangen.

Schadensersatz neben der Leistung für durch die Leistung nicht behebbare Schäden im Umfeld der Leistung (Mangelfolgeschaden §280 I).

Beispiel: Durch eine fahrlässig nicht sachgerecht ausgewählte und eingebaute Wasserpumpe entsteht in der Wohnung des Kunden eine Überschwemmung, bei der einige wertvolle Möbel beschädigt werden, deren Restauration 1 000 € kostet. Ersatz der Kosten der Restauration kann vom Installateur verlangt werden, da er den Schaden fahrlässig verursacht hat und dieser in direktem Zusammenhang (Kausalzusammenhang) mit der mangelhaften Leistung (Montagefehler) steht.

Schadensersatz statt der Leistung

- soweit die gekaufte Sache mangelhaft ist, d. h. für den mangelhaften Teil der Sache §281 I 1
- ggf. Schadensersatz statt der ganzen Leistung: nur bei Erheblichkeit §281 I 3

Beispiel: Bei einem neuen Auto funktioniert die nachgerüstete Stereoanlage nicht, da der Verkäufer aus Unachtsamkeit, also fahrlässig, bei der Bestellung eine nicht kompatible Anlage geordert hat. Er verweigert allerdings jede Form der Nacherfüllung. Eine Fristsetzung wird damit entbehrlich (§281 II). Der Kunde lässt daraufhin bei einem anderen Fachbetrieb die falsche Anlage gegen das korrekte Modell austauschen und verlangt die entstandenen Kosten für die neue Anlage und für den Austausch als Schadensersatz statt der ganzen Leistung, da die Anlage für sein Auto überhaupt nicht tauglich ist (Erheblichkeit,

§281 I 3). Im Gegenzug kann der Verkäufer die wieder ausgebaute, inkompatible Anlage herausfordern (§281 V).

Hinweis: Alternativ zum Schadensersatz statt der Leistung kann ggf. auch Aufwendungsersatz gemäß §284 gefordert werden.

7a Überblick Sachmangel vgl. Grafik M 47 auf S. 119

Einordnung: Es handelt sich im vorliegenden Fall um eine fehlende Eigenschaft laut öffentlichen Äußerungen (Grafik links unten), da das Werbe- und Prospektmaterial den Unterwassereinsatz angibt, B dieses Material A zur Information gibt und auch im Beratungsgespräch nichts Anderslautendes äußert.

7b **Schadensersatz bei mangelhafter Leistung:** A kann Schadensersatz verlangen, wenn die Voraussetzungen des §280, ggf. in Verbindung mit weiteren Paragrafen, erfüllt sind.

- **Schuldverhältnis:** A und B haben einen Kaufvertrag über die Kamera durch Antrag und Annahme (§§145, 147, 433) geschlossen. Rechtsfolge: Pflichten aus §433, insbesondere Lieferung einer mangelfreien Ware.

- **Pflichtverletzung:**
  - Es liegt ein Sachmangel vor, da die öffentlich im Prospektmaterial gemachte Werbeaussage „unterwassertauglich" nicht zutrifft und B das Prospektmaterial kannte (§434 III).
  - Der Mangel lag bereits bei Gefahrübergang (§446) vor, da die Kamera den Fehler bei der Übergabe schon hatte, weil es offensichtlich ein bauartbedingtes Problem ist, nachdem S das gleiche Problem hatte und in Internetforen ebenfalls darüber diskutiert wird.
  - A hatte keine Kenntnis davon und war auch nicht grob fahrlässig in Unkenntnis (§442), da er das Info-Material durchgelesen hat; außerdem hätte er die Kamera sonst nicht mit unter Wasser genommen; S erzählt ihm erst später davon. Eine Suche in Expertenforen muss er bei einem Kauf mit Beratungsgespräch nicht selbst durchführen.

- **Vertretenmüssen** (§276): S hatte B auf die Probleme mit der Kamera hingewiesen, d. h., B handelt zumindest fahrlässig, wenn er dem Hinweis nicht nachgeht.

Ergebnis: Nach §280 I kann A von B **Schadensersatz** neben **der Leistung** verlangen, also z. B. die Kosten für die zerstörte Speicherkarte.

Für Schadensersatz statt der (ganzen) Leistung sind außerdem die Voraussetzungen des §281 erforderlich, insbesondere eine **erfolglose oder entbehrliche Fristsetzung:** A setzt B keine Frist; diese ist aber entbehrlich nach
§281 II, da besondere Umstände für den sofortigen Schadensersatz vorliegen:
Eine Fristsetzung zur Nacherfüllung ist für A inakzeptabel, da er dann keine
Möglichkeit hat, das einmalige Erlebnis zu dokumentieren. B hätte andererseits
die Situation leicht verhindern können, da S ihn über die Probleme informiert
hatte. In diesem Fall überwiegt das Interesse des A am sofortigen Anspruch
auch ohne Fristsetzung.

Ergebnis: A kann von B auch ohne Fristsetzung zur Nacherfüllung Schadensersatz <u>statt der Leistung</u> verlangen (§281), d. h. die Erstattung des Kaufpreises zuzüglich des Aufpreises für die teurere Kamera (§§249 ff.).

Hinweis: Alternativ zum Schadensersatz statt der Leistung könnte er auch
Aufwendungsersatz gemäß §284 verlangen, was im vorliegenden Fall aber
schwer vorstellbar ist.

8 Der Interessenausgleich wird auf vielfältige Art und Weise gewährleistet:

- Im Fall der verspäteten Kamera (Aufgabe 4) übernimmt der Verkäufer durch
  seine Zusicherung der Lieferung im Juni eine stärkere Haftung in Form des
  Beschaffungsrisikos. Deshalb muss er die Leihgebühr für die Ersatzkamera
  als Schadensersatz leisten (Interesse des Käufers). Andererseits will er am
  Geschäft festhalten (Interesse des Verkäufers) und kann dies auch, da der
  Käufer A, solange er noch Interesse an der Kamera hat, erst nach erfolgloser
  Fristsetzung vom Vertrag zurücktreten kann, da weder ein relatives Fixgeschäft abgeschlossen wurde, noch eine Leistungsverweigerung durch B vor-
  liegt.

- Im Fall der nicht bezahlten Rechnung (Aufgabe 5) will der Verkäufer möglichst umgehende Bezahlung und Ersatz seiner Zusatzkosten sowie Verzugszinsen. Der Käufer will dagegen möglichst keinerlei Folge der verspäteten Zahlung. Der Interessenausgleich wird so gewährleistet, dass für den
  Verzug und damit für weitergehende Forderungen (Interesse des Verkäufers) immer besondere Bedingungen erfüllt sein müssen: entweder feste
  oder relative Terminvereinbarung schon im Vertrag bzw. auf der Rechnung
  oder ausdrückliche Mahnung oder 30-Tage-Hinweis gemäß §286 III in der
  Rechnung (Interesse des Käufers). Lediglich bei Leistungsverweigerung
  durch den Schuldner kann der Gläubiger sofort weitergehende Rechte
  geltend machen. In §286 II Nr. 4 ist der Interessenausgleich sogar explizit
  verankert.

- Im Fall der defekten Kamera (Aufgabe 7) will der Verkäufer am Vertrag festhalten und möglichst keine weitergehenden Forderungen erfüllen. Der
  Käufer möchte eine funktionierende Kamera zum richtigen Zeitpunkt und
  Ersatz für seine zerstörte Speicherkarte. Letzteres bekommt er – da es nicht
  ungeschehen gemacht werden kann – direkt, weil der Verkäufer zumindest
  leichtfertig die Hinweise auf Probleme mit der Kamera-Baureihe ignoriert
  hat. Für den Rest greift § 281 II 2. Halbsatz, in dem der Interessenausgleich
  explizit verankert ist.

Fazit: Für alle genannten Fälle enthält das BGB Regelungen, in denen der Interessenausgleich explizit verankert ist. Vor weitergehenden Ansprüchen müssen in der Regel auch weitergehende Bedingungen erfüllt sein, sodass der Interessenausgleich stets gewährleistet ist.

9 Folgende Aspekte sollten enthalten sein:
  - Abschlussfreiheit und Grenze Kontrahierungszwang
  - Gestaltungsfreiheit und Grenzen wie z. B. Verstoß gegen die guten Sitten,
    Gesetz, Minderjährigenrecht, AGB-Regelungen etc. (ein Aspekt genügt)
  - Formfreiheit und vertragliche oder gesetzliche Grenzen
  - Rolle der Vertragsfreiheit in einer marktwirtschaftlich orientierten Wirt-
    schaftsordnung (vgl. S. 131 ff.)

10 Die Lösung muss Aspekte enthalten, bei denen der Gesetzgeber keinen vertraglichen Spielraum lässt, z. B.
   - absolute Untergrenze der Gewährleistungsfrist bei neuen Sachen von zwei
     Jahren, bei gebrauchten Sachen von einem Jahr (§ 476 II; außer bei Scha-
     densersatz, § 476 III)
   - Festlegung des Gefahrübergangs auf die Übergabe, auch beim Versendungs-
     kauf (§ 475 II), es sei denn der Käufer hat den Transporteur ausgewählt und
     beauftragt.
   - keine für den Verbraucher negative Abweichung bei §§ 433–435, 437, 439–
     443 möglich
   - eindeutige Festlegung der Beweislast für die ersten sechs Monate ab Liefe-
     rung einer Sache.

11 Vgl. S. 135 ff.

12 Im Geschäftsleben haben Unternehmer gegenüber Verbrauchern häufig eine stärkere Ausgangsposition, da sie vielfach über einen Informations- und Erfahrungsvorsprung verfügen. Außerdem gibt es durch Allgemeine Geschäftsbedingungen und Besondere Vertriebsformen wie Haustürgeschäfte oder Internet-Shopping regelmäßig Situationen, in denen für Verbraucher das Risiko besteht, dass sie aufgrund fehlender Informationen (z. B. über die Ware oder den Verkäufer) oder geringer rechtlicher Kenntnisse (z. B. zu Vertragsbedingungen im Bereich der Haftung) unangemessen benachteiligt werden. Um den Verbraucher vor derartigen unbilligen Benachteiligungen zu schützen, schränkt der Gesetzgeber durch eine Vielzahl rechtlicher Regelungen die Gestaltungsspielräume der Vertragspartner im Rahmen der Vertragsfreiheit zugunsten der Verbraucher ein (z. B. durch Unwirksamkeit bestimmter AGB), stärkt die Rechte von Verbrauchern in bestimmten Situationen (z. B. Gefahrübergang beim Versendungskauf oder Beweislastumkehr) und gewährleistet Möglichkeiten, wie Verbraucher sich unter bestimmten Bedingungen aus ungünstigen Geschäften wieder lösen können, z. B. durch ein Widerrufsrecht.

13a Wenn der Freund im Internet bestellt, hat er grundsätzlich ein zweiwöchiges Widerrufsrecht für die Ware, ohne einen Grund für den Widerruf angeben zu müssen. D. h., den Monitor mit Pixelfehler könnte er dann einfach zurückschicken, obwohl dieser aufgrund der EN-Regelung offiziell keinen Mangel hat.

13b

Vorteile	Nachteile
<ul><li>größere Auswahl</li><li>Ware kann in Ruhe zu Hause geprüft werden, ggf. im Vergleich mit ähnlichen Produkten</li><li>leichtere Vergleichsmöglichkeiten bei Preisen oder Leistungen</li><li>Produktbewertungen durch andere Kunden</li><li>zeitliche Flexibilität beim Einkauf: theoretisch 24 Stunden pro Tag möglich</li><li>unbegründeter Widerruf innerhalb der Widerrufsfrist grundsätzlich möglich (mit Ausnahmen für bestimmte Sachen und Dienstleistungen)</li><li>Kauf sogar im Ausland unkompliziert möglich</li></ul>	<ul><li>nicht alle Produkte sind im Internet erhältlich</li><li>Ware kann nicht direkt geprüft werden</li><li>in der Regel kein Verhandlungsspielraum bei Preisen oder Leistungen</li><li>ggf. Kosten für Versand der Ware</li><li>keine Beratung im Verkaufsgespräch</li><li>Farbe, Form, Qualität etc. können deutlich von den Abbildungen abweichen</li><li>keine sofortige Verfügbarkeit der Sache</li><li>Reklamation und Kundenservice nicht vor Ort</li><li>ggf. zeitlicher und sonstiger Aufwand für Verpackung und Rücksendung</li><li>ggf. technische Probleme und Sicherheitsrisiken bei der Bestellung, Bezahlung etc.</li><li>unbekannter, ggf. nicht vertrauenswürdiger Verkäufer</li></ul>

Beispiele für Interessenausgleich:

- Grundsätzliches Widerrufsrecht des Kunden, allerdings nur in einem eng begrenzten Zeitraum von 14 Tagen ab Vertragsabschluss bzw. Warenlieferung (es sei denn, der Verkäufer verletzt seine Informationspflichten).

- Prüfungsmöglichkeit der Ware zu Hause für den Kunden. Bei Verschlechterung der Ware über die übliche Prüfung hinaus und entsprechendem Hinweis beim Internetkauf kann der Verkäufer allerdings Wertersatz verlangen.

- Widerrufsrecht bei Internetkauf wird für den Verbraucher grundsätzlich gewährleistet, allerdings zum Schutz des Unternehmers nicht für bestimmte Waren wie z. B. entsiegelte Software- oder Musikdatenträger, nach Kundenangaben angefertigte Waren oder Waren, die schnell verderben bzw. deren Verfallsdatum innerhalb der Widerrufsfrist abläuft.

- Verkäufer kann auch im Internethandel AGB verwenden, allerdings muss er strenge Vorschriften zu Hinweisen, Speicherungs- und Wiedergabemöglichkeit für die AGB beachten.

14 §357 VI 1 und 2 erlegen dem Verbraucher die Kosten für die Rücksendung zu 100 % auf, wenn er darüber vor Vertragsabschluss informiert wurde. Dies stellt aus Verbrauchersicht in bestimmten Fällen eine unbefriedigende Lösung dar, die ggf. mit hohen Kosten verbunden sein kann. Folgende Alternative wäre aus Verbrauchersicht sinnvoll:

§357 VI 1 und 2 Alternativentwurf:
(1) Der Unternehmer trägt die Kosten der Rücksendung in Höhe des kostengünstigsten Versandwegs in folgenden Fällen:

- Die Ware hat einen Sachmangel (inkl. Falschlieferung).

- Die Ware weicht in Form, Farbe, Qualität oder Beschaffenheit erheblich von der Abbildung und/oder Produktbeschreibung ab. Die Beweislast liegt beim Unternehmer.

- Die Größe der Ware weicht deutlich von den Größenangaben und Größenbestimmungshilfen des Unternehmers ab. Die Beweislast liegt beim Unternehmer.

- Der Unternehmer erlaubt in seinen AGB grundsätzlich sogenannte Auswahlsendungen.

- Information über die zu tragenden Rücksendekosten steht nicht direkt bei der Kaufschaltfläche.

(2) Der Verbraucher trägt die Kosten der Rücksendung unabhängig vom Wert der Ware in folgenden Fällen:

- versehentliche Falschbestellung,
- Auswahlbestellung ohne entsprechende AGB-Regelung des Unternehmers,
- Änderung des Kaufwunsches nach der Bestellung,
- Rücksendung über einen Versandweg, der teurer als der günstigste ist. In diesem Fall und unter den Bedingungen des Satzes 2 trägt der Verbraucher den Betrag, zu dem die Kosten die des günstigsten Versandwegs übersteigen.

15 Ein Mann und eine Frau beobachten, wie eine überdimensionale Cornflakes-Packung geliefert wird, und die Frau erklärt angesichts der bösen Überraschung der Packungsgröße, dass es sich hier um einen der Haken beim Online-Shopping handelt.

Der Karikaturist will mit seiner Darstellung auf die Problematik hinweisen, dass man als Verbraucher beim Online-Shopping die Ware nicht direkt prüfen kann, sondern nur ein relativ kleines Bild davon sieht, sodass zahlreiche Produkteigenschaften wie z. B. Größe, Farbe, Form und Qualität gar nicht oder nur bedingt eingeschätzt werden können.

Allerdings gibt es in Deutschland Regelungen im Fernabsatzgesetz, die den Verbraucher vor den Folgen einer derartigen Fehleinschätzung beim Online-Shopping (Fernabsatzgeschäft im elektronischen Geschäftsverkehr, § 312 i) schützen, indem sie ihm ein 14-tägiges Widerrufsrecht bei Fernabsatzgeschäften gewähren (§§ 312 c, 312 g). Beim vorliegenden Beispiel der Cornflakes sind allerdings die Ausnahmen zu verderblichen oder vom Verfallsdatum betroffenen Lebensmitteln zu beachten (§ 312 g II Nr. 2).

Hervorhebungen/Querverweise im BGB

Diese Aufstellung ist nicht als verbindliche Minimal- oder Maximalliste der im Abitur benötigten Rechtsnormen zu verstehen. Sie spiegelt ausschließlich die Meinung der Verfasser wider und beruht auf Erfahrungen. Es sind auch nicht alle Querverweise aufgeführt, da die Normen selbst bereits zahlreiche Querverweise enthalten.

Markierte §§	Querverweise	Markierte §§	Querverweise
1, 2		276	443, 477, 243, 278
13, 14		278	831
90–91	243	280	325
104–110		281 I	271, 276, 249 ff., (284), 325, 434
117, 118		281 II	440
125		(282)	(276, 249 ff., 284, 325)
126–126 b		284	325, 281–283
128–130		286 I	271, 287
134		286 II Nr. 1, 2	271 II, 187–193
138		286 III	13, 288
145–150		286 IV	276
157	242	287	276
158	449	288	
187–193		(293)	(300)
195, 199	214, 438, 476 II, III, 477	305–310	
214	218	311	241, 362, 433
227–230	823	311 b	873, 925
241 I	311, 362	312	
241 II	311 II (324, 282)	312 b–k	310 III
242	157	(320)	
243	91	323 I	218, 271, 323 IV, 346 ff., 325, 441
249–254	325	323 II	440
253	823, 842	323 II Nr. 3	823, 439 IV + 440
271 I, II	187–193	323 VI	276, (293), 323 II Nr. 1

Markierte §§	Querverweise	Markierte §§	Querverweise
(324)		516	518, 530
325		518 I	518 II
346	349, 475 III	535	
349		598	604
355	312 ff., 356, 357	607	
362	241, 311	611	
433 I	145, 147, 434, 474 ff.	631	
433 II	293 + 320	662	670
434	446/447 + 474 V, 476, 442, 443, 437, 479	812	818
		816	818, 823
437	442, 444, 438, 474–479	818	
438	214, 476 II, III	823	276, 249 ff., 227 ff., 842, 827, 828
439		827	823
440	439 III	828	823
441	323	831	278
442	276, 443/479	842	249 II, 252
443	479	854	856
444	437	868	
446	447	873	925
447	475 II	892	
449	433, 346 ff., 158	903	Art. 14 GG
474 I	13, 14, 90, 475–479	925	
476	477	929	158, 854
476 II	214	930	
477	446, 475 II	931	
478	14	932	
479	443	935	
480		985	812
488		986	

Stichwortverzeichnis

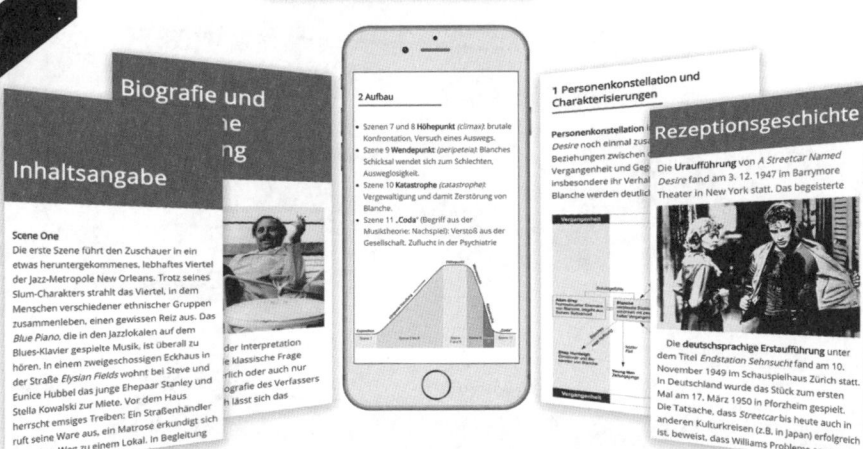